*Allan E. Mallinger*
*Jeannette De Wyze*

# Nie wieder perfekt!

## *Rat & Tat bei Oesch*

*Ann Carpenter/Geoffrey Johnson*
**Gefühle darf man zeigen!**
Schmerz, Kummer, Verlust und Lebenskrisen annehmen und emotional verarbeiten

*Dr. Lillian Glass*
**Mit mir nie wieder!**
10 Methoden, mit Menschen umzugehen, die Ihnen das Leben schwer machen

*Dr. Lillian Glass*
**Sag doch einfach, was Du denkst!**
Wie man selbstbewußt kommuniziert und die Initiative ergreift

*Patricia Mansfield*
**Nur nicht so schüchtern!**
Wie man Hemmungen und Befangenheit ablegt und selbstbewußt denken und handeln lernt

*Susan RoAne*
**Sag doch einfach hallo!**
Wie man sich in Gesellschaft selbstbewußt bewegt und Kontakte knüpft

*Shirley Trickett*
**Angstzustände und Panikattacken erfolgreich meistern**

***In Ihrer Buchhandlung***

Allan E. Mallinger
Jeannette De Wyze

# Nie wieder perfekt!

## Die Kunst, loszulassen

Aus dem Amerikanischen von
Angelika Bardeleben

Oesch Verlag

Die amerikanische Originalausgabe erschien
1992 unter dem Titel
*Too Perfect*
*When Being in Control Gets Out of Control*
bei Clarkson Potter, Publishers, New York

Die Deutsche Bibliothek – CIP-Einheitsaufnahme

**Mallinger, Allan E.:**
Nie wieder perfekt! : die Kunst, loszulassen /
Allan E. Mallinger ; Jeannette De Wyze.
Aus dem Amerikan. von Angelika Bardeleben. –
2. Aufl. – Zürich : Oesch, 1999
Einheitssacht.: Too perfect <dt.>
ISBN 3-85833-571-1



2. Auflage 1999


Schutzumschlag: Heinz von Arx, Zürich
Druck und Bindung: Wiener Verlag, Himberg bei Wien

ISBN 3-85833-571-1

*Für Murphy, Jesse, Noah und Ben*
A. E. M.

*Für Steve, Michael, Elliott und den kosmischen Buchhalter, wo auch immer er sich gerade aufhalten mag*
J. D.

# Inhalt

# Vorbemerkung des Autors

In diesem Buch beschreibe ich anhand vieler Fallbeispiele verschiedene Aspekte der Zwanghaftigkeit. Die Fallbeispiele habe ich oft aus den Charakteristika mehrerer Personen mit ähnlichen psychologischen Merkmalen zusammengesetzt. Natürlich habe ich dabei die Namen zum Schutz der Identität der Patienten geändert.

Zu vielen dieser klinischen Vignetten gehören Dialoge, die wörtlich von Tonbandaufzeichnungen oder Notizen übertragen wurden, die ich während der Therapiesitzungen machte. Einige wurden um der Klarheit willen redigiert. Aber die meisten Zitate sind eine wörtliche Wiedergabe dessen, was gesagt wurde, unter Berücksichtigung der Begrenzungen, die das schriftliche Aufzeichnen mit sich bringt.

# Einleitung

In den neunzehn Jahren meiner Arbeit als Psychiater haben mich meine zwanghaften Patienten am stärksten herausgefordert. Und ich kam schon sehr bald zu der Erkenntnis, daß viele Laien ebenfalls etwas über Zwanghaftigkeit wissen wollten. Als ich im Rahmen der Erwachsenenbildung Vorträge über unterschiedliche Persönlichkeitstypen hielt, bezogen sich die meisten der Fragen, die mir gestellt wurden, auf die zwanghafte Persönlichkeit. Bald danach wurde ich eingeladen, ausschließlich über jenes Thema zu reden, und nur selten blieb bei jenen Vorträgen auch nur ein einziger Platz leer; tatsächlich mußten viele Zuhörer meinen Ausführungen im Stehen zuhören. Häufig reagierten meine Zuhörer auf eine Weise, die darauf hindeutete, daß sie mit den verschiedenen zwanghaften Persönlichkeitszügen, die ich beschrieb, nur allzu vertraut waren.

Auch wenn sich meine Zuhörerschaft aus Professionellen zusammensetzte, konnte ich ein lebhaftes Interesse am Thema feststellen. In anschließenden Diskussionen mit Krankenhauspsychiatern und Therapeuten erfuhr ich, daß viele von ihnen ihre zwanghaften Patienten als eine besondere Herausforderung und, in einigen Fällen, als schlichtweg frustrierend empfanden. Zwanghafte Menschen üben gerne Kontrolle aus, sie sind verkopft oder mißtrauisch, geheimniskrämerisch oder emotional gehemmt, sie sträuben sich gegen eine Veränderung – oder sie sind all das zusammen, wobei jeder dieser Punkte die Therapie erschweren kann. Ich bemerkte, daß meine Kollegen begierig auf Vorschläge warteten, die ihnen weiterhelfen konnten.

Dies veranlaßte mich zu meiner Entscheidung, meine Vorlesungsaufzeichnungen zu einer Einzeldarstellung für Therapeuten zu erweitern, in der ich die grundlegende Dynamik der zwanghaften Persönlichkeit diskutierte und mögliche Fallen bei der

Arbeit mit zwanghaften Patienten beschrieb. Als ich Freunden eine Zusammenfassung meiner geplanten Darstellung zeigte, erklärten mehrere von ihnen, daß sie ihre eigene Persönlichkeit in meinen Beschreibungen erkannt hätten und daß sie unter vielen der Schwierigkeiten der Patienten, die ich beschrieb, selbst gelitten hätten oder noch litten. Ihre Kommentare inspirierten mich, anders vorzugehen und mich direkt an den zwanghaften Menschen oder an Menschen, die mit einem Zwanghaften in engem Kontakt stehen, zu wenden.

Damit entstand das Problem der Ratschläge. Wenn ich meine Patienten unter vier Augen therapiere, lerne ich ihre psychische Struktur sehr genau kennen. Die Vertrautheit, die zwischen uns entsteht, gibt mir innere Sicherheit. Ich weiß, was ich sagen und was ich nicht sagen darf, was hilfreich ist und was Schaden anrichtet. Dabei erhalte ich ständig Feedback, sowohl verbal als auch nonverbal. Das »Lesen« dieses Feedbacks befähigt mich, zu entscheiden, was ich als nächstes äußern oder tun soll. Wenn mein »Patient« jedoch der Leser eines Buches ist, fehlen mir diese Informationen.

Ich glaube zudem, daß die Bedeutung spezifischer Ratschläge als Weg zu einer Veränderung überschätzt wird. In manchen Therapien unter vier Augen intervenierte ich auf präzise, direkte, konkrete Weise (beispielsweise: »Gehen Sie nach Hause, und tun Sie die folgenden drei Dinge«) und fragte dann später die Patienten, denen es erheblich besser ging, welcher Aspekt unserer Arbeit ihnen am meisten geholfen habe. Meist geben sie dann folgende oder ähnliche Antworten: »Ich hatte das Gefühl, daß Sie mich mochten«; »Sie schienen optimistisch zu sein, daß es mir bessergehen würde«; »Sie schienen mich nicht zu beurteilen«; »Als ich verstanden hatte, was mein Verhalten verursachte, war ich fähig, es zu verändern.« Erst wenn ich ganz gezielt fragte: »Und was war mit den Techniken, die ich Ihnen beibrachte, und den Hausaufgaben, die Sie gemacht haben?«, antworteten sie: »Ja, natürlich. Das hat mir auch geholfen.«

Tatsache ist, daß Therapeuten sogar dann, wenn sie sehr spezifische Anweisungen geben, wie man mit psychischen Problemen umgehen soll, bei einer Besserung des Zustandes des Patienten nur allzu schnell falsche Schlüsse über die Wirkung ihres Handelns ziehen. Zwar sind Ratschläge häufig sehr hilfreich, aber vielen Menschen helfen die therapeutische Beziehung sowie die Einsicht in ihre Probleme und ihre selbstdestruktiven Verhaltensweisen mindestens so sehr.

Aus diesem Grunde glaube ich, daß das wichtigste Werkzeug meiner Leser das Verständnis sein wird, das heißt die Einsicht in ihre zwanghaften Charakterzüge und die Probleme, die diese im Alltagsleben verursachen. Dazu kommt eine Vorstellung davon, wie ihre Situation sich verbessern kann, wenn sie gewisse Dinge verändern. Ich werde nur dann spezifische Vorschläge machen, wenn ich das Gefühl habe, daß sie hilfreich sind

Leider haben zwanghafte Menschen das Bedürfnis, zu glauben, daß es eine spezifische und klare Antwort auf jede Frage und eine eindeutige Lösung für jedes Problem gibt. In der Therapie scheinen zwanghafte Patienten häufig auf irgendeiner Ebene zu glauben, daß ich alle Antworten wüßte und daß ich, wenn sie mir nur genügend präzise Informationen geben, schließlich fähig sein werde, Ihnen eine Art Rezept zum Glücklichsein zu verschreiben, in dem ich im einzelnen aufführe, was sie tun müssen. Ich soll ihnen sozusagen eine Handlungsanleitung an die Hand geben, der sie folgen können wie einer Straßenkarte. Gewöhnlich sind sie enttäuscht, wenn sie die Wahrheit erfahren: daß der Weg zu einer positiven Veränderung alles andere als deutlich erkennbar ist, vor allem nicht am Anfang.

Es ist wahr, daß ich als Therapeut in vieler Hinsicht helfen kann: durch den Einsatz von besonderen verhaltenstherapeutischen, kognitiven und psychodynamischen Techniken, durch vertiefte Einsicht und, was wahrscheinlich am wichtigsten ist, durch die erstaunliche Kraft dieser seltsamen, liebevollen Bindung, die wir die therapeutische Beziehung nennen. Aber die Therapie»stunde« dauert gewöhnlich nur fünfundvierzig Minuten pro Woche. Sie ist eine zeitliche Insel für ehrliche Kommunikation, Reflektion, Klärung und Ermutigung – sie ist bloß ein Ausgangspunkt. Am Ende muß jeder Mensch seine neuen Einsichten selbst gewinnen, seine Kreativität, seinen Mut und seine Motivation selbst aufbringen. Vor diesem Hintergrund werden meine Leserinnen und Leser, so hoffe ich, dieses Buch als Ausgangspunkt für positive Veränderungen betrachten.

**Kapitel 1**

# Die zwanghafte Persönlichkeit

*Wenn wir Tugenden bis ins Extrem kultivieren, werden daraus Laster ... Wir würden Fehler an der Perfektion selbst entdecken.*
Pascal

Dies ist ein Buch über Menschen, die so perfekt sind, daß sie sich damit schaden.

Sie kennen sie. Vielleicht sind Sie selbst einer von ihnen. Und wenn Sie es sind, dann haben Sie sehr viel, worauf Sie stolz sein können. Sie sind ehrlich, verläßlich, fleißig, verantwortungsbewußt, streng, anspruchsvoll, beherrscht.

Aber für viele Menschen hat diese Perfektion auch eine dunkle Seite. Genau die Charakterzüge, die ihnen Erfolg, Respekt und Vertrauen einbringen, verursachen ihnen auch ernste Probleme. Sie sind nicht in vollem Umfang fähig, Ihre Beziehungen zu anderen Menschen und zur Welt zu genießen, und Sie haben zudem das Gefühl, in ihrem eigenen Universum nicht mit sich selbst in Frieden zu sein. Es gibt viele Möglichkeiten, sich selbst zu schaden. Da ist beispielsweise:

- der Mensch, der sich selbst so sehr unter Druck setzt, um seine beruflichen und persönlichen Ziele zu erreichen, daß er es nicht schafft, sich ein paar Mußestunden zu gönnen, ohne sich zugleich als schuldig oder undiszipliniert zu empfinden
- der Mensch, der so sehr damit beschäftigt ist, die richtige Entscheidung zu treffen, daß er Schwierigkeiten hat, sogar einfache Entscheidungen zu fällen, die gewöhnlich mit angenehmen Gefühlen verbunden sind: zum Beispiel eine neue Stereoanlage zu kaufen oder den Urlaubsort auszuwählen

- der Mensch, der so pingelig ist, daß er sich jede Freude vergällt, wenn nicht alles »ganz genau stimmt«
- der »Thinkaholic«, der sich mit seinem scharfen, überaktiven Verstand nur allzu häufig durch schmerzhaftes Sich-Sorgen und Grübeln selbst niederdrückt
- der Perfektionist, dessen Bedürfnis, jede Arbeit bis in alle Einzelheiten zu verbessern und auszufeilen, bewirkt, daß er sogar für nebensächliche Aufgaben mehr Zeit als nötig braucht
- der Mensch, dem es so wichtig ist, den »Traumpartner« zu finden, daß er unfähig ist, überhaupt eine länger andauernde Beziehung einzugehen
- der Mensch, der sich so sehr daran gewöhnt hat, Überstunden zu machen, daß er sich nicht dazu überwinden kann, seine Arbeitszeit zu reduzieren, selbst wenn es offenkundig ist, daß die Überarbeitung seine Gesundheit oder die Beziehung zu seiner Familie ruiniert
- der Zauderer, der sich über seine »Faulheit« ärgert, sich aber nicht bewußt ist, daß er nur deshalb die anstehende Aufgabe nicht in Angriff nimmt, weil er das Bedürfnis hat, alles perfekt zu machen.

Dies sind nur einige der Verhaltensweisen, die für Menschen typisch sind, deren Persönlichkeit von Psychiatern als *zwanghaft* beschrieben wird. Dieser Begriff ist mittlerweile in unsere Alltagssprache eingegangen. Dieser Mensch ist »zwanghaft« ordentlich, jener kauft »zwanghaft« ein. In jüngster Zeit erschienene Artikel und Bücher haben auch den nicht professionellen Lesern vor Augen geführt, daß es Zwangskrankheiten gibt wie beispielsweise den Waschzwang, der diejenigen, die unter ihm leiden, dazu zwingt, sich unangemessen häufig die Hände zu waschen, alles doppelt und dreifach nachzuprüfen und dergleichen lähmende Rituale zu befolgen.

Wenn ich in diesem Buch das Wort »zwanghaft« verwende, dann meine ich damit einen bestimmten *Persönlichkeitstypus*, nicht eine isolierte Verhaltensweise oder ein klinisches Symptom wie den Waschzwang.

Wenn es eine spezifische Eigenschaft gibt, die zwanghafte Menschen charakterisiert, dann ist es ein starkes, unbewußtes *Bedürfnis nach Kontrolle* – über sich selbst, über andere und über die Risiken des Lebens. Einer der primären Bereiche, in dem dieses Bedürfnis erkennbar wird, ist der Perfektionismus. Eine ganze Gruppe von Charakterzügen resultiert aus dem Bedürfnis, die Kontrolle zu behalten und »perfekt« zu sein. Zu dieser Gruppe gehören:

- die Angst davor, Fehler zu machen
- die Angst davor, eine falsche Entscheidung oder Wahl zu treffen
- ein starkes Engagement für die eigene Arbeit
- ein Bedürfnis nach Ordnung und einer festen Routine
- Sparsamkeit
- ein Bedürfnis, die Regeln zu kennen und zu befolgen
- emotionale Zurückhaltung
- eine Tendenz, starrsinnig oder ständig in Opposition zu sein
- eine gesteigerte Empfindlichkeit dagegen, von anderen unter Druck gesetzt oder kontrolliert zu werden
- eine Tendenz, sich Sorgen zu machen, zu grübeln oder zu zweifeln
- ein Bedürfnis, über alle Kritik erhaben zu sein – moralisch, beruflich oder persönlich
- übermäßige Vorsicht
- ein ständiger innerer Druck, jede Minute produktiv zu nutzen

Nach meiner Definition haben sich die zwanghaften Charakterzüge eines Menschen aufgrund seiner familiären Situation entwickelt. Viele dieser Charakterzüge sind, wenn sie nicht übertrieben werden oder allzu starr sind, sehr wertvoll. Es ist in unserer Gesellschaft kaum möglich, Erfolg zu haben, ohne beispielsweise ein gewisses Maß an Selbstdisziplin zu besitzen oder das Bedürfnis, hart zu arbeiten und Irrtümer zu vermeiden. Aber einige Menschen sind zu perfekt. Die zwanghaften Züge in ihrer Persönlichkeit sind so dominant, daß ihre an sich positiven Eigenschaften in der Realität eine Reihe von Problemen verursachen.

In meiner Praxis erlebe ich täglich neue Beispiele für solches selbst verursachtes Leid. Zugleich sehe ich immer wieder, wie wenig sich die meisten Zwanghaften bewußt sind, daß sie sich selbst schaden. Sie lassen jeden Hinweis, daß sie sich ihre schweren Bürden selbst aufgeladen haben könnten, an sich abprallen. Die meisten sind in dem Glauben aufgewachsen, daß man nie zu vorsichtig, zu fleißig, zu gründlich, zu gut vorbereitet oder zu gut organisiert sein kann. Tatsächlich sind sie häufig gerade auf diejenigen Charakterzüge besonders stolz, mit denen sie sich am meisten schaden.

Nur sehr selten kommen meine zwanghaften Patienten zu mir, weil sie das Gefühl haben, mit ihrer Einstellung oder Lebensweise sei etwas nicht in Ordnung. Statt dessen suchen sie Hilfe gegen ein spezifisches Symptom oder einen externen Streßfaktor. Vielleicht leiden sie unter einer lähmenden Angst oder unter Krankheiten des Verdauungsapparats. Oder sie haben Probleme, mit einem belastenden Ereignis in ihrem Leben fertig zu werden: einem ernsten Rückschritt in ihrer Karriere oder einer Arbeitshemmung, die ihr Streben nach Erfolg bedroht. Häufig ist es ihr Ehe- oder Lebenspartner, der darauf besteht, daß sie sich Hilfe suchen.

Im Falle von Laura war es der Ratschlag ihres Internisten, der sie zu mir führte. Monatelang hatte diese Patientin keine Lebensfreude mehr empfunden, und sowohl ihr Schlaf als auch ihr Appetit litten darunter. Es gelang ihr nicht, ihre Gefühle von Traurigkeit abzuschütteln. Aber sie war eine intelligente, sensible, kluge Person und konnte rasch mehrere Faktoren aufzählen, die ihre melancholische Stimmung ausgelöst hatten.

Ein Großteil ihrer Selbstachtung bezog sie aus ihrem Selbstbild als einer erfolgreichen Frau, die ihre Umwelt mit ihren Leistungen unweigerlich tief beeindruckte. Als Vorzeigekind prominenter Akademiker hatte sie einen hervorragenden Abschluß an einer renommierten Universität an der amerikanischen Ostküste gemacht und sich dann einer Karriere im Unternehmensbereich gewidmet, in der sie schnell zur Marketingdirektorin eines äußerst erfolgreichen neuen Bekleidungs-Einzelhandelsgeschäfts aufstieg. Die Menschen in ihrem Unternehmen betrachteten Laura fast augenblicklich als jemanden, der mit jedem Problem fertig werden und der jede Aufgabe in den Griff bekommen konnte, wie schwierig diese auch immer sein mochte.

Ihr Privatleben jedoch sah ganz anders aus. Sie war in ihrer Ehe unglücklich und hatte bereits darüber nachgedacht, die Scheidung einzureichen, aber sie fühlte sich durch ihre Unfähigkeit, eine endgültige Entscheidung zu treffen, gelähmt und frustriert. Durch die viele Arbeit fühlte sie sich zudem innerlich völlig ausgebrannt. Da sie Schwierigkeiten hatte, Aufgaben zu delegieren, und zugleich ständig meinte, es allen recht machen zu müssen, war ihre Arbeitsbelastung tatsächlich erdrückend. Sie wurde noch erdrückender durch die unglaublich strengen Maßstäbe, nach denen sie ihre Leistung beurteilte. Einmal erzählte mir Laura, daß sie sich nur dann wirklich entspannt fühle, wenn sie in einem dunklen Kino sitze. Selbst zu Hause war sie ständig entweder am Arbeiten, oder sie fühlte sich schuldig, weil sie die eine oder andere Pflicht vernachlässigte.

Laura hatte offensichtlich Gründe, sich belastet zu fühlen, aber sie erkannte nicht, daß sie sich auch anders verhalten konnte. Es brauchte einige Zeit und Anstrengung, bis sie sah, wieviel sie selbst zu ihrem Unglück beitrug. Als ich sie besser kennenlernte, erfuhr ich, daß Lauras Vater ein nörglerischer, strenger Mann mit unbeugsamen Ansichten darüber gewesen war, welches die »richtige« Art und Weise sei, etwas zu tun. So wuchs Laura in dem Glauben auf, daß sie, um die Liebe ihres Vaters zu gewinnen (eine unmögliche Aufgabe, da er so schwer zufriedenzustellen war), fehlerlos sein müsse. Als Erwachsene hinderte Lauras ständige Angst, Fehler zu machen, sie daran, eine Entscheidung über ihre Ehe zu treffen, und machte zudem ihr Arbeitsleben zu einer schweren Belastung. Zugleich beeinträchtigte ihre gnadenlose Selbstkritik ihre Fähigkeit, irgendeinen ihrer beachtlichen Erfolge wirklich zu genießen.

Raymond, ein Chirurg in einem Universitätskrankenhaus, suchte mich nur deshalb auf, weil seine Frau Abbe, eine Architektin in einem großen Unternehmen, ihn dazu gedrängt hatte. Raymond und Abbe waren seit fünfzehn Jahren verheiratet. Sie waren beide Workaholics und hatten sich daran gewöhnt, die meiste Zeit getrennt zu verbringen. Als ich sie kennenlernte, steckte Abbe gerade in einer Karrierekrise und brauchte Unterstützung von ihrem Mann – eine Unterstützung, die sie, ihrem Gefühl nach, in keiner Weise bekam. Sie beklagte sich auch, daß Raymond sie ständig »tyrannisiere« und an allem herumnörgle, von ihren Kochkünsten bis zu ihren politischen Ansichten. Wegen dieser Kritik fühlte sie sich in ihren eigenen vier Wänden ständig gehemmt und angespannt. Noch beunruhigender für sie war die Tatsache, daß Raymond ihr nie seine Gefühle mitteilte. Nicht nur fehlte ihr jedes Gefühl der Intimität mit ihm, sondern sie fühlte sich auch ungeliebt und schrecklich einsam.

Ja, es sei richtig, räumte Raymond ein, daß er Schwierigkeiten habe, Menschen zu vertrauen, sogar den Menschen, die er liebe. Er rechtfertigte sein Mißtrauen, indem er sich verschiedene Personen ins Gedächtnis rief, die ihn im Laufe der Jahre enttäuscht hatten. Aus Raymonds Kindheit ließen sich weitere Erklärungen für seine Zurückhaltung ableiten. Sein Vater war ein strenger und kritischer Mann gewesen, der die vielen Erfolge seines Sohnes niemals wirklich zu schätzen schien. Um sich vor entmutigenden Gefühlen der Zurückweisung zu schützen, hatte Raymond sich schon früh einen dicken seelischen Schutzpanzer zugelegt. Aber er bestand darauf, daß er seine Frau wirklich gern hatte, und meinte, daß sie es eigentlich wissen müsse; ihr Bedürfnis, daß er ihr seine Zuneigung deutlicher zeigen möge, sei nichts als ein Ausdruck ihrer eigenen Unsicherheit. Gegen jeden einzelnen ihrer Kritikpunkte führte er ein starkes, wortreiches Gegenargument ins Feld.

Nach nur drei Sitzungen sagte Raymond unsere Treffen ab und erklärte, er würde bald einen neuen Termin ausmachen. Ich hörte jedoch erst mehrere Monate später wieder von ihm. Es war schwierig, die tieftraurige Stimme am Telefon mit der arroganten, einschüchternden Persönlichkeit in Verbindung zu bringen, die ich zuvor kennengelernt hatte. Als er in meinen Behandlungsraum kam, erzählte Raymond mir, daß er neun Kilo abgenommen habe, und gab zu, daß er ernsthaft an Selbstmord denke. Abbe hatte eine Affäre mit einem anderen Mann begonnen, und Raymond war angesichts der Perspektive, sie zu verlieren, völlig am Boden zerstört. Es gebe nichts in seinem Leben, das so wichtig sei wie sie, erzählte er mir weinend. Wenn er sich in irgendeiner Weise ändern *müsse*, um sie zurückzugewinnen, dann würde er versuchen, sich zu ändern. Aber ich konnte deutlich sehen, daß Raymond noch immer nicht völlig verstand, daß sein eigener Perfektionismus, seine Zurückhaltung und sein Bedürfnis nach Kontrolle bei seiner persönlichen Tragödie eine wichtige Rolle spielten. Wir trafen uns mehrere Male für eine Therapiesitzung, und er schien tatsächlich gewisse Fortschritte zu machen, aber dann blieb er der Therapie erneut fern.

## Die Gründe für Zwanghaftigkeit

Laura und Raymond hatten beide ein Elternteil, dessen Liebe an Bedingungen geknüpft war, beispielsweise an besonders gute Leistungen und daran, wie »brav« oder tüchtig sie waren. Sie nahmen ihre Eltern als kritisch und nörglerisch wahr, als Menschen, die nur schwer zufriedenzustellen waren, und sie hatten als intelligente, sensible Kinder das Gefühl, in einer Zwickmühle zu stecken. Sie empfanden sich selbst niemals als gut genug – fühlten sich niemals in Sicherheit. Ähnliche Geschichten über Kindheitserfahrungen höre ich in meiner Praxis häufig.

Ich möchte an dieser Stelle betonen, daß Patienten in der Therapie mir darüber berichten, wie *sie selbst* ihre Kindheit wahrgenommen haben. Es kann durchaus sein, daß ein Mensch, der später stark zwanghafte Charakterzüge entwickelt, seine Welt und die Erwartungen, die in ihn gesetzt werden, anders erlebt als andere Kinder.

Viele meiner Patienten nahmen die Worte und Handlungen eines Elternteils als widersprüchlich wahr. Während dieser mit Worten Liebe und Fürsorge ausdrückte, zeigte sein Verhalten Egoismus und häufig einen Mangel an Einfühlungsvermögen für das Kind. »Immer, wenn meine Eltern mir etwas nicht erlaubten, kleideten sie dies in eine vernünftige Erklärung«, erzählte mir ein Patient. »Ich erinnere mich, daß ich Klavierstunden nehmen mußte, obwohl ich überhaupt keine Lust dazu hatte. Meine Eltern taten so, als wäre es zu meinem Besten, aber das war nicht der Fall. Sie hatten beide Musik studieren wollen, das aber nicht in die Tat umsetzen können.« Ein anderer Patient formulierte es so: »Meine Eltern bestanden darauf, alles zu kontrollieren, und das nahm mir jeden Mut. Im Laufe der Zeit waren mein Geist und mein Verstand unterminiert und gebrochen.«

Viele Patienten haben immer wieder darauf hingewiesen, daß das Befolgen familiärer und sozialer Regeln für ihre Eltern wichtiger war als das, was das Kind dachte, fühlte, wollte oder fürchtete. Viele meiner Zwangspatienten erzählten mir, daß sie sich von einem Elternteil oder von beiden Eltern nicht *gemocht* fühlten. Diese Patienten hatten das Gefühl, »brave« Kinder gewesen zu sein. Sie hatten sich sehr angestrengt, die Erwartungen ihrer Eltern zu erfüllen, dafür aber keine wirkliche Anerkennung oder, schlimmer noch, permanente Kritik geerntet.

Ich glaube, daß Perfektionismus, übertriebene Vorsicht und andere zwanghafte Charakterzüge bis zu einem gewissen Grade tatsächlich Anpassungsmechanismen sind. Sie beschwichtigen nicht nur die Angst, die durch frühe Gefühle der Unsicherheit hervorgerufen wurde, sondern bringen zudem viele offensichtliche Vorteile. Aber es wäre eine unangemessene Vereinfachung, daraus zu schließen, daß *allein* frühe Kindheitserfahrungen die Ursache dafür sind, daß jemand zu einer zwanghaften Persönlichkeit wird. Menschen sind unendlich komplexe Wesen: Während familiäre und kulturelle Werte Hammer und Amboß sind, ist die genetische und konstitutionelle Struktur des betreffenden Menschen das zu schmiedende Eisen.

Dutzende von Eltern haben mir von Kindern erzählt, die mäkelig, perfektionistisch, grüblerisch und übervorsichtig waren – und dies fast von Geburt an. »Ich erinnere mich daran, daß ich mit Max, als er gerade eben zwei Jahre alt war, Weihnachtskekse buk«, erzählte mir eine Frau. »Als ein kleines Stück Teig in einer Ecke des Keksschneiders hängen blieb, bestand er darauf, daß ich den Keks wegwerfen solle. Ich sagte ihm, daß der Keks völlig in Ordnung sei, aber er brach in Tränen aus und jammerte, daß er nicht perfekt sei und er ihn deshalb nicht essen würde. Es war verrückt! Später, im Kindergarten, weigerte er sich, zusammen mit den anderen Kindern mit Fingerfarben zu malen; er fand das zu schmutzig.«

Es würde mich nicht überraschen, wenn Wissenschaftler eines Tages spezifische biologische Faktoren entdeckten, die die Entwicklung eines bestimmten Persönlichkeitstypus, einschließlich der zwanghaften Persönlichkeit, begünstigen. Auf jeden Fall gab es im Laufe der letzten Jahre im Bereich der Psychiatrie einen Trend, immer mehr psychologische und psychiatrische Probleme wie Schizophrenie und Gemütskrankheiten auf biologische Ursachen zurückzuführen.

Zusammenfassend läßt sich sagen, daß die plausibelste Hypothese über die Gründe von Zwanghaftigkeit darauf hinausläuft, daß einige Menschen eine konstitutionelle Disposition zur Zwanghaftigkeit haben. Diese kann durch Wahrnehmungen und Erfahrungen in der frühen Kindheit entweder verstärkt oder abgeschwächt werden.

## Der Kern der Zwanghaftigkeit: das Bedürfnis nach Kontrolle

Welches auch immer die psychobiologischen *Gründe* für Zwanghaftigkeit sein mögen, die *zentrale Dynamik* der zwanghaften Persönlichkeit ist die der Kontrolle. Die meisten Menschen, einschließlich der Zwanghaften, würden zugeben, daß das Leben grundsätzlich unvorhersehbar ist. Mag ein Mensch auch die besten Absichten und die größtmögliche Sorgfalt an den Tag legen – es wird ihm dennoch niemals möglich sein, jeden Aspekt seines Lebens zu kontrollieren; wir sind und bleiben verletzliche Wesen. Trotz mancher Lippenbekenntnisse *versuchen Zwanghafte jedoch irgendwo im Kern ihres innersten Wesens, weit entfernt von ihrer bewußten Wahrnehmung, diese Wahrheit zu leugnen. Ihre subtilen, aber beständigen Anstrengungen, alles in ihrer Umwelt (und in sich selbst) zu kontrollieren, sind ein Versuch, das Unmögliche zu erreichen: garantierte Sicherheit und eine störungsfreie Reise durch die Risiken und Ungewißheiten des Lebens.*

Manchmal »funktionieren« diese Anstrengungen jahrelang. Zwanghafte Menschen werden an ihrem Arbeitsplatz für ihre Sorgfalt und Gründlichkeit bewundert. Sie befolgen eifrig die Gesetze und Regeln und ziehen deshalb nur selten das Mißfallen derer auf sich, die in Machtpositionen sind. Sie werden in romantischen Beziehungen nur selten zurückgewiesen, da sie Situationen meiden, die sie verletzlich machen, oder schon vorbeugend etwas unternehmen, wenn sie spüren, daß eine Beziehung zu Ende geht. Sie selbst sind dann meist diejenigen, die sie beenden. Sie passen sich den Maßstäben ihrer sozialen Gruppen an, so daß sie nicht lächerlich gemacht oder ausgestoßen werden. Und zahlreich sind die Belohnungen dafür, daß sie verantwortungsbewußt, zuverlässig, aufmerksam und auf Details und Sicherheit bedacht sind.

Aber diese Sicherheit kostet einen hohen Preis. Auch wenn sie sich an das Unglück gewöhnt haben – viele stark zwanghafte Menschen leiden beträchtlich. Sie sind meist unfähig, ihre Gefühle zu zeigen oder irgend jemandem völlig zu vertrauen (selbst denen, die sie lieben und die ihnen am nächsten stehen), und so leben sie mit dem beängstigenden Gefühl, im Grunde allein zu sein.

Viele Zwanghafte leiden unter der endlosen Qual, alles perfekt machen zu müssen. Sie setzen sich damit unter einen schrecklichen Druck, der selbst die angenehmsten Aktivitäten ruinieren kann. Ihre Furcht davor, sich zu blamieren und als nicht so perfekt zu erscheinen, kann sie daran hindern, neue Chancen wahrzunehmen und neue Möglichkeiten auszuprobieren.

Sie leben täglich unter der Last eines gewaltigen inneren Regelwerks, eines übermäßig ausgeprägten Gefühls für Pflicht, Verantwortung und Fairneß. Die meisten Zwanghaften genießen nur selten die Freuden des Augenblicks; für sie existiert die Gegenwart kaum. Selbst in ihrer Freizeit können sich viele von ihnen nicht wirklich entspannen oder etwas auf spielerische Weise tun. Tatsächlich haben sie niemals wirklich »frei«. Sorgen verdüstern ihr Leben, während sie ständig versuchen, das »Richtige« zu tun, und dabei hoffen, daß sich all ihre Vorsicht, ihre Sorgfalt und ihre Opfer – eines Tages – bezahlt machen werden.

Häufig sind sie bitter vom Leben enttäuscht. Ich denke an die Worte von Nadine Stair, einer Fünfundachtzigjährigen aus Kentucky. Sie schrieb:

### Wenn ich mein Leben noch einmal leben könnte

*Ich würde das nächste Mal gern mehr Fehler machen. Ich würde mich entspannen. Ich würde Lockerungsübungen machen. Ich würde alberner sein, als ich es auf dieser Reise gewesen bin. Ich würde weniger Dinge ernst nehmen. Ich würde mehr Chancen wahrnehmen. Ich würde mehr Berge besteigen und mehr Flüsse durchschwimmen. Ich würde mehr Eiskrem und weniger Bohnen essen. Ich hätte vielleicht mehr wirkliche Probleme, aber ich hätte weniger imaginäre. Sehen Sie, ich bin einer der Menschen, die Stunde um Stunde und Tag für Tag vernünftig und umsichtig leben. Oh, ich hatte meine wilden Momente, aber wenn ich es noch einmal machen müßte, dann hätte ich mehr davon.*

*Tatsächlich würde ich versuchen, nichts anderes als solche Momente zu erleben. Einfach nur Momente, einen nach dem anderen, anstatt immer in der Zukunft zu leben. Ich war einer der Menschen, die niemals irgendwohin gehen, ohne ein Thermometer, eine Wärmflasche, einen Regenschirm und einen Fallschirm dabeizuhaben. Wenn ich es noch einmal machen müßte, dann würde ich mit leichterem Gepäck reisen.*

Niemand kann den Teil des Lebens, der bereits vergangen ist, noch einmal leben. Aber wenn Sie zwanghaft sind und darunter leiden, dann können Sie Ihre Zukunft so gestalten, daß sie Ihnen mehr Freude und Erfüllung bringt.

## Ein Fragebogen zur Selbsterforschung

Der erste Schritt zur Besserung besteht darin, die Charakterzüge, die die zwanghafte Persönlichkeit ausmachen, zu erkennen und zu verstehen. Damit Sie leichter feststellen können, ob Sie (oder jemand, der Ihnen nahesteht) zwanghaft sind, habe ich den folgenden Fragebogen ausgearbeitet. Es geht mir darum, Ihnen zu helfen, zwanghafte Charakterzüge klarer zu identifizieren.

1. Verlieren Sie sich leicht in Details (etwa wenn Sie einen Bericht vorbereiten oder zu Hause die Garage putzen)?

2. Ist es schwer für Sie, ein Projekt aus der Hand zu geben, bevor es wirklich perfekt ist – selbst, wenn Sie am Ende sehr viel mehr Arbeit als geplant investieren müssen?

3. Hat man Sie häufig als nörglerisch oder kritisch beschrieben? Oder haben Sie selbst das Gefühl, daß Sie es sind?

4. Ist es für Sie wichtig, daß Ihr Kind, Ihr Ehepartner oder Ihre Untergebenen bestimmte Aufgaben so erledigen, wie Sie selbst es sich vorstellen?

5. Fällt es Ihnen schwer, Entscheidungen zu treffen? (Zum Beispiel: Zögern Sie lange, bevor Sie etwas kaufen, einen Urlaub planen oder entscheiden, welches Gericht auf der Speisekarte Sie wählen sollen?)

6. Ertappen Sie sich oft dabei, einmal getroffene Entscheidungen im nachhinein zu kritisieren oder in Zweifel zu ziehen?

7. Finden Sie es peinlich, »die Kontrolle zu verlieren« und Gefühle zu zeigen (beispielsweise nervös zu erscheinen, zu weinen oder aus Zorn laut zu werden)?

8. Ertappen Sie sich manchmal dabei, daß Sie sich wünschen, es würde Ihnen leichter fallen, Ihre Gefühle zu zeigen?

9. Haben Sie ein besonders strenges Gewissen, oder fühlen Sie sich häufig schuldig?

10. Ist Ihnen Selbstdisziplin extrem wichtig?

11. Haben Sie eine heftige Abneigung dagegen, von anderen kontrolliert, manipuliert oder »überrollt« zu werden?

12. Haben Sie oft den Verdacht, über den Tisch gezogen zu werden?

13. Glauben Sie, daß Sie, was Ihre Zeit und Ihr Geld betrifft, vorsichtiger sind als die meisten Menschen?

14. Neigen Sie dazu, wenig von sich selbst zu erzählen? Mit anderen Worten: Zögern Sie, Ihre Motive oder Gefühle preiszugeben?

15. Ist es schwierig für Sie, von anderen abhängig anstatt selbständig zu sein? (Fällt es Ihnen beispielsweise schwer, bei

der Arbeit Aufgaben zu delegieren oder sich bei der Steuererklärung oder häuslichen Reparaturen Hilfe zu holen?)

16. Haben Sie Schwierigkeiten, ein Problem bis zu seiner Lösung aus Ihren Gedanken zu verbannen, selbst wenn Sie zwischendurch andere Dinge tun?

17. Wenn Sie über ein zukünftiges Ereignis, beispielsweise einen Urlaub, eine Dinnerparty oder einen Arbeitsbericht, nachdenken, halten Sie sich dann lange bei den Dingen auf, die schiefgehen könnten?

18. Machen Sie sich mehr Sorgen als die meisten Leute?

19. Beziehen Sie einen großen Teil Ihres Selbstwertgefühls daraus, daß Sie fähig sind, Ihre Arbeit fehlerlos zu machen?

20. Macht es Ihnen extrem viel aus, wenn jemand Ihre Arbeit kritisiert, selbst wenn die Kritik milde oder berechtigt ist?

21. Haben Sie das Gefühl, daß Ihr Familienleben, Ihr soziales Leben oder Ihre Freizeit durch Sorgen, Zeit und Energie, die Sie in Ihre Arbeit investieren, beeinträchtigt wird?

22. Fühlen Sie sich schuldig, wenn Sie etwas nicht erledigen (selbst wenn es sich um Ihre Freizeit handelt und Sie die ganze Woche über hart gearbeitet haben)?

23. Listen Sie ständig Dinge auf, die Sie tun »sollten«, sogar in Ihrer Freizeit?

24. Bereiten Ihnen selbst kleine »Notlügen« Probleme?

25. Fällt es Ihnen schwer, darauf zu vertrauen, daß sich die Dinge am Ende wahrscheinlich zum Guten entwickeln?

## Auswertung Ihrer Antworten

Wenn Sie mehr als nur einige wenige dieser Fragen mit »Ja« beantwortet haben, dann sind Sie zumindest bis zu einem gewissen Grade zwanghaft. Sehen Sie sich jetzt noch einmal die Fragen an, die Sie bejaht haben, und beantworten Sie zu jeder noch eine zweite Frage: Verursacht Ihnen dieser Charakterzug Schwierigkeiten in Ihren Beziehungen, bei der Arbeit oder bei Freizeitaktivitäten? Beeinträchtigt er Ihre Fähigkeit, das Leben zu genießen? Wenn Sie darauf auch nur *ein einziges Mal* mit »Ja« antworten, werden Sie davon profitieren, mehr über Zwanghaftigkeit und über die Möglichkeiten einer Veränderung zu lernen.

Zunächst jedoch möchte ich eine Warnung aussprechen: Möglicherweise sind Sie ein stark zwanghafter Mensch, der Sicherheit im Voraussehbaren und im immer Gleichen findet. Sie haben deshalb mehr Angst vor Neuem und vor Veränderung als der Durchschnittsmensch – und sich zu verändern ist für niemanden leicht!

Aber Veränderung ist immer möglich. Mag sein, daß sie viel Zeit und ein sehr ernsthaftes Bemühen erfordert. Mag sein, daß sie gelegentlich schmerzhaft ist. Aber sie kann der Weg zu einem glücklicheren, entspannteren und erfüllteren Leben sein.

Kapitel 2

# Der Mythos der Kontrolle

*Wenn man Garp einen großen und naiven Wunsch hätte erfüllen können, dann wäre es der gewesen, die Welt sicher zu machen. Garp meinte, daß die Welt für Kinder und auch für Erwachsene unnötig gefährlich sei.*

John Irving

Nur schon um zu überleben, braucht jeder Mensch eine gewisse Selbstkontrolle und ein gewisses Maß an Kontrolle über seine Umgebung. Aber viele Zwanghafte haben ein *unangemessen großes Bedürfnis* nach Selbstkontrolle – ein Bedürfnis, das zwanghaft und rigide anstatt vernünftig und flexibel ist.

Dieses übertrieben starke Bedürfnis gründet auf der irrationalen Überzeugung, daß perfekte Kontrolle eine sichere Reise durchs Leben garantiert. Auch wenn er sich dessen fast nie bewußt ist, glaubt meiner Meinung nach jeder Zwanghafte an den Mythos, daß völlige Kontrolle möglich sei. Wie eine tief verborgene Baumwurzel verfestigt der »Kontrollmythos« das kontrollierte und kontrollierende Verhalten eines stark zwanghaften Menschen und gibt ihm ständig neue Nahrung.

Welches sind die Ursprünge dieses Mythos? Ich glaube, daß Kinder, die sich zu einer zwanghaften Persönlichkeit entwickeln, zutiefst verängstigt sind. Sie leben in einer Welt, in der sie sich verletzlich fühlen und die sie als bedrohlich und unberechenbar wahrnehmen. Um sich ein Gefühl der inneren Ruhe zu bewahren, müssen sie diese Wahrnehmung in irgendeiner Weise abwehren oder verleugnen. Deshalb gelangen sie schließlich zu der Ansicht, daß sie sich durch Kontrolle ihrer selbst und ihres persönlichen Universums gegen die – sowohl realen als auch bloß eingebildeten – Gefahren des Lebens schützen können. Wenn sie den Mythos, der ihr Verhalten motiviert, in Worte fassen könnten, dann würden sie vielleicht sagen: »Wenn ich mich nur ernsthaft genug darum bemühe, kann ich über *mich selbst*, über *andere* und *alle Gefahren* des Lebens (Verletzung, Krankheit, Tod etc.) die Kontrolle behalten. Auf die Weise kann ich sicher durchs Leben reisen.«

Zwanghafte Menschen glauben auf unbewußter Ebene ihr ganzes Leben lang an diesen Mythos. Zwar werden sie mit Worten einräumen, daß eine solche totale Kontrolle unmöglich ist, aber der Mythos beeinflußt von dieser unbewußten Ebene aus weiterhin ihr Verhalten. Und um sich einigermaßen wohl zu fühlen, brauchen viele Zwanghafte immer wieder und in jedem Bereich ihres Lebens Bestätigungen für diesen Mythos: durch Selbstkontrolle, durch Kontrolle über andere und eine »globale« Kontrolle unpersönlicher Faktoren.

## Der erste Aspekt des Kontrollmythos: die totale Selbstkontrolle

Selbstdisziplin ist das wesentliche Kennzeichen der Reife, nicht wahr? Wir alle bewundern ausgeglichene Menschen, die maßvoll essen und trinken, die an ihrer körperlichen Fitneß arbeiten und die es schaffen, bei schwierigen Aufgaben ohne einen Supervisor am Ball zu bleiben. Aber auf ihrer unbewußten Suche nach absoluter Selbstkontrolle kultivieren viele Zwanghafte solche beachtlichen Tugenden bis zur Selbstzerstörung.

Wenn ich an meine eigene Zeit während des Medizinstudiums denke, dann fallen mir einige Studenten ein, die nicht nur viele Stunden hintereinander lernten, sondern sich auch die allernötigsten Pausen für Essen, Bewegung, Gespräche mit anderen Studenten oder ein wenig Ablenkung versagten. Hätten vernünftige Pausen wirklich einen Einbruch in ihren Notendurchschnitt verursacht? Hätte nicht vielmehr ein gelegentlicher freier Samstag ihre Lebensqualität verbessert und zu ihrem persönlichen Wachstum beigetragen? Die Antworten liegen auf der Hand, aber es gab keine Möglichkeit, diese jungen Leute zu überzeugen. Sie waren sehr geschickt darin, ihr Verhalten zu rationalisieren (beispielsweise: »Ich bin kein Genie – ich brauche mehr Zeit als andere, um zu lernen.«).

Ich nenne diese Gründe Rationalisierungen, weil sie zwar zutreffen mochten, es aber zugleich eine andere, tiefere und stärkere Kraft gab, die diese Studenten zu diesen extremen Verhaltensweisen trieb. Zwar waren sie sich dessen wahrscheinlich nicht bewußt, aber viele fürchteten, ihre Selbstkontrolle würde schwach und immer schwächer werden, wenn sie nur ein einziges Mal die Zügel locker ließen. Sie fürchteten, sie würden ihre schwer erkämpfte Selbstdisziplin völlig verlieren und am Ende wie gelähmt und hilflos dasitzen. Natürlich findet dieses »Denken« irgendwo tief unter der Oberfläche statt, wo es nicht überprüft, analysiert und revidiert werden kann.

Wenn Zwanghafte bei einer Diät oder bei dem Versuch, das Rauchen oder Trinken aufzugeben, einmal schwach werden, dann schaffen sie es möglicherweise nicht, trotz ihres Ausrutschers weiterzumachen und sich erneut auf ihr Ziel zu konzentrieren. Statt dessen neigen sie dazu, sich wegen ihrer Überschreitung übermäßige Sorgen zu machen. Und warum? Nicht, weil sie ernsthaft denken, daß ein Ausrutscher sie dick, krank oder betrunken machen würde, sondern weil sie *die Kontrolle verloren haben.* Sie haben es nicht geschafft, das zu tun, was sie sich vorgenommen hatten, und wenn ihnen ein solcher Ausrutscher *einmal* passieren konnte – wer weiß, wohin das am Ende führen wird?

## Denken in Extremen

Diese Beispiele weisen auf ein wichtiges Persönlichkeitsmerkmal vieler Zwanghafter hin: ihre Neigung, in Extremen zu denken. Wenn sie sich beispielsweise einmal einem anderen Menschen unterordnen, dann empfinden sie das als eine demütigende Kapitulation. Auf ähnliche Weise betrachten sie auch nur einzige Notlüge, das Absagen einer Verabredung, das Ertragen der Kritik des Ehepartners oder das Weinen einer einzigen Träne als beängstigenden Präzedenzfall. Eine Patientin erzählte mir, sie hasse es, wenn sie auch nur ein einziges Mal ein Problem nicht lösen könne, weil sie dann das beängstigende Gefühl bekomme, sie könne sich selbst nicht trauen.

Dieses Alles-oder-nichts-Denken resultiert zum Teil daraus, daß Zwanghafte selten in der Gegenwart leben. Sie denken in Begriffen von Entwicklungen, die sich in die Zukunft hinein erstrecken. Keine Handlung ist nur ein isoliertes Ereignis, jede einzelne ist lediglich Teil von etwas Größerem. Deshalb hat jeder falsche Schritt gravierende Auswirkungen.

Ein derart verzerrtes Denken kann eine ganze Reihe Probleme verursachen. Ich kannte beispielsweise Zwanghafte, die Schwierigkeiten hatten, sich bei einer ersten Verabredung zu entspannen und sie einfach zu genießen, weil sie sich ständig Gedanken über die möglichen Konsequenzen machten. (»Könnte ich diesen Menschen heiraten?«) Beim Alles-oder-nichts-Denken ist die Perspektive auf schlimme Weise verzerrt; der Betreffende schafft es nicht, einen Schritt zurückzutreten und sich bewußtzumachen, daß es ihn nicht zu einer langjährigen Beziehung verpflichtet, wenn er mit jemandem ausgegangen ist.

Als weitere Konsequenz dieses Denkens verschärft sich der Schmerz des Sichsorgens und Grübelns. Zwanghafte neigen dazu, sich den allerschlimmsten Ausgang einer Angelegenheit auszumalen, und sie machen sich dann schreckliche Sorgen, als wäre diese allerschlimmste Wendung bereits eingetreten. Oder sie bauschen im Geist einen eigenen kleinen Fauxpas zu etwas sehr Schwerwiegendem auf. Einige meiner Patienten bekamen, nachdem sie in der Therapiegruppe für kurze Zeit die Fassung verloren hatten, Schlafstörungen, da sie davon ausgingen, daß die anderen diesen »emotionalen Ausrutscher« ebenso streng beurteilen würden wie sie selbst.

## Kontrolle über die Gefühle

Für viele Zwanghafte ist die Kontrolle über ihre Gefühle eine entscheidende Komponente der Selbstkontrolle. Gefühle sind ihrer Natur nach bisweilen unkontrollierbar, und diese Unkontrollierbarkeit hat für den Zwanghaften etwas äußerst Beunruhigendes. Zudem hegen Zwanghafte aufgrund ihrer extremen Sichtweise unbewußt die Befürchtung, jedes Zeigen von Gefühlen führe dazu, daß sie sich oder jemand anderem schaden, daß sie zurückgewiesen werden oder gar *jegliche* Selbstkontrolle verlieren könnten. Aus diesen und anderen Gründen bemühen sich viele Zwanghafte darum, ihre Gefühle zu verdrängen, in Schach zu halten, zu verleugnen oder auf andere Weise zu vermeiden.

Collette beispielsweise, eine zweiunddreißigjährige Pharmazeutin, verdrängte ihre Gefühle von Wut und Kränkung lieber, als daß sie sie wirklich fühlte. Eines Tages ließ Kay, ein Mitglied ihrer Therapiegruppe, eine ironische Bemerkung über Collettes ständig perfekt gestyltes Aussehen fallen. Collette schien die verschleierte Kritik zunächst zu ignorieren, aber als ich mich einschaltete, um zu fragen, welche Gefühle Kays Kommentar bei ihr hervorgerufen hatte, antwortete sie ruhig: »Ich vermute, sie dachte, sie habe ein Recht auf ihre Meinung, aber ich werde mich deshalb nicht ändern.«

»Aber was fühlten Sie im Inneren, als sie es sagte?« insistierte ich.

»Es erinnerte mich an meine Mutter.«

»Und wie fühlt es sich an, wenn Kay solche Dinge zu Ihnen sagt?«

»Tja, sie meint wohl, ich wolle unbedingt perfekt sein ... könne nicht lockerlassen.«

»Als sie sagte, daß bei Ihnen jedes Haar immer genau am richtigen Platz zu sein schien – was fühlten Sie da?«

»Vielleicht möchte sie, daß ich jemand anders wäre.« Plötzlich füllten sich Collettes Augen mit Tränen. »Daß ich ihren Vorstellungen nicht entspreche. Sie mag mich nicht so, wie ich bin.«

»Und Sie fühlen sich ...«

»Traurig!«

Wenn in einer Therapiesitzung Gefühle hochkommen, präsentieren mir viele zwanghafte Patienten wie Collette eine intellektuelle Analyse dieser Gefühle, wechseln das Thema, machen einen Scherz oder konzentrieren sich auf etwas Triviales – sie tun alles, um dem, was sie wirklich *fühlen*, aus dem Weg zu gehen und diesen bestürzenden Teil ihrer selbst zu erkunden.

### *Selektiv unemotional*

Zwar haben einige Zwanghafte Schwierigkeiten, überhaupt irgendwelche starken Gefühle zu zeigen (und wirken deshalb oftmals roboterhaft), aber die meisten verdrängen *nur einen Teil* ihrer Gefühle. Einige haben beispielsweise keine Probleme, ihre Zuneigung zu zeigen, aber Gefühle wie Wut und Ärger bereiten ihnen große Schwierigkeiten. Auf andere trifft das Gegenteil zu.

Den Rechtsanwalt James empfanden seine Mitmenschen als überkritisch und distanziert. Wenn er verärgert oder wütend war, dann zeigte er das sehr deutlich, und in der Tat war seine Ausstrahlung von Härte und Strenge in seinem Beruf ein Vorteil. Auf der anderen Seite war James nicht fähig, irgendwelche Gefühle von Weichheit oder Verletzlichkeit zu zeigen. Eines Tages beklagte er sich in einer Gruppentherapiesitzung über seine Eltern, die ihn als Kind wiederholt enttäuscht hatten und ihm nur selten die Anerkennung und Wärme gaben, nach der er sich sehnte. Als James voller Bitterkeit eine seiner letzten Begegnungen mit ihnen schilderte, fragte ihn ein anderes Gruppenmitglied, warum er sich seinen Eltern gegenüber nicht ein wenig weicher zeige.

James schwieg eine Weile und erwiderte dann: »Wenn ich es tue, dann werden sie mich bestimmt verletzen.« Er war sicher, daß sie ihn erneut zurückweisen und ihm damit beweisen würden, wie wenig ihnen an ihm lag. Die Angst, verletzt zu werden, die in seiner Kindheit begründet war, hatte ihn dazu bewegt, seine warmen, zärtlichen Gefühle streng unter Kontrolle zu halten. Aber durch seine übermäßige Selbstkontrolle schadete er sich letztlich selbst. Zwar hätte in Anbetracht seines glatten, kühlen Benehmens niemand dies von ihm vermutet, aber eines seiner Hauptanliegen, als er zu mir kam, war der Kummer darüber, daß er sich von anderen Menschen, einschließlich seiner Frau, isoliert fühlte. Seine innere Einsamkeit quälte ihn und führte ihn an den Punkt, an dem er sich fragte, ob das Leben diesen harten Kampf wert sei. Nur der Gedanke an seine Kinder bewirkte, daß er seine Selbstmordpläne beiseite schob.

Eines Tages konnte James seine Maske trotz allem nicht länger aufrechterhalten. In einer Diskussion füllten sich seine Augen mit Tränen, und seine Stimme begann zu schwanken. Zwar gewann er seine Fassung rasch zurück, aber er fühlte sich zutiefst gedemütigt. Er dachte, die anderen würden sich durch seine Schwäche abgestoßen fühlen, und war wegen seines Gefühlsausbruchs beschämt und verängstigt, obwohl er den Grund für seine Ängste nicht nennen konnte.

In diesem Moment empfanden die anderen Gruppenmitglieder zum erstenmal ein wenig Wärme für ihn. Zuvor hatten sie immer wieder deutlich zum Ausdruck gebracht, daß James' einschüchterndes und arrogantes Verhalten ihnen nicht gefiel. Seine emotionale Distanz machte es ihnen schwer, sich in seiner Gegenwart wohl und entspannt zu fühlen. Sie hatten das Gefühl, als würde James sie ständig beobachten und beurteilen, ohne selbst Gefühle der Verletzlichkeit zuzulassen. Und sie hatten zu Recht darauf hingewiesen, daß seine Frau, sein Kind und seine Freunde genauso empfinden mußten.

Als also Tränen in seine Augen traten, brachten mehrere andere Patienten Gefühle von Mitgefühl und Wärme ihm gegenüber zum Ausdruck. Aber obwohl er *auf intellektueller Ebene* ihre positive Reaktion verstehen konnte, bedurfte es noch einiger Zeit und vieler anderer Interaktionen, bevor James seine Einsichten in seinem alltäglichen zwischenmenschlichen Verhalten realisieren konnte. Nach und nach gelang es ihm jedoch, seine sanfteren Emotionen zu zeigen und die Angst, sich dadurch bloßzustellen, abzuschütteln. Während er und seine Frau zuvor ständig gereizt und emotional reserviert miteinander umgegangen waren, war James jetzt eher bereit, über seine Ängste und seinen seelischen Schmerz zu sprechen, über seine Liebe und darüber, daß er seine Frau brauchte. Sie hingegen fühlte sich sicherer und konnte sich ihm gegenüber offener und verletzlicher zeigen. Ihre Beziehung wurde dadurch zunehmend enger und erfüllter.

### *Die Schattenseite emotionaler Kontrolle*

Um zu überleben, effektiv zu arbeiten und harmonische Beziehungen zu anderen zu unterhalten, müssen wir offensichtlich einige unserer Gefühle kontrollieren. Wie aber das Beispiel von James zeigt, kann das generelle Verdrängen von Gefühlen selbstdestruktiv sein. Selbst in Augenblicken der Muße oder der Intimität haben viele Zwanghafte Schwierigkeiten, die Gangart zu wechseln und ihr Bedürfnis aufzugeben, die Situation unter Kontrolle zu halten. Einige unterdrücken vielleicht ihre Gefühle so effektiv, daß sie gar nicht wissen, welches diese Gefühle sind; am Ende glauben sie, daß sie ohne das emotionale Spektrum geboren wurden, über das andere Menschen verfügen. Dies ist sehr schmerzlich für sie, da sie das Gefühl haben, daß ihnen in irgendeiner wesentlichen Hinsicht etwas fehlt.

Aus dem Bedürfnis heraus, als normal zu erscheinen (und zwar sich selbst und anderen gegenüber), heucheln sie möglicherweise bestimmte Gefühle, von denen sie glauben, daß sie in verschiedenen Situationen angemessen seien. Oder sie kompensieren unbewußt ihren vermeintlichen Defekt auf eine ganz andere Art, indem sie ihn nämlich idealisieren. Wie Mr. Spock in *Star Treck* verachten Menschen, die diesen Weg einschlagen, Gefühle als einen Beweis der Schwäche. Sie schauen auf ihre emotionalen Mitmenschen herab und hegen eine rückhaltlose Bewunderung für Intellekt und Vernunft. Auf diese Weise verwandeln sie den Schmerz, sich als mangelhaft zu erleben, in ein Gefühl des Stolzes darauf, immer und unter allen Umständen »stark« zu sein.

Natürlich sind solche defensiven Taktiken bei Zwanghaften meist zum Scheitern verurteilt, weil Wut, Entsetzen, Traurigkeit,

Verliebtheit und andere Gefühle trotz ihrer verzweifelten Anstrengungen schließlich doch an die Oberfläche drängen. Wie jeder andere Mensch erlebt auch der Zwanghafte diese Gefühle, weil es glücklicherweise kein *völlig* effektives Betäubungsmittel gegen sie gibt. Gefühle sind entscheidende Bestandteile dessen, was wir sind. Und gerade durch das Ausdrücken unserer Gefühle sind wir fähig, anderen unsere Bedürfnisse mitzuteilen und in eine ehrliche Kommunikation mit ihnen zu treten. Wenn Sie nicht zeigen können, daß Sie gerührt, verletzt, erschrocken, wütend oder traurig sind, können andere Menschen nicht mit Ihnen in Kontakt treten, geschweige denn Mitgefühl mit Ihnen empfinden oder Sie lieben. Im Bereich der Gefühle ist allzu viel Selbstkontrolle selbstzerstörerisch.

## Der zweite Aspekt des Kontrollmythos: Kontrolle über andere

Der zweite Aspekt des Kontrollmythos ist das Bedürfnis, andere Menschen zu kontrollieren. Häufig kann ich die Bemühungen eines neuen Patienten, unsere Beziehung zu kontrollieren, schon dreißig Sekunden nach Beginn unseres ersten Telefongesprächs erkennen. Manchmal läuten die Warnglocken schon früher. Vielleicht führt die betreffende Person ein »Telefon-Rückruf-Spiel« ein; sie hinterläßt auf dem Anrufbeantworter die Nachricht, daß ich sie anrufen möge; aber wenn ich sie erreiche, fragt sie, ob sie mich nach fünf Minuten zurückrufen könne. Dann wartet sie zwanzig Minuten lang, und wenn sie dann schließlich anruft, bin ich in einer Sitzung mit einem anderen Patienten. Häufig geht dies noch ein paarmal hin und her, bevor wir wirklich miteinander sprechen. Wenn wir es dann tatsächlich tun, drängt mich der Betreffende möglicherweise in die Defensive, stellt mir Fragen nach meiner Qualifikation, versucht, mein Honorar zu drücken und in unserer Beziehung auf subtile Weise die Oberhand zu gewinnen. Wenn ich ihm Fragen stelle, dann weicht er ihnen oftmals aus und erzählt mir statt dessen Dinge, von denen er denkt, daß ich sie über ihn wissen sollte. Wenn wir versuchen, einen passenden Termin zu finden, streitet er mit mir über eine akzeptable Zeit.

Menschen, die ein solches Verhalten an den Tag legen, erinnern mich an Fliegenpapier. Die Interaktionen mit ihnen sind klebrig, auf irgendeine Weise komplizierter als die mit anderen Menschen.

Ihr Bedürfnis, alles zu kontrollieren, können sie auf mehrere Arten befriedigen. Am einfachsten machen es sich die Menschen, die rigide darauf bestehen, daß ihre Angestellten, Kinder und Ehepartner die Dinge auf *ihre* Art und Weise tun. Sie haben keine Interesse daran, was sie mit dieser diktatorischen Einstellung in ihren Mitmenschen bewirken. So wie jeder andere Mensch auch wünschen sie sich, daß andere sie als freundlich und unkritisch wahrnehmen, und sind überrascht, wenn sie nicht so gesehen werden. Sie können sich einfach nicht überwinden, das zu tun, was nötig ist, um sich einen solchen Ruf zu erwerben; sie sind nicht fähig, einen Schritt zurückzutreten und die Menschen in ihrer Umgebung auf ihre eigene, individuelle Weise handeln zu lassen.

### Kontrolle durch Untadeligkeit

Sehr viel häufiger jedoch wenden meine Patienten eine subtilere Strategie an, um ihre Mitmenschen zu kontrollieren: Sie setzen alles daran, daß diese nur das Beste von ihnen denken, und zwar immer und unter allen Umständen. Das wesentliche Ziel, das mit dieser Strategie erreicht werden soll, ist, *keinen Raum für Kritik zu lassen.* In der frühen Kindheit lernen wir, welche Verhaltensweisen und Fähigkeiten von Eltern, Lehrern und anderen als »gut« eingeschätzt werden. Viele Zwanghafte beherrschen diese Fähigkeiten und entwickeln ein sehr feines Gespür dafür, gerade jene Haltungen und Verhaltensweisen herauszufiltern, die in einem neuen sozialen Umfeld besonders akzeptiert sind. Diese machen sie sich dann völlig zu eigen. Gedanken oder Impulse, die mit diesem Bild von Perfektion nicht vereinbar sind, verdrängen sie oder wehren sie ab.

Robert war vierunddreißig, verheiratet, hatte aber keine Kinder. Sein Internist hatte ihn zu mir überwiesen – wegen seiner Ängste, Schwindelgefühle und seines unregelmäßigen Herzschlages, der medizinisch nicht zu diagnostizieren war. Als wir uns zum erstenmal sahen, erklärte er mir mit einer Mischung aus Stolz und Selbstekel, daß er blitzschnell die »Regeln« einer Situation erkennen und sie perfekt befolgen könne. Infolgedessen werde er von fast allen seinen Mitmenschen akzeptiert und anerkannt.

In seiner Firma schaffte er es, bei allen beliebt zu sein, bei seinem Boß, seinen Kollegen und bei seinen Untergebenen. Für seine Freunde war Robert ein Mann mit vielen Gesichtern. Seine Sportskameraden kannten ihn als aktiven Sportler. In Akademikerkreisen zeigte er sich belesen und intellektuell. Er konnte sich in jedes soziale Umfeld perfekt einfügen; er war in jeder Situation die über alle Kritik erhabene Verkörperung der herrschenden Werte.

Die meisten seiner Freunde wären sehr erstaunt gewesen, wenn sie erfahren hätten, daß Robert sich trotz seiner erstaunlichen Anpassungsfähigkeit innerlich einsam fühlte, isoliert von den anderen, die, wie er annahm, *tatsächlich dazugehörten*. Er war äußerst sensibel, was die Meinungen betraf, die andere über ihn hatten; immer, wenn er den Verdacht hegte, daß jemand etwas, was er gesagt oder getan hatte, mißbilligte, wurde er ängstlich, grübelte endlos lange über den Vorfall nach und suchte einen Weg, um auf irgendeine Weise seine vermeintlich unglückliche Äußerung oder seine Handlung wegzurationalisieren. Nur eine solche Rationalisierung konnte seine Angst dämpfen.

Bei einer Gelegenheit machte er beispielsweise einem lateinamerikanischen Kollegen gegenüber eine Bemerkung, von der er später meinte, sie habe rassistisch geklungen. Dies belastete ihn tagelang, bis er schließlich mit jenem Mitarbeiter ein Treffen verabredete, um ihm zu erklären, daß er das, was er gesagt hatte, nicht wirklich gemeint hatte. Ironischerweise erinnerte sich der Kollege nicht einmal an Roberts Bemerkung und war ein wenig verwirrt über dessen langatmige Rechtfertigung.

In der Therapie beleuchteten Robert und ich solche Situationen immer wieder von allen Seiten. Wir konzentrierten uns darauf, daß er ständig versuchte, die Erwartungen anderer zu erfüllen, und das zu einem schrecklich hohen emotionalen Preis. Da er sich selbst für das, was er als Schwäche und Heuchelei betrachtete, haßte, vergifteten Angstgefühle jede wache Stunde seines Lebens. Sowohl an seinem Arbeitsplatz als auch in seiner Freizeit, wenn er mit seinen Freunden zusammen war, hatte er ständig das Gefühl, daß seine Fassade jeden Moment »wegbrechen« könne; er fürchtete, daß ein Absturz unvermeidlich sei, wenn jemand ihm nur nahe genug käme. Sogar der Gedanke, in die Therapiestunde zu kommen, machte ihn nervös, weil er das Gefühl hatte, er habe als einsichtiger und präzise formulierender Starpatient die Therapie bei mir begonnen, während er nun gezwungen sei, gewisse Charakterfehler bloßzulegen. Er fürchtete, mit ansehen zu müssen, wie meine Achtung für ihn ins Bodenlose fiel. In solchen Momenten bekam er manchmal sehr starke Gefühle von Übelkeit und Schwindel.

Robert fiel es in der Therapie leicht zu erkennen, daß sein perfektes Image ihm schadete. Sehr viel schwerer fiel es ihm dagegen, diese Einsicht in die Praxis umzusetzen. Zunächst einmal mußte er, wie es so häufig bei zwanghaften Patienten der Fall ist, etwas üben, was anderen ganz leicht fällt: seine Gefühle wahrzunehmen. Viele Zwanghafte sind zutiefst verwirrt, wenn man sie nach ihren Gefühlen fragt. Häufig sind sie schockiert zu entdecken, daß sie *überhaupt* irgendwelche Gefühle haben, sei es über einen Kollegen oder ein Ereignis, das sie mir gerade beschrieben haben.

Um eine echte und erfüllende Beziehung zu anderen herstellen zu können, mußte Robert immer wieder mit mir üben, seine Gefühle wirklich wahrzunehmen. Ein Großteil unserer Arbeit konzentrierte sich darauf, daß er sich mit dieser intensiveren Selbstwahrnehmung wohl fühlte. Zuvor hatte er seine Gefühle immer als gefährlich betrachtet. (Sein Selbstwertgefühl basierte zum Teil auf der *Abwesenheit* solcher Gefühle wie Eifersucht, Wut, Abhängigkeit oder dergleichen.) Als er sich immer deutlicher bewußt wurde, daß *ich* ihn voll akzeptierte, auch wenn er diese »schlechten« Gefühle zeigte, wurde auch *er* fähiger, sie als einen Teil seiner Persönlichkeit zu akzeptieren. Erst danach war er bereit, den zweiten Schritt zu tun.

Ich bat ihn, sich vorzustellen, wie er in verschiedenen Situationen gehandelt oder gesprochen hätte, wenn er mit sich und anderen wirklich ehrlich gewesen wäre. Dann malten wir uns gemeinsam die wahrscheinliche Reaktion aus, die ein solches Verhalten hervorrufen würde. Hätten die anderen ihn zurückgewiesen? Den Respekt für ihn verloren? Ihn als »bloß durchschnittlich« abklassifiziert? Robert bemühte sich, in immer stärkerem Maße ein »authentisches« Verhalten in sein Alltagsleben zu integrieren. Ich ermahnte ihn, bei aller Vorsicht auch einmal eine unpopuläre Meinung (die aber wirklich seine eigene war) zu äußern oder auch einmal zuzugeben, daß er etwas nicht wußte oder nicht ganz perfekt gemacht hatte. Er übte, auch einmal »nein« zu sagen und unwillkommene zusätzliche Aufgaben abzulehnen – selbst seinem Chef gegenüber. Therapeuten nennen diese Verhaltensweise »sich abgrenzen«.

Robert hatte in dieser Phase erhebliche Ängste, vor allem, als man ihn nicht mehr ganz so uneingeschränkt bewunderte, aber er entdeckte zugleich, daß der Himmel nicht einstürzte, wenn er sich erlaubte, ehrlicher und weniger perfekt zu sein. In dem Maße, als er aufhörte, sich selbst für seine Heuchelei zu hassen, fiel es ihm leichter, die Menschen näher an sich heranzulassen. Wenn jemand ihn jetzt mochte, dann nicht deshalb, weil er eine bestimmte Rolle spielte. Er war nun eher bereit zu glauben, daß die betreffende Person tatsächlich positiv auf ihn reagierte, und er hatte mittlerweile nicht mehr eine so starke Angst davor, bloßgestellt zu werden. Je ehrlicher und wahrhaftiger seine Beziehungen ihm erschienen, desto mehr begann seine Angst im Zusammensein mit anderen Menschen zu schwinden.

Der Versuch, die Gefühle anderer Menschen zu kontrollieren, indem man ständig entgegenkommend und anpassungsbereit ist, hat entscheidende Nachteile. Zum einen ist eine solche Anpassung unmöglich. Sie können nicht für *jedermann* der Inbegriff der Tugend sein. Selbst ein Mensch, der versucht, ein so hoch gestecktes Ziel zu erreichen, wird zwangsläufig früher oder später anecken. Aber wenn der Zwanghafte einen anderen Menschen nicht daran hindern kann, wütend auf ihn zu sein, ihn zurückzuweisen oder seine Fähigkeiten oder seinen Charakter zu kritisieren, dann wird er möglicherweise immer verbissener um dessen Anerkennung kämpfen. Er wird vielleicht ständig über den Vorfall nachdenken und unfähig sein, sich zu entspannen, bis er endlich einen Weg gefunden hat, um die Sache »in Ordnung zu bringen«.

Der Versuch, über jede Kritik erhaben zu sein, ist auch deshalb schädlich, weil der beständige Selbstbetrug, den eine solche Haltung verlangt, das Identitätsgefühl dieses Menschen erheblich schwächt. Er gerät zudem in einen ernsten Konflikt: wenn er Kritik nicht ertragen kann, wie kann er dann zugleich ein völlig ehrlicher Mensch sein, stark und kompromißlos in seinen Werten?

### Kontrollspiele

Subtil manipulative Kontrollspiele sind eine weitere Verhaltensvariante, mit der der Zwanghafte versucht, seine Kontrolle über andere zu festigen. Bei solchen Machtspielen flüstert er sich selbst ins Ohr: »Ich habe in dieser Sache das Sagen. Ich entscheide, ob wir miteinander interagieren oder nicht. Und wenn wir es tun, dann entscheide ich über den Anfang, das Ende und den Inhalt jener Interaktionen.« Achten Sie darauf, daß ich von *flüstern* rede; möglicherweise erkennt ein solcher Mensch gar nicht, daß solche Taktiken von ihm Besitz ergriffen haben. Tatsächlich ist der Zwanghafte sich gewöhnlich gar nicht bewußt, daß er taktiert. Es gehört zum Wesen solcher Intrigen, daß es für sie jeweils eine völlig rationale Erklärung gibt. Wenn Ihre Kollegin zu einem Treffen ein paar Minuten zu spät kommt, kann es durchaus sein, daß sie durch einen wichtigen Telefonanruf in letzter Minute aufgehalten wurde. Aber wenn dies wiederholt geschieht, müssen Sie sich fragen, ob ihre Unpünktlichkeit nicht aus dem unbewußten Bedürfnis resultiert, zu demonstrieren, daß *allein sie* entscheidet, wann sie sich irgendwo einfindet.

Vielleicht haben Sie auch schon festgestellt, daß einer Ihrer Freunde sich beim Wandern immer wieder vom Rest der Gruppe entfernte oder weit zurückblieb, so daß er alle anderen dazu zwang, nach ihm zu suchen oder auf ihn zu warten. Oder die Kassiererin im Supermarkt scheint Ihre Ungeduld zu spüren – und Sie könnten schwören, daß sie, als Reaktion darauf, fast unmerklich langsamer wird. Für einen flüchtigen Augenblick spüren Sie, daß Sie in einen Machtkampf verwickelt sind, bei dem der Gegner seine Dominanz demonstrieren will.

Die Taktik, einen anderen Menschen warten zu lassen, kann auf unterschiedliche Weise kaschiert werden. Zum Beispiel indem eine Entscheidung immer wieder aufgeschoben wird. Vielleicht müssen Sie unbedingt zuerst herausfinden, was Ihr Partner für den Freitagabend geplant hat, damit Sie wissen, ob Sie Zeit haben, an einem Treffen mit Ihren Kollegen teilzunehmen. Aber Ihr Partner scheint einfach keine Entscheidung treffen zu können und läßt Sie ständig im unklaren.

Oder ein Freund oder Mitarbeiter läßt Sie immer wieder warten, bevor am Telefon ein Gespräch zustande kommt. »Kann ich dich gleich zurückrufen?« fragt er unweigerlich. Schließlich spüren Sie, daß er Sie nicht deshalb zurückrufen will, weil er (immer) beschäftigt ist, sondern weil er sich nicht wohl fühlt, wenn er nicht selbst derjenige ist, der den Kontakt initiiert.

Auf ähnliche Weise bestehen bestimmte Patienten darauf, bei unseren Treffen das letzte Wort zu haben. Wenn ich beispielsweise sage: »Tja, ich sehe, daß unsere Stunde zu Ende ist. Wir müssen jetzt aufhören«, dann ist dies auf unbewußter Ebene eine erschreckende und demütigende Erinnerung daran, daß ich einige

Aspekte unserer Beziehung kontrolliere. Also stehen sie auf, als wollten sie sich verabschieden, aber an der Tür beginnen sie eine allgemeine Unterhaltung oder geben mir einen »Auftrag«, beispielsweise, meine Sekretärin um ein bestimmtes Formular zu bitten. Solche Verhaltensweisen dienen dazu, die Angst der Patienten zu beschwichtigen. Sie geben ihnen das Gefühl, daß sie wenigstens *ein gewisses Maß an* Kontrolle über das Ende einer Sitzung und unsere Beziehung im allgemeinen haben.

All diese Kontrolltaktiken im zwischenmenschlichen Bereich erfüllen bis zu einem gewissen Grade ihren Zweck. Ihr eigentliches Ergebnis ist jedoch häufig schmerzlich und destruktiv, da sie letztlich das Gefühl von Verbindung und Intimität zerstören, das alle Menschen brauchen und wonach alle Menschen sich sehnen.

## Der dritte Aspekt des Kontrollmythos: Kontrolle über äußere Ereignisse

Neben der Selbstkontrolle und der Kontrolle über andere ist die dritte Komponente des Kontrollmythos die, es sei, *wenn man nur ausreichend vorsichtig und wachsam ist, möglich, sich gegen äußere Gefahren wie Krankheit, Unfälle, wirtschaftliche Unsicherheit und dergleichen zu schützen.*

Ausreichend vorsichtig und wachsam zu sein kann bedeuten, über sämtliche Ereignisse informiert zu sein, die persönliche Auswirkungen haben könnten – vom Wetter über politische Angelegenheiten bis zu den letzten medizinischen Erkenntnissen. Zwanghafte glauben, daß im Wissen eine schützende Kraft liegt. Eine verwandte Form der Wachsamkeit ist die Tendenz des Zwanghaften, sich »Sorgen zu machen«, als ob das ständige Sich-Sorgen tatsächlich einen Fehlschlag verhindern könnte.

Die permanente Beschäftigung mit Fragen der Organisation ist eine weitere Möglichkeit, sich eine Illusion von Kontrolle zu schaffen. Zwanghafte Menschen unternehmen extreme Anstrengungen, um ihr Leben mit Hilfe von Ordnung und Berechenbarkeit in den Griff zu bekommen. Sie versuchen, das Unbekannte und alle riskanten Unternehmungen zu vermeiden, so, als würden diese Maßnahmen unerwartetem Unglück vorbeugen.

Wenn Zwanghafte nicht wissen, wie ein Ereignis, das sie nicht verhindern können, sie beeinflussen wird, nehmen sie zum Selbstschutz häufig eine pessimistische Haltung ein. Vor dem alljährlichen Leistungsbericht über ihre Arbeit erzählen sie einem Kollegen, daß ihr Bericht erbärmlich ausfallen wird. Möglicherweise beklagen sie sich, daß sie keine Zeit hatten, alle ihre Projekte in eine gute Form zu bringen, daß der Chef sie ohnehin nicht mag und gewiß wegen irgendeines unwichtigen Details über sie herfallen wird. Auf diese Weise bringen sie sich selbst in die Position des »Gewinners«, selbst wenn ihre Arbeitsleistung als mangelhaft eingeschätzt wird. Ein Unglück vorherzusagen ist fast genauso effektiv, wie es zu verhindern; dadurch schaffen sie sich zumindest die Illusion von Kontrolle.

## Der kosmische Buchhalter

Viele Zwanghafte beschwichtigen ihre Angst vor möglichen Katastrophen des Lebens noch auf eine andere Art. Sie überzeugen sich irgendwie davon, daß ihnen keine schrecklichen Dinge passieren werden, weil *das Leben fair ist.*

Diese Überzeugung, die zwar unbewußt und unausgesprochen bleiben mag, ist für Zwanghafte von großer Bedeutung. Sie können es nicht ertragen, der Tatsache ins Auge zu sehen, daß sie wenigstens bis zu einem gewissen Grade solch zufälligen und unkontrollierbaren Kräften wie Unfällen, Krankheiten und den persönlichen Eigenheiten anderer Menschen ausgesetzt sind. Sich mit dieser Tatsache zu konfrontieren wäre zutiefst erschreckend, weil für das Alles-oder-nichts-Denken des Zwanghaften ein unvollständiger Schutz soviel bedeutet wie überhaupt kein Schutz.

Ihre »Doktrin der Fairneß« hilft ihnen, an der Illusion von Kontrolle festzuhalten. Und in Zusammenhang mit ihrer Überzeugung von einer kosmischen Gerechtigkeit glauben die meisten Zwanghaften, ebenfalls unbewußt, an so etwas wie einen kosmischen Buchhalter. Möglicherweise hängt diese Vorstellung mit dem Glauben an eine der großen Religionen zusammen, aber ich habe auch viele Atheisten kennengelernt, die auf unbewußter Ebene überzeugt waren, daß eine omnipräsente, omnipotente Macht eine Art kosmische Buchhaltung führt und so dafür sorgt, daß die Menschen das bekommen, was sie verdienen. Diese Vorstellung verhilft Zwanghaften zu dem Glauben, daß sie ihr Schicksal kontrollieren können, indem sie sich richtig verhalten.

Diese Menschen versuchen, sich die Garantie für ein sicheres Leben zu verschaffen, indem sie den Buchhalter zwingen, ihnen etwas *schuldig* zu sein. Sie tun das, indem sie bestimmte Eigenschaften wie Selbstverleugnung, Opfermut, Fleiß, Umsicht, Ehrlichkeit und Loyalität bei sich kultivieren. Es scheint, als werde ihr Leben dadurch nahezu das eines Heiligen. Sie versuchen, Verhaltensweisen, Gefühle und sogar Gedanken zu vermeiden, die bewirken könnten, daß von ihrem Habenkonto Punkte abgezogen werden. Sie hüten sich vor Egoismus, Gier, Unehrlichkeit, Faulheit und Hedonismus. Selbst einfach nur Spaß zu haben könnte sie Punkte kosten!

Bevor sie etwas »Selbstsüchtiges« tun, müssen sie sich das erst verdienen, indem sie irgendeiner unangenehmen (aber edlen) Pflicht nachkommen. Vielleicht arbeiten sie eine Weile lang noch härter als zuvor, oder sie nehmen im Haus irgendeine lästige, aber unangenehme Reparatur in Angriff. Solche Opfer sollen bewirken, daß der kosmische Buchhalter am Ende noch mehr in ihrer Schuld steht. Mit einem gewaltigen Habenkonto können sie es sich dann möglicherweise erlauben, Urlaub zu machen oder ihr Geld dafür auszugeben, sich eine kleine Freude zu bereiten, ohne daß ihr Konto dadurch sofort leergeräumt wird.

Was geschieht, wenn einem zwanghaften Menschen ganz unverdient etwas Gutes zustößt? Als Dorys Abteilungsleiter plötzlich beschloß, sie zu einer Konferenz nach Rom zu schicken, bekam sie nach anfänglicher Begeisterung Angst. Auf unbewußter

Ebene fürchtete sie sich vor einem Schicksalsschlag, der die Bilanz wieder ausgleichen würde. Um diese Bedrohung abzuwenden, sammelte sie einige »Opferpunkte«, indem sie vor der Reise so viele Überstunden wie möglich machte. Danach hätte sie ihr Glück fast sabotiert, indem sie Gründe fand, um die Reise doch nicht anzutreten. Als sie schließlich dennoch reiste, hatte sie Schwierigkeiten, dies zu genießen. Wie viele Zwanghafte fürchtet sich Dory jedesmal, wenn die Dinge anfangen, »allzu gut« für sie zu laufen, vor der Möglichkeit, daß der Buchhalter die Bilanz wieder ausgleichen könnte.

Wenn sie einmal Pech hat, fragt sich die zwanghafte Persönlichkeit sofort, was sie getan hat, um das zu verursachen. Hatte sie irgendwelche selbstsüchtigen oder feindseligen Gedanken? Hatte sie zuviel Spaß? Oder fühlte sie sich allzu optimistisch und selbstsicher und hat sich dadurch alles vermasselt? Sobald sie ihr »Fehlverhalten« erkannt hat, fühlt sie sich besser. Das nächste Mal, so sagt sie sich, wird sie das Unglück abwenden können, indem sie sich anders verhält.

Zwanghafte neigen dazu, auch das Leben ihres Mitmenschen mit solchen Maßstäben von Gerechtigkeit und Fairneß zu beurteilen. Sie empfinden kein Mitgefühl, wenn sie hören, daß die, die sie als unwürdig oder »schlecht« beurteilen, von einem Unglück heimgesucht wurden, und sind empört, wenn jene, die es »nicht verdient haben«, zu Ehre und Glück kommen.

Ihnen scheint das *Bemühen* um eine Leistung ebenso wichtig zu sein wie die Leistung selbst. Sie erwarten, daß der kosmische Buchhalter sie für ihre guten Absichten und ihre Anstrengungen unabhängig von den Ergebnissen belohnt. Und wenn sie hart arbeiten, beispielsweise im Rahmen ihrer Ausbildung oder in der Therapie, und ihre Anstrengungen keinen Erfolg haben, dann fühlen sie sich möglicherweise betrogen und empfinden Wut und Groll.

Wenn der Zwanghafte, wie es so häufig der Fall ist, ein anständiger, gewissenhafter und ehrlicher Mensch ist und sich über längere Zeit sehr viele Freuden versagt hat, dann hat er sich mittlerweile gewiß Tausende von Pluspunkten verdient. Und dennoch gibt es wahrscheinlich noch immer eine Menge Bereiche in seinem Leben, in denen er es nicht einfach hat: Er muß hart arbeiten, er wird mehrmals im Jahr krank, weniger verdienstvolle Leute in seinem Umfeld werden berühmter oder reicher als er, seine finanziellen Investitionen machen sich nicht immer bezahlt, nicht jeder mag ihn oder weiß ihn zu schätzen, und er fühlt sich häufig unglücklich oder deprimiert.

Möglicherweise wird er immer verbitterter, als wäre er vom kosmischen Buchhalter – oder vom Leben im allgemeinen – an der Nase herumgeführt worden. Wenn er einen wichtigen persönlichen Rückschlag erleidet, wird er meist schrecklich wütend.

Für Helen kam der entscheidende Schicksalsschlag, als Jack, der Mann, mit dem sie seit zehn Jahren verheiratet war, ihr mitteilte, daß er beabsichtige, eine andere, jüngere Frau zu heiraten. Wenig später packte er seine Sachen zusammen und zog aus, um mit seiner Geliebten zu leben. Verständlicherweise brachen unglaublich traurige und schmerzliche Emotionen über Helen herein: Demütigung, Enttäuschung, Verlust, Traurigkeit, die Angst, nicht zu genügen, und das Gefühl, versagt zu haben. Als die Intensität dieser Gefühle allmählich nachließ, brach schließlich blanke Wut aus ihr hervor. Natürlich empfand Helen Wut über Jack und seine neue Geliebte, aber ihre Wut wurde noch von etwas anderem gespeist, was sie zuerst nicht artikulieren konnte.

Erst allmählich war sie fähig, die Quelle dieser Wut zu erkennen. Helen war mit der unbewußten Überzeugung aufgewachsen, daß der kosmische Buchhalter, wenn du ein freundlicher, loyaler und hilfsbereiter Freund oder Partner bist, dafür sorgen wird, daß deine Mitmenschen dir auf dieselbe Weise begegnen. Im Laufe ihrer Ehe wurde es immer offensichtlicher, daß Jack nicht besonders an Helens Wohlergehen, ihren Gedanken, ihren Gefühlen und ihrem Alltagsleben interessiert war, auch wenn sie verzweifelt versuchte, ihm zu gefallen. Aber weil ihr Gefühl von Sicherheit in der Welt so stark davon abhing, daß ihr Mythos von Gerechtigkeit unangetastet blieb, wollte sie die Situation nie mit nüchternem Blick betrachten. Sie mußte die Augen vor der Schieflage in ihrer Beziehung verschließen. Wenn sie die Mängel ihres Mannes und seine Ungerechtigkeit ihr gegenüber deutlich wahrgenommen hätte, dann hätte dies einen schrecklichen Zorn in ihr hervorgerufen, der, so glaubte sie, die Beziehung bedroht hätte. Sie war emotional allzu abhängig von ihrer Ehe, als daß sie das Risiko hätte eingehen können.

Aber als Jack auszog, brach ihre lange unterdrückte Wut schließlich doch hervor. Endlich war Helen fähig, mir im wahrsten Sinne des Wortes entgegenzuschreien, daß sie die *Ungerechtigkeit* dessen, was ihr geschah, nicht ertragen könne. Sie war ihm immer treu gewesen, war sensibel, freundlich, großzügig und hilfsbereit, und all das hatte ihn nicht daran gehindert, sie zu betrügen. Sie konnte nicht akzeptieren, daß alle Anstrengungen der Welt sie nicht vor einem solchen Unglück geschützt hatten. Sie mußte der niederschmetternden Tatsache ins Auge sehen, daß ihr kosmischer Buchhalter ein Phantasiegebilde war.

Trotz dieser Erkenntnis verhielt sich Helen noch immer nach ihrem alten Muster. Sie kam Jack in der Zeit und im Ort für ihre Diskussionen über ihr Eigentum weitgehend entgegen, tolerierte seine Unpünktlichkeit und die Tatsache, daß er den Termin für ihre Treffen immer wieder verlegte. Unweigerlich nutzte Jack ihre Großzügigkeit aus, brachte ihren Zeitplan durcheinander, ignorierte ihren Kummer und verschaffte sich sogar widerrechtlich Zutritt zu ihrer Wohnung. Und jedesmal steigerte sich Helen in eine schreckliche Wut über die Unfairneß von Jacks Verhalten hinein. Jedesmal erwartete sie Fairness und war enttäuscht und wütend, wenn sie sie nicht bekam.

Die größte Ungerechtigkeit bestand darin, daß er, der Untreue in dieser Beziehung, sich großartig amüsierte, daß er eine liebevolle Partnerin und ein schönes Heim hatte, während sie, die Gebende, Treue und Gütige, am Ende einsam und verzweifelt dastand und die meisten Rechnungen bezahlen mußte.

Im Laufe der Zeit nahmen Helen und ich immer wieder ihre Erwartung, daß ihr eine faire Behandlung zuteil werden würde, unter die Lupe, und allmählich vermochte sie zu sehen, wie sie sich selbst für ihre Gefühle von Enttäuschung und Wut programmierte. Wenn sie ihr Schicksal in die Hände des Buchhalters legte – so erkannte sie jetzt –, dann hinderte sie das daran, für ihre Interessen einzustehen und für sich selbst zu sorgen. So hatte sie es zum Beispiel bisher nicht geschafft, sich einen Anwalt zu nehmen.

Nach und nach gelang es Helen, ihre Vorstellung von einem kosmischen Buchhalter aufzugeben und ihr Verhalten entsprechend zu ändern. Sie ließ die Hoffnung fahren, daß Jack sich ihr gegenüber fair verhalten würde – und sie entdeckte, daß sie dadurch sehr viel besser mit ihm umzugehen vermochte. Sie nahm sich endlich einen guten Anwalt und bemühte sich nach Kräften, ihm zu helfen, ihre Sache voranzutreiben.

Sie war noch immer sehr wütend, aber ihre Wut gründete sich auf bestimmte Einzelaspekte; sie war nicht mehr ein bloßes Aufbegehren gegen die Unfairneß des Lebens. Und in dem Maße, wie sie sich veränderte, begann Jack, sie wieder attraktiver zu finden. Von Zeit zu Zeit versuchte er sogar, vorsichtig zu erkunden, ob sie nicht wieder mit ihm zusammenleben wolle. Am Ende war Helen diejenige, die die Beziehung, die sie mittlerweile als ungesund betrachtete, beendete.

## Kontrollstrategien im Konflikt

Wir haben gesehen, daß das Bedürfnis des Zwanghaften nach Kontrolle sich auf drei wesentliche Bereiche erstreckt: Selbstkontrolle, Kontrolle über andere und über äußere Ereignisse. Zwar habe ich jeden dieser Punkte getrennt erörtert, aber oft gehen sie ineinander über. Manchmal geraten sie miteinander in Konflikt.

Jennifer beispielsweise erzählte mir von folgenden Ereignissen. Sie war Perfektionistin und hatte über alles sehr feste Meinungen – sei es nun, welches Spülmittel am besten war oder in welchen Läden man für sein Geld am günstigsten einkaufen konnte. Als sie und eine Gruppe von Freunden darüber nachdachten, wohin sie zum Abendessen gehen sollten, wußte Jennifer deshalb sofort, welches Restaurant das beste sei. Sie unterließ es jedoch, die Gruppe gezielt dazu zu überreden, jenes Restaurant auszuwählen. »Ich wollte nicht, daß die Entscheidung ganz allein in meinen Händen lag«, sagte sie. (In den nächsten Kapiteln werden wir uns genauer anschauen, auf welche Weise Perfektionismus und eine solche Angst vor Entscheidungen miteinander zusammenhängen.) Statt dessen behauptete sie, es sei ihr egal, wohin man ging. Als die Gruppe jedoch andere Möglichkeiten diskutierte, wurde Jennifer immer ungeduldiger. Unauffällig und fast gegen ihren Willen begann sie, die Entscheidung in ihrem Sinne zu beeinflussen. Sie erwähnte beiläufig einige der Vorzüge des Lokals und wies im Zusammenhang mit einem der Alternativvorschläge auf einen Nachteil hin. Und dennoch bereute sie fast in demselben Augenblick, als die Gruppe sich tatsächlich für das von ihr bevorzugte Lokal entschied, etwas gesagt zu haben, was für die Entscheidung in ihrem Sinne den Ausschlag gab. Auf dem Weg zum Restaurant machte sie sich die ganze Zeit Sorgen: ob wohl noch derselbe Koch dort arbeitete, ob sein Essen wohl jedem in der Gruppe schmecken würde, ob die Bedienung nicht vielleicht zu langsam sei. Als einer ihrer Freunde später irgendeine Kleinigkeit am Essen bemängelte, war sie darüber tief verärgert, denn sie fühlte sich dafür verantwortlich.

Natürlich hatte sie in Wirklichkeit keine Kontrolle über das, was passierte, und sie hätte dies auch nie behauptet. Dennoch läßt sich an ihrer Einstellung und ihren Handlungen eine komplexe Skala von Kontrolltaktiken erkennen. Ihr Bedürfnis, das Verhalten der Gruppe unmittelbar zu kontrollieren (indem sie das Restaurant auswählte) geriet in Konflikt mit ihrer Angst, daß ihre Wahl sich als nicht so perfekt erweisen würde und sie auf diese Weise in der Achtung ihrer Freunde sinken könnte. Als sie diese dennoch dahingehend manipuliert hatte, daß sie sich für das Restaurant ihrer Wahl entschieden, begann sie, sich Sorgen zu machen (als könnte sie dadurch verhindern, daß das Schlimmste einträfe). Und um sich selbst zu schützen, brachte sie daraufhin einige ihrer Befürchtungen zur Sprache.

## Das Zerbrechen des Mythos

Es gibt eine ganze Reihe von Erfahrungen, die den Kontrollmythos Lügen strafen und die dem zwanghaften Menschen beweisen, daß er sich selbst, andere und die äußeren Ereignisse des Lebens nicht immer völlig kontrollieren kann. Auch wenn Sie ein zwanghafter Mensch sind, werden Sie unweigerlich einige ununterdrückbare Gefühle haben und sich damit abfinden müssen, daß Ihre Selbstdisziplin zeitweilig nachläßt. Auch wenn Sie sich noch so sehr anstrengen, werden Sie von irgend jemandem zu irgendeinem Zeitpunkt Mißbilligung oder Kritik ernten. Und trotz aller Vorsichtsmaßnahmen und aller Ihrer Versuche, den kosmischen Buchhalter zu besänftigen, werden Sie, so wie alle anderen Menschen auch, mit fast hundertprozentiger Sicherheit irgendwann einmal krank werden, sich verletzen oder hin und wieder finanzielle Einbußen erleiden.

### Rückwirkende Kontrolle

Wenn die Kontrolle des Zwanghaften in einem dieser Bereiche nicht funktioniert, dann steigt eine Welle von Angst in ihm hoch. Deshalb versucht er, das, was passiert ist, zu ignorieren oder vor sich selbst umzuinterpretieren und zu verschleiern. Ein üblicher »Verschleierungsfaktor« ist das, was ich rückwirkende Kontrolle nenne. In diesem Zusammenhang hört man häufig die Wörter »hätte«, »könnte« oder »sollte«. Er *hätte* dieses anstelle von jenem tun sollen. Wenn er es getan hätte, dann wäre es besser gelaufen. Er wäre reich geworden, hätte nicht die Grippe bekommen oder bessere Leistungen erbracht.

Mit Hilfe dieses Tricks schafft es der Zwanghafte, die erschreckenden Ereignisse umzuinterpretieren, *nachdem* sie bereits eingetreten sind. Dies eröffnet ihm einen Fluchtweg, der ihn von der Wahrheit wegführt – daß nämlich die Kontrolle über das eigene Leben im besten Fall nicht perfekt ist. Wenn er eine Erkältung bekommt, dann sucht er sofort nach einem guten Grund dafür und findet ihn gewöhnlich auch: eine zugige Ecke, die er »hätte« vermeiden »sollen«, zu wenig Schlaf, die Tatsache, daß er vergaß, seine normale Dosis an Vitaminen zu nehmen.

Ich begegne immer wieder Menschen, die sich im nachhinein schwere Vorwürfe machen – selbst wenn es ihnen gar nicht möglich war, sich anders zu verhalten. Ich erinnere mich an einen stark kontrollbesessenen Mann, der völlig am Boden zerstört war, weil seine Freundin, nachdem sie einen anderen Partner gefunden hatte, sich weigerte, die Beziehung zu ihm wieder aufzunehmen.

Interessanterweise bestand Dennis darauf, daß sie ihn aufgrund von Dingen, die er getan oder nicht getan hatte, verlassen habe. Er würde, so versicherte er mir, diese Dinge bereitwillig anders machen – und auf diese Weise die Beziehung retten –, wenn sie ihm nur eine zweite Chance gäbe. Für mich wurde jedoch immer offensichtlicher, daß Dennis' Erinnerung an diese Partnerschaft stark verzerrt war. Seine frühere Freundin hatte mehrere einleuchtende Gründe, um die Beziehung zu beenden, und die meisten dieser Gründe hatten mit seinem Verhalten ihr gegenüber nichts zu tun. (Zum einen konnte sie ihre unterschiedlichen Einstellungen zur Religion nicht akzeptieren. Sie war auch nicht glücklich mit der Tatsache, daß Dennis fünfzehn Jahre älter war als sie.) Dennoch stritt Dennis hartnäckig ab, daß dies ihre wirklichen Einwände gegen die Beziehung waren. Es wurde deutlich, daß sein Starrsinn aus dem Bedürfnis resultierte, sich an die Möglichkeit einer rückwirkenden Kontrolle zu klammern. Solange er den Bruch auf *sein eigenes Verhalten* zurückführen konnte, konnte er sich dafür entscheiden, in Zukunft alles anders zu machen. Er konnte nicht akzeptieren, daß seine Freundin ihn aufgrund von Faktoren verlassen hatte, die völlig außerhalb der Kontrolle *irgendeines Menschen* lagen. Sich damit abzufinden hätte bedeutet, daß der Kontrollmythos am Ende nichts weiter war als eben genau das: ein Mythos. Das aber hätte große Ängste in ihm ausgelöst.

## Wenn rückwirkende Kontrolle nicht funktioniert

Auch wenn die rückwirkende Kontrolle die Angst des Zwanghaften sehr effektiv vermindert, so konfrontiert uns das Leben dennoch mit vielen Katastrophen, die nicht durch irgendeinen psychologischen Taschenspielertrick geleugnet oder ungeschehen gemacht werden können. Eine derartige Katastrophe ereignete sich in San Diego, wo ich meine Praxis habe, an einem Septembermorgen des Jahres 1978.

An jenem Tag kollidierte über dem Flughafen Lindbergh Field eine Boeing 727 mit 135 Menschen an Bord bei einer Routinelandung mit einer einmotorigen Cessna, die von einem Flugschüler und seinem Lehrer geflogen wurde. Das kleine Flugzeug zerbarst auf der Stelle; die angeschlagene Boeing aber war, als sie auf den Boden kam, noch funktionstüchtig. Die Tragödie war tagelang das Hauptthema der lokalen Nachrichtenmedien. Ich selbst war jedoch noch monatelang mit den Auswirkungen der Tragödie konfrontiert, da einige meiner zwanghaften Patienten mit schweren Angstgefühlen zu kämpfen hatten.

Sie mußten einfach immer wieder daran denken, daß die Passagiere in der Boeing keine Kontrolle über ihr Schicksal hatten und in den zwanzig bis dreißig Sekunden, in denen es zu Boden fiel, mit der Unausweichlichkeit ihres Todes konfrontiert waren. Vor allem die Vorstellung jener Sekunden der Hilflosigkeit war für jene Patienten einfach unerträglich.

Sie waren sich bewußt, daß auch sie Passagiere in jenem Flugzeug hätten sein können (es handelte sich um einen normalen Pendlerflug von Sacramento). Es war offensichtlich reiner Zufall, daß sie nicht in dem Flugzeug gesessen hatten. Sie konnten sich nicht auf die übliche, den Mythos bewahrende Weise beschwichtigen, indem sie sich beispielsweise sagten: »Ich würde nie in einem Privatflugzeug fliegen« oder: »Ich würde nie in einem Unwetter fliegen« oder: »Ich würde nie in einem Land fliegen, in dem Bürgerkrieg herrscht.« Die Tragödie konfrontierte sie mit ihrer unausweichlichen Sterblichkeit.

Die Angst, die sie empfanden, war eine unvermeidliche Konsequenz der Tatsache, daß ihr Glaube an den Kontrollmythos durch die Ereignisse erschüttert worden war. Zwanghafte bauen einen Kontrollmythos auf, um ihre Angst abzuwehren, und wenn eine ihrer Erfahrungen diesen Mythos widerlegt und sie sie nicht ignorieren oder uminterpretieren können, dann kehrt jene Angst mit Macht zurück. Die Betroffenen können sogar körperliche Symptome wie Kopfschmerzen, Magenschmerzen, Schlaflosigkeit oder Schwindelgefühle entwickeln.

Aber selbst wenn er nicht akut leidet, fügt sich der Zwanghafte mit seinem rigiden Kontrollbedürfnis irreparablen Schaden zu. Seine Selbstkontrolle beispielsweise, auf die er so stolz ist, ähnelt einem undurchdringlichen Panzer, der zugerostet ist und den er nicht mehr ablegen kann. Er hat ihn sich zum Schutz in seiner Kindheit zugelegt, und seine Lebendigkeit wird dadurch immer mehr abgewürgt. Er ist auf seine rigide, kontrollierte Haltung unglaublich stolz, und er hat schreckliche Angst, daß dieser Stolz angekratzt werden könnte. Und obwohl er sich danach sehnt, die Dinge leichter nehmen zu können und flexibler und spontaner zu sein, fühlt er sich von seiner Angst ständig daran gehindert.

Jene Angst ist einer der Gründe, warum eine Veränderung für zwanghafte Menschen und sogar für jene, die unter dieser selbst auferlegten Kontrolle bitter leiden, ganz besonders schwierig ist. Es gibt noch weitere Gründe dafür, die ich an anderer Stelle ausführen werde. Aber ich glaube, daß Sie, wenn Sie unter Ihrer Zwanghaftigkeit leiden, trotz der vielen Hindernisse signifikante positive Veränderungen erwirken können. Sie müssen dafür mit zwei Dingen gewappnet sein: Motivation und Einsicht.

Mit Motivation meine ich die Bereitschaft und das Bedürfnis, sich konsequent darum zu bemühen, die Einstellungen und

Verhaltensweisen, die einen Teil Ihres Unglücks verursachen, zu verändern. Mit Einsicht meine ich ein Verständnis dafür, auf welche Weise Ihre besonderen zwanghaften Charakterzüge Ihnen Leid verursachen, und zudem eine Vorstellung davon, daß es alternative Einstellungen und Verhaltensweisen gibt. Zwar werde ich Ihnen immer wieder aufs neue Mut machen, aber die Motivation zur Veränderung muß aus Ihnen selbst kommen. Ihre Einsichtsfähigkeit sollte sich allerdings beim Lesen der folgenden Kapitel, die Ihnen einen Einblick in die wichtigsten zwanghaften Charakterzüge gewähren, erheblich verbessern. Wir beginnen mit dem inneren Zwang zur Perfektion.

Kapitel 3

# Zu perfekt, um glücklich zu sein

*Whoever thinks a faultless*
*piece to see*
*Thinks what ne'er was, nor is,*
*nor e'er shall be.*
*(Wer jemals hofft,*
*ein fehlerloses Stück zu sehen,*
*hofft auf etwas,*
*was niemals war, was nicht ist*
*und was auch niemals sein wird.)*

Alexander Pope

Nehmen wir einmal an, es ist Ihnen wichtig, gute Arbeit zu leisten. Sie strengen sich an, Fehler zu vermeiden. Sie achten auf die Details und bemühen sich um Gründlichkeit. Sie wissen Kompetenz zu schätzen, bei sich selbst ebenso wie bei anderen.

Bedeutet das, daß Sie ein Perfektionist sind?

Nicht unbedingt. Die Eigenschaften, die ich gerade beschrieben habe, sind allesamt Aspekte eines normalen, gesunden *Wunsches, etwas Besonderes zu leisten,* eines Charakterzuges, der dem Betreffenden helfen kann, persönliche Befriedigung, materiellen Erfolg und berufliche Anerkennung zu finden. Aber bei einigen Menschen nimmt der Wille, etwas Hervorragendes zu leisten, übertriebene Ausmaße an. Solche Menschen sind auf unbewußter Ebene davon überzeugt, daß jeder noch so geringfügige Fehler völlig unakzeptabel sei. Sie fühlen sich getrieben, nicht nur Hervorragendes, sondern Perfektes zu leisten. Auf unbewußter Ebene glauben Perfektionisten, daß ein *fehlerfreies Leben sowohl möglich als auch dringend nötig sei.*

Das Credo des Perfektionisten lautet:

1. Wenn ich immer mein Allerbestes gebe und wachsam und intelligent bin, kann ich Irrtümer vermeiden. Ich kann nicht nur alltägliche Patzer, Versehen und unzulängliche Entscheidungen vermeiden, sondern sogar bei allem, was wichtig ist, fehlerlose Leistungen erbringen und in jeder Situation ein idealer Mensch sein.

2. Es ist entscheidend wichtig, daß ich vermeide, Fehler zu machen, weil sie beweisen würden, daß ich nicht so kompetent bin, wie ich sein sollte.

3. Dadurch, daß ich perfekt bin, erwerbe ich mir die Garantie, daß ich mich im Zusammensein mit anderen sicher fühlen kann. Sie werden mich bewundern und keinen Grund haben, mich zu kritisieren oder zurückzuweisen. Sie werden mir keinen anderen Menschen vorziehen können.

4. Mein Wert hängt davon ab, wie »gut« ich bin, wie intelligent ich bin und was ich leiste.

## Credo und Kontrollmythos überschneiden sich

Das Credo ist wie der Kontrollmythos ein unbewußter Mechanismus, um Ängste zu beschwichtigen. Es ist das Ergebnis des verzweifelten Bemühens eines Kindes, *sich im Zusammensein mit anderen Sicherheit zu verschaffen und zugleich sein Selbstwertgefühl zu heben, indem es etwas Besonderes leistet und keinerlei Anlaß zur Kritik gibt.* Das Kind, das zu einem Perfektionisten wird, betrachtet Perfektion als den einzig pannensicheren Weg, um zu vermeiden, daß es von seinen Eltern (und anderen Menschen) mit Kritik, Zorn oder Liebesentzug verletzt wird.

Perfekt zu sein und damit keinen Anlaß zur Kritik zu geben ist zudem eines der Mittel, durch die der Zwanghafte in seinen Beziehungen Kontrolle ausübt. Kontrolle und Perfektion können auch in anderer Hinsicht Hand in Hand gehen. Mit seinem moralischen Perfektionismus sorgt der Zwanghafte dafür, daß der kosmische Buchhalter ihm ständig etwas schuldig ist.

Wie beim Kontrollmythos ist auch beim Credo des Perfektionisten die Bestätigung für das seelische Gleichgewicht des Zwanghaften von entscheidender Bedeutung. Für die stark perfektionistische Persönlichkeit ist die Tatsache, daß man sich einmal irrt, nicht einfach ein alltägliches Ereignis, das die meisten von uns leicht abschütteln – sie ist ein psychisches Desaster. »Ich darf mich einfach nicht irren«, haben zahllose Patienten mir erzählt. »Jeder kleine Fehler ist verheerend.«

Fehler sind verheerend, weil sie das Credo gefährden und dadurch Angst auslösen. Darüber hinaus beruht ein wesentlicher Teil der Selbstachtung und des Stolzes des Perfektionisten darauf, daß er fähig ist, seine Aufgaben fehlerlos zu erledigen, ohne daß Irrtümer ihm das Gefühl vermitteln, dumm oder unzulänglich zu sein. Wenn er sich doch einmal irrt, neigt er dazu, schrecklich wütend auf sich selbst zu werden – eine Bestätigung seines Glaubens, daß er hätte fähig sein sollen, den Irrtum zu vermeiden. Wenn der Irrtum oder Fehler von jemand anderem erkannt wird, dann ist ihm das wahrscheinlich äußerst peinlich. Viele Zwanghafte leben mit dem Gefühl ständiger Bedrohung, daß man sie bloßstellen oder demütigen könnte, und sie unternehmen große Anstrengungen, um dies zu vermeiden.

## Perfektionismus und der Wille zum Vortrefflichen

Es ist wichtig, zwischen Perfektionismus und dem Willen, Vortreffliches zu leisten, deutlich zu unterscheiden. Die letztgenannte Einstellung ist flexibel und vernünftig, während Perfektionismus selbstsabotierend und rigide ist. Der seelisch gesunde Mensch, der darauf bedacht ist, seine Arbeit gut zu machen, richtige Entscheidungen zu treffen und für seine hervorragenden Leistungen Anerkennung zu bekommen, bewahrt sich zugleich eine vernünftige Sichtweise. Er erkennt, daß einige Aufgaben nur wenig Raum für Irrtümer und Fehler zulassen; wenn er beispielsweise Chirurg oder Pilot ist, nimmt er sich die Zeit, seine beruflichen Aufgaben zu planen und vorzubereiten, und führt sie dann präzise und gründlich, mit einer sehr konzentrierten Aufmerksamkeit für das Detail, aus. Andererseits geht er, wenn er für einen Gast ein Abendessen zubereitet oder ein Hemd aussucht, weitaus weniger gründlich vor. Anders als der Perfektionist erkennt er, daß ein Fehler oder Irrtum bei solchen Angelegenheiten keine wesentlichen Konsequenzen hat und daß er sich ihretwegen keine großen Sorgen zu machen braucht. Gewöhnlich hat er auch dann Freude am Ergebnis seiner Arbeit, wenn dieses nicht ganz so perfekt ist.

Eine Patientin, die als Kind Klavier gespielt hatte und dieses Hobby als Erwachsene wieder aufnahm, beschrieb, wie sie sich mit ihren perfektionistischen Ansprüchen die Freude vergällte. »Ich merke, daß ich mich sogar dann, wenn ich allein bin, beim Üben angespannt fühle. Ich mache mir Sorgen, daß ich nicht schnell genug Fortschritte mache. Ich weiß, daß ich musikalisch bin, und andere Leute würden sagen, daß ich gut spiele. Aber ich habe nie das Gefühl, daß ich etwas wirklich meistere. Selbst wenn ich ein Stück gut spiele, ist mir alles verdorben, sobald ich nur ein paar falsche Noten anschlage.«

Ein Mensch, der nicht perfektionistisch ist, braucht nicht immer recht zu haben. Seine Sicherheit hängt nicht davon ab, daß er ein makelloses Zeugnis erhält oder als der ideale Mensch betrachtet wird. Aber wenn er ein Ziel erreicht oder ein Hindernis überwunden hat, dann fühlt er sich erfüllt, dankbar und voller Freude.

Der Perfektionist dagegen tendiert dazu, jede Aufgabe oder Interaktion als Prüfstein für seine Kompetenz zu betrachten. Deshalb steht er ständig unter dem Druck, die Dinge korrekt zu machen, die Antwort zu wissen und die »richtige« Entscheidung zu treffen. Seine Absicht und seine Motive bei jeder Unternehmung sind so kompliziert, daß er es kaum vermeiden kann, im Geiste ständig damit beschäftig und innerlich stark angespannt zu sein. Auch wenn er Hervorragendes leistet, kann er seinen Erfolg nur selten genießen.

Ich erlebe täglich Beispiele dafür, welch hohen Preis dieses illusionäre Ideal der Perfektion fordert. Wenn Sie in jeder Hinsicht absolut kompetent sein müssen, können sogar die unbedeutendsten Aufgaben in Ihrem Leben zu einem Alptraum werden. Eine Patientin in den Dreißigern beschrieb mir den schrecklichen Streß bei der Vorbereitung einer Geburtstagsparty ihrer neunjährigen Tochter:

»Ich habe das Gefühl, daß ich alles ganz großartig machen muß; es ist sehr schwer für mich, damit aufzuhören, bestimmte Details zu verbessern. Gestern abend beispielsweise hatte ich eine neue Idee für Partygeschenke, die wunderbar zum Thema der Party passen würde. Aber das wird ziemlich viel Arbeit machen. Ich kann einfach keine Grenze ziehen. Ich habe, so verrückt das auch klingen mag, ständig das Gefühl, daß die Party ein Reinfall wird, wenn sie nicht in allen Details hervorragend organisiert ist. Ich befürchte, daß die Leute mich dann weniger schätzen werden.

Dadurch verderbe ich mir selbst an allem den Spaß! Ich kann überhaupt nichts genießen, weil ich mich ständig darum bemühe, daß alles perfekt ist.«

## Leistungsfallen

Das Credo des zwanghaften Menschen kann, neben der Tatsache, daß er sich selbst dadurch unter enormen Druck setzt, noch weiteren schlimmen Schaden anrichten. Es bringt Zwanghafte häufig dazu, sich in einer Weise selbstzerstörerisch zu verhalten, die den Vorteil, Fehler zu vermeiden, in keiner Weise aufwiegen kann.

## Tödliche Schlußtermine

Viele Perfektionisten haben chronisch Probleme, ihre Arbeit zu Ende zu bringen oder überhaupt damit anzufangen. Sie neigen dazu, die Dinge hinauszuzögern, denn sie empfinden jede Aufgabe als schreckliche Bedrohung, weil sie der Meinung sind, sie dürften dabei keine Fehler machen.

»Ich muß mich zu allem zwingen«, erzählte mir Stephen, ein Stadtplaner. »Wenn ich beispielsweise einen Bericht schreiben soll, dann kann ich eine schnelle Entscheidung darüber treffen, welche Empfehlung angemessen wäre – und ich weiß gewöhnlich, daß sie letztendlich nicht anfechtbar ist. Mein Urteilsvermögen ist gut. Aber wenn ich diese Empfehlung wirklich zu Papier bringen soll, zögere ich das endlos hinaus. Ich habe Angst, daß ich nach meinen Empfehlungen beurteilt werde.«

Wenn er eine Aufgabe einmal in Angriff genommen hat, findet der Perfektionist immer noch einen Grund, um seine Leistung zu verbessern. Wieviel Zeit er auch immer auf ein Projekt verwenden mag – er rechnet immer mit der Möglichkeit, daß jemand ein unvollständiges oder fehlerhaftes Detail entdecken könnte. Deshalb hält er an dem Projekt fest und verbringt damit mehr Zeit als nötig. In seiner Phantasie besteht die Gefahr darin, daß er etwas aus der Hand gibt, was nicht wirklich perfekt ist. Derart unter Druck werden einige Perfektionisten tatsächlich nicht bis zum Schlußtermin fertig, während andere es zwar schaffen, aber einen schrecklich hohen Preis dafür zahlen.

Ich habe einige bemerkenswerte Beispiele dafür gesehen, wie lange Menschen sich an ein »fast fertiges« Projekt klammern können, anstatt es endlich aus der Hand zu geben. Ich erinnere mich an einen Wirtschaftswissenschaftler, der sich jedesmal, wenn er für eine wissenschaftliche Konferenz ein Referat schrieb, durch seine perfektionistische Einstellung selbst sabotierte. Um sich »abzusichern«, überarbeitete er seinen Text so lange, bis es zu spät war, um die Unterlagen noch per Post zu schicken. Dann mußte er per Flugzeug in die Stadt reisen, in der die Konferenz stattfand, um seinen Beitrag am Tag des Schlußtermins persönlich einzureichen – wobei er ihn noch im Flugzeug angestrengt überarbeitete!

Noch mehr verblüffte mich der Fall einer vierzigjährigen Studentin, die mehrere Jahre lang allein an der *Einleitung* zu ihrer Dissertation gearbeitet hatte. Leona war bei ihrer Bewerbung für einen Job an einer erstklassigen Universität abgelehnt worden, weil sie mit ihrer Doktorarbeit so schleppend vorankam.

»Ich mache mir ständig immer noch mehr Notizen, mache immer noch mehr Entwürfe«, erzählte sie mir, »aber ich fange nicht wirklich mit dem Schreiben an. Wenn ich eine neue Idee habe, dann suche ich, anstatt sie einfach niederzuschreiben, erst einmal nach weiterem Material, um sie stichhaltiger zu machen. Zugleich weiß ich, daß mir die besten Ideen beim Schreiben und Formulieren kommen anstatt beim Gliedern und Notieren von neuen Gesichtspunkten.«

»Und warum schreiben Sie dann nicht?« fragte ich.

Nach einer langen Pause antwortete sie: »Ich bin nicht sicher. Ich fühle mich wie gelähmt durch den Druck, etwas Besseres über dieses Thema zu schreiben als alles, was jemals darüber veröffentlicht wurde.«

»Warum muß es besser sein?«

»Ich denke an die Reaktionen derer, die meine Arbeit beurteilen. Vor allem einer der Professoren, der mich immer unterstützt hat, macht mir große Sorgen. Ich stelle mir vor, daß er die Arbeit liest und erkennt, daß ich doch nicht so talentiert bin, wie er dachte.«

Diese Patientin forderte von sich, daß jeder Satz tiefsinnig und fundiert sei, und sie konnte kein einziges Wort zu Papier bringen, bis sie absolut sicher war, daß es das richtige sei. Je mehr Zeit sie für das Schreiben brauchte, desto höher, so empfand sie es, waren die Erwartungen, die die anderen in sie setzten, so daß der selbst auferlegte Druck mit jedem Monat, der verstrich, immer stärker wurde.

Immer wieder habe ich gehört, daß Menschen in Inaktivität versanken, weil sie sich abverlangten, eine Aufgabe nicht nur perfekt zu erfüllen, sondern auf wirklich beeindruckende und hinreißende Weise – mit anderen Worten, weil sie von sich forderten, daß sie »großartig« sein müßten. Ich muß betonen, daß Zwanghafte meistens nicht bewußt die Vorstellung haben, besser und großartiger sein zu müssen als ihre Mitmenschen; wenn man sich dies bewußt eingesteht, dann erscheint es prätentiös. Aber wann immer ich im einzelnen nachfrage, warum ein Perfektionist sich bei seiner Präsentation nicht einen kleinen Flüchtigkeitsfehler leisten kann oder warum er es nicht erträgt, als ein durchschnittlich guter Rechtsanwalt (oder Konstrukteur oder Vorgesetzter oder Lehrer) betrachtet zu werden, tritt ein unterdrücktes Bedürfnis zutage, die Mitmenschen mit seinem Wissen und seinen Fähigkeiten zu beeindrucken.

Die Forderung, großartig zu sein, kann nicht nur das normale, alltägliche Funktionieren eines Menschen behindern, sondern sie kann ihn paradoxerweise auch davon abhalten, seine Talente zu entwickeln – manchmal tragischerweise bereits in sehr jungen Jahren. Ich denke an Janine, eine begabte siebenundzwanzigjährige Architektin, die ständig Probleme damit hatte, wichtige Projekte in Angriff zu nehmen, weil sie überzeugt war, einen »Entwurf machen zu müssen, der so innovativ war, daß allen die Augen aus dem Kopf fielen«. Noch trauriger war Janines Zukunftsperspektive. »Ich hatte so viele Pläne, so viele Phantasien«, erzählte sie mir, »aber da meine Arbeit so unglaublich gut sein muß, dauert es einfach unendlich viel länger als bei andern. Ich habe das Gefühl, die letzten beiden Jahre vergeudet zu haben. Alles, was ich jetzt erreiche, wird weniger gut sein, als ich es mir ausgemalt hatte. Deshalb habe ich immer mehr das Gefühl, daß alles sinnlos ist.«

## Der Vollständigkeitskomplex

Ein Charakterzug, der verwandt ist mit dem Bedürfnis, untadelig zu sein, ist das Bedürfnis nach *Gründlichkeit*. Wenn der Perfektionist bei der Vorbereitung einer Präsentation oder eines schriftlichen Berichts diesem Bedürfnis nachgibt, dann wird er darin sehr viel mehr Informationen als nötig einfügen. Er kann nicht trennen zwischen dem, was wichtig und was unwichtig ist, und er kann es nicht riskieren, irgend etwas auszulassen, weil er Angst hat, daß jemand denken könnte, er sei nicht umfassend informiert. Was wäre, wenn ihm der Abschluß (oder der Fall oder der Kredit) durch die Lappen ginge, weil er irgendeine Kleinigkeit nicht beachtet hat? Und was wäre, wenn dies dazu führte, daß er immer schlampigere Arbeit leistet und am Ende nur noch mittelmäßig ist?

Eines von zahllosen Beispielen dafür ist die Professorin, die meint, die perfekte Vorlesung halten zu müssen. Sie gibt ihren Zuhörern zunächst sehr umfassende Hintergrundinformationen und stellt dann fest, daß sie danach genau die Punkte, auf die sie hingearbeitet hatte, sehr rasch abhandeln muß. Häufig können ihre Studenten ihren immer gehetzteren Ausführungen nicht folgen und verlassen die Vorlesung, ohne die wesentlichen Punkte verstanden zu haben.

Ein anderes Beispiel ist das des Arztes, der eine unnötig umfassende Anamnese seines Patienten aufnimmt und ihn danach sehr gründlich untersucht, um schließlich festzustellen, daß er in Zeitnot geraten ist. Da sich das Wartezimmer mittlerweile mit immer mehr Patienten gefüllt hat, schreibt er hastig ein Rezept aus und gibt dem Patienten nur äußerst knappe Anweisungen, wann und wie er die Medizin nehmen soll. Der Patient verläßt das Sprechzimmer mit dem Gefühl, daß man schlecht mit ihm umgegangen ist.

Manchmal bombardiert mich ein zwanghafter Patient, wenn ich ihm eine bestimmte Frage stelle – beispielsweise: »Haben Sie in letzter Zeit gut geschlafen?« –, mit sehr viel mehr Details, als ich brauche. Wenn ich versuche, seine Antwort abzukürzen, um die Information zu bekommen, die ich haben will, wird er ärgerlich, weil er das Gefühl hat, gedrängt oder überrollt zu werden. So kreist das Gespräch schließlich im wesentlichen um diese eine allzu ausführliche Antwort, und für unsere Diskussion der wichtigeren Aspekte bleiben uns schließlich nur die letzten Minuten unserer Sitzung.

Es gibt mehrere unbewußte Faktoren, die das Verhalten eines Menschen in einer solchen Situation bestimmen können. Wenn der Patient die Stunde mit Details und langatmigen Erklärungen füllt, dann kann dies für ihn eine Möglichkeit sein, seine Gefühle zu vermeiden. Ein anderes, verstecktes Motiv kann sein, daß er den Therapeuten in die Rolle des passiven Zuhörers drängt, um auf diese Weise zu verhindern, daß dieser störende Fragen stellt und sich einmischt. (Wenn er das Gespräch beherrscht, dann hält er die Zügel in der Hand und nicht der Therapeut.)

In erster Linie jedoch behandelt der Zwanghafte seine Themen so ausführlich und detailliert, weil er Angst hat, er könne etwas vergessen, das sich später als wichtig erweist. Diese Furcht macht den Betreffenden blind für die Tatsache, daß zu viele Details die Bedeutung der wesentlichen Punkte eher verschleiern und die Zuhörer langweilen und verwirren, anstatt die fragliche Angelegenheit zu klären. Wenn jedesmal alle Punkte berührt und alle Pros, Kontras und möglichen Einwände angeführt werden, ist die Kommunikation steril. Es fehlt ihr an Farbe, an Kraft und an Konzentration. Auch in diesem Fall lenkt Perfektionismus von einem effektiven Ergebnis ab, anstatt es zu verbessern.

## Die Unfähigkeit, etwas wegzuwerfen

Eine Parallele zur Unfähigkeit gewisser Perfektionisten, sich kurz zu fassen, ist die Unfähigkeit, Gegenstände wegzuwerfen. Wer immer alles behalten muß, ist gelähmt von der Furcht, er könnte etwas für immer verlieren. Auch die Unfähigkeit, Prioritäten zu setzen, hindert ihn daran, sich zu verändern.

Eines der extremsten Beispiele dafür war ein fünfzigjähriger Krankenhausverwalter namens Karl. Als ich ihn kennenlernte, lebte Karl bereits zwei Jahre lang in seiner neuen Wohnung. Dennoch stapelten sich darin die Kisten und Umzugskartons meterhoch und versperrten einen großen Teil des Wohnraums. Zwar hatte Karl immerhin dafür gesorgt, daß zwischen den verschiedenen Zimmern ein Verbindungsweg bestand, aber es war so wenig Platz übrig, daß er fast keine Möbel brauchte. Er mußte sogar auf dem Fußboden schlafen!

Er erzählte mir, daß die Kartons Zeitungen, Zeitschriften und Bücher enthielten, die er lesen wolle, »sobald ich die Zeit dazu habe«. Er konnte auch alte Briefe, zerbrochenes Werkzeug oder leere Behälter nicht wegwerfen, weil »man nie weiß, ob man die betreffende Sache noch gebrauchen kann«. Natürlich konnte Karl niemanden in seine Wohnung einladen, da seine Gäste dann das schreckliche Durcheinander sehen würden, und so litt auch sein soziales Leben darunter. Wenn er sich doch einmal entschied, *irgend etwas* wegzuwerfen, fühlte er sich wie erdrückt von dem Zwang, Prioritäten setzen zu müssen; irgendwie erschien ihm alles gleichermaßen wichtig.

Seine Angst davor, einen Fehler zu machen, beeinträchtigte auch seine Leistungsfähigkeit bei der Arbeit und sogar seine Sprechweise. Aus Angst, irgendein Detail auszulassen, das sich als wichtig erweisen könnte, verlor Karl sich in weitschweifigen Monologen, die, wie er selbst erkennen konnte, auf andere abschreckend wirkten.

Als ich ihn fragte, warum er die Kartons nicht wenigstens in ein Lager stellen könne, bot er mir eine wenig überzeugende Rationalisierung nach der anderen an: Er würde vielleicht etwas aus den Kartons brauchen, und es wäre lästig, es sich zu aus dem Lager zu holen. Er sei sich auch nicht sicher, welches die beste Lagermöglichkeit wäre, und müsse sich erst gründlich informieren, bevor er sich dazu entschließe.

Je mehr ich auf ihn einwirkte, desto mehr war Karl bereit, sich mit seinen Rationalisierungen auseinanderzusetzen. Eines Tages gab er zu, daß er, anstatt die riesigen Stapel von Zeitschriften ständig aufzubewahren, einfach in die Bibliothek gehen könne, um die fraglichen Nummern dort einzusehen. Bei anderer Gelegenheit erinnerte er sich plötzlich an eine alte Fernsehserie, in der ein unterwürfiger Hochschullehrer namens Mr. Peepers die

Hauptrolle spielte. In einer der Folgen versuchte Mr. Peepers seine Studenten dazu zu überreden, die Formel für Schwefelsäure auswendig zu lernen, indem er sie warnte, daß der Präsident der Vereinigten Staaten plötzlich in den Klassenraum kommen könne. Welches Gefühl würden sie haben, wenn der Präsident sie nach der Formel fragte und sie sie nicht wüßten? Karl lächelte wehmütig, als er mir von dieser Serie erzählte, und räumte ein, daß seine Gedanken von einer ähnlich verbogenen Logik beherrscht waren, die sein Leben beeinträchtigten und letztlich lähmten.

Glücklicherweise war Karl an dem Punkt angelangt, wo seine innere Blockade so unerträglich geworden war, daß er sich entschloß, einige Veränderungen zu riskieren. Er lernte einzusehen, welchen Preis er für seinen Perfektionismus zahlte. Nach und nach begann er, Arbeiten aus der Hand zu geben, auch wenn irgendeine winzige, unwichtige Information darin fehlte. Dies verringerte den Arbeitsrückstand, in dem er zu ersticken drohte. Und schließlich machte er sich daran, einen Teil des Mülls auszumisten, der seine Wohnung verstopfte. Fast sofort begann er, sich erleichtert zu fühlen; die Tatsache, daß er deutlich sah, wie er sich mit seinem Perfektionismus selbst sabotierte, half ihm, diesem perfektionistischen Drang nicht nachzugeben und ihn zu überwinden.

Wie wir in Kapitel 8 sehen werden, neigen einige Zwanghafte zum anderen Extrem: sie sind allzu ordentlich. Aber mildere Varianten von Karls Unordentlichkeit sind bei Zwanghaften häufig zu beobachten. Sie sind möglicherweise generell schlampig und unordentlich, oder die Unordnung ist auf einen einzigen Bereich ihres Lebens beschränkt – beispielsweise auf ihr Auto oder einen bestimmten Schrank. In vielen Fällen ist ironischerweise gerade ihr Perfektionismus der eigentliche Grund für die Unordnung: Aufräumen würde bedeuten, jedes einzelne Stück gründlich zu säubern, jedes Staubkörnchen zu entfernen und für alles den richtigen Platz zu finden – eine erdrückende Aufgabe, die jedermann einschüchtern muß.

## Perfektionismus in Beziehungen

Die gravierendsten Auswirkungen von Perfektionismus zeigen sich in den persönlichen Beziehungen. Die Probleme resultieren aus:

- der Angst des Perfektionisten, daß andere Menschen seine Mängel erkennen könnten
- dem Bedürfnis, in allen Punkten recht zu haben
- einer ständig kritischen Einstellung

### Soziale Hemmungen

Betrachten wir als erstes die Angst davor, daß andere Menschen unsere Mängel erkennen. Diese Angst ist der Grund für soziale Hemmungen von unterschiedlicher Intensität: von einem leichten Unbehagen bis zu einem tiefen Entsetzen mit heftigem Herzklopfen, Schwächegefühlen, Magenkrämpfen und anderen Symptomen.

Als sie beschloß, sich einer Walkinggruppe anzuschließen, spürte Marian sehr deutlich die schädlichen Wirkungen ihrer perfektionistischen Ängste. Sie fuhr zur festgesetzten Zeit zu dem Treffpunkt und parkte den Wagen. Aber dann schaffte sie es nicht, sich zu der Gruppe zu gesellen. Die Vorstellung, wie »lächerlich« sie in ihren neuen Walkingshorts aussah, lähmte sie im wahrsten Sinne des Wortes: sie begann zu zittern, und ihr wurde schwindlig. Sie konnte die quälende Möglichkeit nicht akzeptieren, daß alle ihre Nervosität bemerken könnten. Zutiefst enttäuscht fuhr sie wieder nach Hause.

Soziale Ängste können sehr subtil sein. Nehmen wir einmal an, Sie fangen an, zu Ihrem Vergnügen eine Fremdsprache zu lernen. Wenn Sie bei bestimmten Wörtern und grammatischen Konstruktionen, die Sie nicht richtig beherrschen, völlig verstummen, anstatt solche Unzulänglichkeiten einfach als unvermeidlichen Teil des Lernprozesses zu akzeptieren, fühlen Sie sich möglicherweise bloßgestellt und gedemütigt und geben Ihr Vorhaben auf. Schließlich beschränken Sie sich auf jene wenigen Aktivitäten, bei denen Sie sich kompetent fühlen, und versagen sich dadurch die Möglichkeit bereichernder oder vergnüglicher Erfahrungen. Die meisten meiner zwanghaften Patienten erzählen mir voll Bedauern von Dingen, die zu tun sie sich selbst niemals erlaubten, obwohl sie sie eigentlich sehr gern tun wollten.

Viele Zwanghafte betrachten Sex und Verabredungen mit dem anderen Geschlecht als eine Art Selbstdarstellung, die belastet ist durch mögliche Kritik oder das Verglichen-Werden mit anderen. Viele zwanghafte Menschen im jugendlichen Alter schrecken vor romantischen Begegnungen zurück, anstatt zu riskieren, auch einmal ungeschickt zu wirken oder ihr Unwissen zu zeigen. Infolgedessen haben sie weniger soziale und sexuelle Erfahrungen als andere Gleichaltrige, was ihnen in immer stärkerem Maße das Gefühl gibt, unzulänglich zu sein. Der Teufelskreis setzt sich immer weiter fort, und am Ende stehen Einsamkeit und Isolation.

Zwar gibt es sehr verschiedene Formen von Ängsten, *aber die meisten sozial gehemmten Menschen haben die irrationale Angst, aufzufallen und dabei ihre Mängel preiszugeben.* Die meisten haben das Gefühl, daß man sie sehr viel kritischer beobachtet, als dies tatsächlich der Fall ist, und sie glauben, daß andere sie zurückweisen oder weniger respektieren werden, wenn sie irgendwelche Unzulänglichkeiten oder Unvollkommenheiten zeigen. Eine Frau erzählte mir beispielsweise, daß sie einmal abends spazierenging und dabei an einer Schlange von Menschen vorbeikam, die darauf warteten, eine Kinokarte zu kaufen. Der Gedanke, von all diesen Menschen gesehen und beobachtet zu werden, war ihr so unerträglich, daß sie sich entschied, einen großen Umweg zu machen, anstatt an ihnen vorbeizugehen. Ein anderer Patient wurde regelmäßig von Angstgefühlen überwältigt, wenn er mit einer Gruppe von Menschen zusammen war; selbst das Einkaufen löste bizarre Gefühle in ihm aus: er meinte, sein Gesicht würde »aufreißen«. Ein anderer, ein brillanter Physiker, litt unter so intensivem Lampenfieber, daß er bei jedem öffentlichen Vortrag auffällig stark schwitzte, was ihn natürlich noch befangener machte.

Alle diese Personen hatten Schwierigkeiten, ihre enorm lähmende Verletzlichkeit zu erklären; die ihr zugrundeliegenden irrationalen Vorstellungen, durch welche die sozialen Ängste sich immer weiter verstärken, sind gewöhnlich nicht offensichtlich. Aber der Preis für schwere soziale Ängste und Befürchtungen ist nur allzu deutlich erkennbar. Abgesehen von dem alltäglichen sozialen Streß, mit dem Sie als zwanghafter Mensch leben müssen, mangelt es Ihnen an echten Beziehungen. Sie werden bei Beförderungen übergangen, und es fehlt Ihnen die Fähigkeit, sich im Zusammensein mit anderen Menschen und bei sozialen Anlässen zu freuen.

## Recht haben – um jeden Preis

Das perfektionistische Bedürfnis, recht zu haben, ist ein weiterer Faktor, der persönliche Beziehungen beeinträchtigen kann – in jeder Hinsicht. Irrtümer sind dem Perfektionisten verhaßt, aber jeder Mensch irrt sich gelegentlich. (Perfektionismus ist wirklich ein Mythos. Menschen sind *einfach nicht* fehlerfrei.) Viele Zwanghafte räumen *in einem abstrakten, rein theoretischen Zusammenhang* durchaus ein, daß sie Fehler machen. Die Fähigkeit, seine Mängel zu erkennen, gehört schließlich zum Konzept des perfekten Menschen. Jedoch haben perfektionistische Zwanghafte eine Tendenz, *konkrete* Fehler, die sie tatsächlich begangen haben, zu leugnen, was andere Menschen häufig befremdet.

Es ist ganz einfach unangenehm, mit jemandem zusammenzusein, der ständig beweisen muß, daß er recht hat. Den Beitrag des andern wird er niemals anerkennen, da er ständig beweisen muß, daß er (irgendwie) alles schon von Anfang an wußte. Und Sie können einem Menschen, der nicht einmal schweigend eingestehen kann, daß er nicht alles völlig verstanden hat, nichts Neues beibringen.

Diese Unfähigkeit, die eigenen Mängel zuzugeben, tritt häufig in der Therapie zutage. Wenn der Therapeut oder ein Mitglied der Therapiegruppe eine Bemerkung über einen Zwanghaften macht, wird dieser gewöhnlich Widerstand leisten und sagen, sie sei unzutreffend. Danach wird er den betreffenden Punkt ausführlich erläutern, was meist darauf hinausläuft, daß er damit den ursprünglichen Kommentar bestätigt. Dies gibt seinem Gegenüber das Gefühl, als würden seine Bemerkungen ganz einfach nicht gehört.

Perfektionisten versuchen häufig, ihre Irrtümer wegzuerklären. In einer Diskussion versuchen sie sanft, aber hartnäckig, die Position ihres Opponenten zu untergraben, bis der andere, und sei es auch nur aus Erschöpfung, nachgibt. Oder sie erklären, daß ihre Äußerung mißverstanden wurde. Sie drücken sich äußerst geschickt davor, ihre eigenen Fehler zuzugeben.

Sollte ein Fehler absolut nicht zu leugnen sein, dann haben sie wahrscheinlich Schwierigkeiten, ihn gelassen zuzugeben. Häufig reagieren Zwanghafte defensiv und bringen so viele Einwände und Einschränkungen zur Sprache, daß ihre Zuhörer aus dem verbalen Dickicht kaum das Zugeständnis heraushören können. Selbst wenn sie einen Irrtum zugeben, scheinen Perfektionisten zu signalisieren, daß sie zur Hälfte recht hatten. Irgendwie stellen sie die Sache so dar, als wäre unter den gegebenen Umständen dieser kleine Fehler doch die intelligenteste Vorgehensweise gewesen. Und die ganze Zeit über merken sie nicht, wie sehr sich andere durch diesen hartnäckigen Anspruch auf Unfehlbarkeit abgestoßen fühlen.

In ihrem Bedürfnis, über jede Kritik erhaben zu sein, versuchen zwanghafte Perfektionisten sogar, einen gekränkten oder wütenden Freund davon zu überzeugen, daß seine Gefühle unangemessen oder »falsch« seien. Ich habe dies bei der Interaktion von Eltern mit ihren Kindern beobachtet. Der Vater oder die Mutter weist auf einen Fehler hin, und das Kind, sichtlich verletzt durch die Kritik, verteidigt sich. Anstatt die Gefühle des Kindes zu respektieren, reagiert der Vater oder die Mutter, indem er oder sie noch mehr Gründe anführt, warum die Kritik *richtig* war, und bringt damit zum Ausdruck, daß das Kind kein Recht habe, verletzt zu sein. Am Ende fühlt sich das Kind nicht nur schlecht, weil es einen Fehler gemacht hat und von dem mächtigen Elternteil kritisiert wurde, sondern auch weil es anscheinend ein weiterer Fehler war, daß es sich durch die Kritik verletzt fühlte.

Dieselbe Art von Interaktion findet auch häufig zwischen Lehrern und Schülern, zwischen Ehepartnern oder Kollegen statt. Einer schnauzt den anderen an: »Es war nicht so gemeint; du darfst das nicht so empfinden!« In einer solchen Situation ist der Zwanghafte möglicherweise überrascht, wenn sich der andere noch stärker verletzt oder vor den Kopf gestoßen fühlt, obwohl er ihm doch eben bewiesen hat, daß er diese Empfindung zu Unrecht hatte. Der Zwanghafte sieht nicht, welchen Schaden er anrichtet, indem er versucht, eine Gefühlsäußerung in eine sachliche Debatte zu verwandeln: in vielen Fällen zieht sein Gegenüber daraus nämlich die Konsequenz, zukünftige Beschwerden nicht auszusprechen, während es unter der Oberfläche weiterhin brodelt. Aber weil Zwanghafte dazu neigen, Gefühle herunterzuspielen, überrascht es nicht, daß sie so handeln, als würde die Logik Gefühle von Verletztheit und Wut aus der Welt schaffen.

## Kritiksucht

Eine weitere Variante des Perfektionismus ist die übertriebene Tendenz, sich über die Fehler bei *anderen* Menschen oder auch über die Unvollkommenheit von Dingen zu ärgern. Diese Tendenz zur ständigen Kritik hat nicht ganz dieselben Wurzeln wie die erstgenannte Art von Perfektionismus.

Der nörgelnde oder übermäßig kritische Zwanghafte ist praktisch nie zufrieden. Zwar würden die meisten Menschen einen idealen Partner einem unvollkommenen vorziehen, aber sie akzeptieren grundsätzlich, daß sehr vieles im Leben nicht vollkommen ist, und sie verschwenden nicht allzu viel Zeit oder Energie darauf, sich über kleinere Unzulänglichkeiten ihres Partners zu ärgern. Wenn Sie zwanghaft kritiksüchtig sind, dann sind Sie ein wahrer Experte darin, in *allem* Mängel zu entdecken und sich darüber zu ärgern.

Im Umgang mit Ihren Mitarbeitern sind Sie möglicherweise diplomatisch und hilfsbereit, aber so wie Sie bei Ihrer eigenen Arbeit ständig Verbesserungsmöglichkeiten finden, haben Sie Schwierigkeiten, die Arbeit eines anderen Menschen vorbehaltlos zu akzeptieren.

Ihre romantischen Beziehungen leiden tendenziell ebenfalls unter dieser permanent kritischen Haltung. Sarah beispielsweise gab betrübt zu, daß sie mit ihrem Perfektionismus mehrere Beziehungen zermürbt hatte:

»In allen diesen Beziehungen ärgerte ich mich zunehmend über die Dinge, die ich an meinem Partner bemängelte«, erzählte sie mir. »Je länger ich mit einem dieser Männer zusammen war, desto mehr hatte ich das Gefühl, daß seine Mängel auch auf *mich* abfärbten – auf meinen Geschmack und mein Urteilsvermögen. Ich konnte mich kaum daran erinnern, was mich anfänglich zu dem betreffenden Menschen hingezogen hatte. Erst später, als er aus meinem Leben verschwunden war, wurde es mir wieder klar.«

Was ihren Ex-Mann, Edward, betraf, so gab sie mürrisch zu: »Ich saß ihm ständig im Nacken – kritisierte seine Meinungen, sein Aussehen, die Art, wie er mit Geld umging, wie er unseren Sohn behandelte. Schließlich hörte er auf, mir irgend etwas zu erzählen – einfach, um meine Mißbilligung zu vermeiden.«

Am Ende entwickelte Edward einen immer intensiveren Groll gegen Sarah, weil er sich in ihrer Gegenwart immer stärker gehemmt fühlte. Sein Groll beeinträchtigte allmählich auch andere Aspekte ihrer Partnerschaft. Er verlor das Interesse an ihrer sexuellen Beziehung und verbrachte immer weniger Zeit mit ihr. Sarah interpretierte das so, daß sie mit der Zeit für ihn an Attraktivität verloren habe. Sie hatte auch das Gefühl, daß er sie aus Trotz eines Vergnügens beraubte, nach dem sie sich sehnte, und das machte sie wütend. Sie wurde ihm gegenüber sogar noch kritischer, so daß sich das Problem immer weiter fortsetzte.

Ihr fünfjähriger Sohn, Jonathan, hatte wegen Sarahs Kritiksucht ebenfalls das Gefühl, ständig zurechtgestutzt zu werden. Wenn sie eines seiner Bilder lobte oder seine sportliche Leistung bei einem Baseballspiel, dann fehlte niemals ein kleiner Hinweis darauf, wie er es das nächste Mal besser machen könnte. Wenn sie ihn bei einem Fest oder im Zusammensein mit anderen beobachtete, dann richtete sie ihre Aufmerksamkeit immer auf die Dinge, die er *nicht* so gut machte.

Als sie darüber nachdachte, konnte Sarah die zerstörerische Wirkung ihrer ständigen Nörgelei deutlich erkennen; aber sie fühlte sich unfähig, etwas daran zu ändern. Sie war *immer* sehr kritisch gewesen; in ihren Augen schien dieser Charakterzug eine Säule ihrer Existenz zu sein, und sie war in gewisser Weise sogar stolz darauf. Sie hielt sich für scharfsichtiger und intelligenter als die meisten andern Menschen. Sie hatte einfach das Gefühl, dazu verdammt zu sein, mit den zerstörerischen Wirkungen dieser Haltung leben zu müssen. »Mein Perfektionismus hat mir Höllenqualen bereitet«, sagte sie. »Ich fühlte mich so einsam. Ich wünsche mir so sehr eine liebevolle Beziehung mit einem netten Mann, aber ich habe mir bereits ein paar vielversprechende Möglichkeiten verdorben. Vielleicht werde ich nie wieder eine Chance bekommen.«

Wenn Sie sich wie Sarah ständig auf das Negative konzentrieren, wird sich diese Tendenz wahrscheinlich nicht nur auf Ihre Beziehungen destruktiv auswirken, sondern auch auf Ihre Lebensfreude im allgemeinen. Der Fingerabdruck auf dem Glas stört Sie nicht nur – er beraubt Sie auch des Vergnügens, daraus zu trinken. Wenn Sie der Musik aus der Stereoanlage lauschen, dann verderben Ihnen ein paar Mängel in der Wiedergabe die Freude an der Musik. Und ebenso wenig gelingt es Ihnen, sich der Melodie des Lebens hinzugeben. Das, was Sie am lautesten hören, sind die Störgeräusche, die die meisten Menschen ignorieren. Sie hören sie überall und immer; und obwohl Sie sich vielleicht dafür hassen, wissen Sie nicht, wie Sie sich auf die positiveren Aspekte des Lebens konzentrieren sollen.

## Seinen Perfektionismus überwinden

Das letztendlich Ironische – und Tragische – am Perfektionismus ist, daß er *einfach nicht funktioniert.* Er soll Ihnen phantastische Beurteilungen einbringen und Sie über alle Kritik erhaben machen. Statt dessen beeinträchtigt er sowohl Ihre Arbeit als auch Ihre Beziehungen und setzt Sie unter einen ständigen Druck. Aber wenn Sie erkannt haben, daß Ihr Perfektionismus Ihnen schadet, können Sie Veränderungen bewirken.

### Völlig menschlich

Zum perfektionistischen Credo gehört die Vorstellung, daß andere Menschen Sie weniger mögen, wenn Sie einen Fehler machen oder bestimmte Dinge nicht wissen oder wenn Sie es zulassen, daß Ihre Mängel sichtbar werden. In Wahrheit trifft das Gegenteil zu. Ihr Bedürfnis, immer recht zu haben, wirkt auf Freunde und Kollegen häufig abstoßend.

*Niemand hat Mitgefühl mit Ihnen, liebt Sie oder ist gern mit Ihnen zusammen, weil Sie immer recht haben oder kaum jemals Fehler machen.* Es stimmt wahrscheinlich, daß die Menschen Ihre Fähigkeiten oder Ihr Wissen bewundern. Kompetent, umsichtig und intelligent zu sein ist ein Vorteil, aber diese Eigenschaften allein werden Ihnen niemals Liebe einbringen.

Probieren Sie deshalb einmal folgende Verhaltensweise aus: Wenn man Ihnen das nächste Mal eine Frage stellt und Sie die Antwort nicht wissen, dann sagen Sie es! Sagen Sie einfach: »Ich weiß es nicht.« Weichen Sie dem Problem nicht aus, rattern Sie nicht ein Dutzend Erklärungen herunter, nur um Ihr Unwissen nicht zugeben zu müssen; bieten Sie dem anderen nicht eine Information an, die richtig ist, aber die Frage letztlich nicht beantwortet. Sagen Sie einfach: »Ich weiß es nicht.« Dann beobachten Sie, wie viele Freunde Sie verlieren. Überprüfen Sie, wieviel weniger Sie geliebt werden. Achten Sie ganz besonders darauf, wieviel weniger Respekt Ihnen zuteil wird.

Und wenn Sie das nächste Mal in irgendeiner Hinsicht unrecht haben, geben Sie es einfach zu! Erklären Sie nicht, weshalb Sie den Fehler gemacht haben. Versuchen Sie nicht zu beweisen, daß jeder andere unter den entsprechenden Umständen den Fehler auch gemacht hätte. Bestehen Sie nicht darauf, daß Ihre Antwort im Grunde zwar korrekt war, aber mißverstanden wurde.

Geben Sie einfach zu: »Da habe ich mich geirrt.« Beginnen Sie dann, die Menschen zu zählen, die sich von Ihnen zurückziehen. Ich übertreibe natürlich. Aber wenn Sie den Mut haben, zu zeigen, daß auch Sie nicht unfehlbar sind, und wenn Sie Ihr Bedürfnis abschütteln, alles zu wissen und ständig beweisen zu müssen, wie intelligent Sie sind, dann werden Sie fühlen, daß Ihnen eine Last von den Schultern fällt. Sie werden entspannter sein. Es wird Ihnen leichter fallen zu lächeln. Sie werden frei sein! Und diese Veränderungen werden sich bereits in dem Moment einstellen, da Sie Ihr perfektionistisches Bedürfnis, unfehlbar zu sein, beiseite schieben.

### Die Angst vor einer Blamage überwinden

Wenn Sie sich dabei ertappen, daß Sie vor bestimmten Aktivitäten zurückschrecken, weil Sie Angst haben, sich zu blamieren, dann stellen Sie sich zwei Fragen: Hindern meine sozialen Ängste und Hemmungen mich daran, meine Möglichkeiten zu nutzen oder das Leben zu genießen? Und: Bin ich bereit, ein gewisses Maß an Angst auszuhalten, um das Problem zu überwinden?

Lauten die Antworten auf beide Fragen »ja«, werden Sie wahrscheinlich erheblich davon profitieren, wenn Sie sich genau den Situationen aussetzen, die Sie fürchten. Tun Sie das, wenn nötig, in kleinen Schritten, aber fangen Sie sofort damit an! Wenn Sie sich beispielsweise davor ängstigen, einen Vortrag zu halten, dann beginnen Sie damit, als Zuhörer eines Vortrags Fragen zu stellen. Warten Sie nicht, bis Ihnen etwas Brillantes einfällt. Fragen Sie nach irgend etwas, das Sie interessiert.

Wenn Ihre Ängste vor allem um soziale Anlässe wie beispielsweise Parties kreisen, dann gehen Sie auf möglichst viele Parties, und versuchen Sie, kleine Gespräche anzuknüpfen: Machen Sie der Gastgeberin Komplimente für ihre Muschelsauce, und fragen Sie sie nach dem Rezept. Wenn Sie das getan und sich dabei wohl gefühlt haben, dann versuchen Sie mit jemandem, den Sie als sympathisch und nicht bedrohlich erleben, ein Gespräch anzuknüpfen. Als nächsten Schritt nehmen Sie sich vor, mit einem Fremden zu plaudern; es ist hilfreich, wenn Sie sich vorher ein paar Diskussionsthemen oder Fragen überlegen.

Versuchen Sie es mit derselben schrittweisen Herangehensweise in anderen beängstigenden Situationen. Belegen Sie Kurse, in denen Sie üben können, sich vor anderen darzustellen. Schließen Sie sich einer Wandergruppe an. Geben Sie Parties. Sagen Sie sich, daß es gar nicht so schlimm ist, wenn Sie als Gastgeberin ein bißchen nervös sind oder einen kleinen Patzer machen. Wenn solche Dinge passieren, und das werden sie bestimmt, sagen Sie sich, daß es keinen Grund gibt, sich gedemütigt zu fühlen. Denken Sie daran, daß solche kleinen Unzulänglichkeiten Sie für andere Menschen *mehr* und nicht weniger attraktiv machen. Man wird Sie als echten und als verletzlichen Menschen wahrnehmen und wird das Gefühl haben, mit Ihnen wirklich in Kontakt zu sein.

Ich erinnere mich an eine Patientin, eine Ingenieurin in leitender Position, die mir gestand, daß sie immer gern tanzen lernen wollte, aber nie den Mut hatte, es zu tun. Sie war überzeugt, daß sie sich zutiefst gedemütigt fühlen würde, wenn sie beim Lernen Fehler machte. Aber je entschiedener sie gegen ihre Ängste anging, desto mehr verringerten sie sich. Schließlich entschloß sie sich, an einem Kurs für klassischen Tanz teilzunehmen. Die Leute im Kurs waren sehr lustig und unterstützten sie beim Lernen. Zwar war meine Patientin zunächst ein wenig schüchtern, aber die Ermutigung von seiten der anderen Gruppenmitglieder half ihr rasch, lockerer zu werden und mitzumachen. Heute hat sie keine Angst mehr davor, auf Parties zu tanzen, sondern hat, selbst wenn sie Fehler macht, sehr viel Spaß daran.

## Ihren inneren Saboteuren Widerstand leisten

Ob Sie nun ein Referat schreiben, ein Wohnzimmer anstreichen oder für Gäste ein Abendessen vorbereiten: wenn Sie ein Perfektionist sind, dann neigen Sie dazu, sich mit unbewußten Annahmen zu quälen.

Solche Annahmen lauten beispielsweise:

- »Ich kann es nicht ertragen, wenn meine Leistung nicht so gut ist wie die von X.«
- »Es muß einfach großartig werden!«
- »Es wäre für die anderen unerträglich, wenn sie feststellen müßten, daß ich einen Fehler gemacht habe.«

Möglicherweise sind Sie sich gar nicht bewußt, daß Sie solche Sätze zu sich selbst sagen; vielleicht klingen sie für Ihre Ohren völlig ungewohnt. Tatsächlich aber beeinflussen solche hartnäckigen, unbewußten Glaubenssätze die Verhaltensweisen vieler Menschen. Wenn Sie zu ihnen gehören, sollten Sie sich folgendes bewußtmachen:

- Sie selbst entscheiden sich dafür, diese Gedanken zu denken.
- Sie unterminieren dadurch ihre Glücksmöglichkeiten.
- Sie können in diesem Augenblick damit beginnen, signifikante Veränderungen vorzunehmen; selbst wenn Sie noch nicht alles über Ihre Zwanghaftigkeit wissen.

Nehmen wir beispielsweise einmal an, Sie schreiben einen Bericht oder ein Referat. Vielleicht waren Sie immer der Ansicht, zu einem guten schriftlichen Bericht gehöre, daß man eine Sache von allen Seiten gründlich beleuchte, alle nur vorstellbaren Fragen zu dem Thema beantworte und soviel wie möglich recherchiere.

Nun, das stimmt nicht. Und es ist genau diese Denkweise, die Sie daran hindert, Ihr volles kreatives und produktives Potential auszuschöpfen.

In den meisten Situationen ist der beste Bericht derjenige, der *innerhalb des gegebenen Zeitrahmens* so gut wie möglich gemacht wurde.

### Ihre Arbeit rechtzeitig fertigstellen

Wenn es sich immer wieder erweist, daß es Ihnen äußerst schwerfällt, Ihre Arbeit rechtzeitig fertigzustellen, dann sollten Sie erkennen, daß Ihre Vorgehensweise (die Perfektion) ganz einfach nicht funktioniert. Versuchen Sie deshalb folgendes: Bemühen Sie sich jedesmal, wenn einer jener irrationalen Glaubenssätze (»Es muß hundertprozentig fehlerlos gemacht werden«) von Ihnen Besitz zu ergreifen beginnt, ihn abzuschütteln. Sagen Sie sich: »Nein, die Arbeit muß *fertiggestellt* werden!«, und machen Sie weiter. Konzentrieren Sie sich darauf, was für ein gutes Gefühl es ist, mit einer Arbeit voranzukommen. Weigern Sie sich, zu beurteilen, ob Sie etwas Großartiges zustande bringen oder nicht. Wenn Sie rechtzeitig (oder sogar früher als geplant) fertig werden, können Sie das Ganze später noch einmal überarbeiten. Beginnen Sie, in Kategorien des Vorankommens und der Bewegung zu denken.

Konzentrieren Sie sich darauf, nicht nur Ihre Arbeit zu tun, sondern sie innerhalb eines *realistischen* Zeitrahmens fertigzustellen. Perfektionisten neigen dazu, ihre Zeit so zu planen, als wären sie ständig hundertprozentig leistungsfähig und arbeiteten unter perfekten Bedingungen. Sie nehmen beispielsweise an, daß sie durch nichts unterbrochen werden, daß ihre Leistungsfähigkeit nicht durch Müdigkeit beeinträchtigt wird und daß sie ständig schnell und unter Hochdruck arbeiten können. Anstatt sich blind auf solche Annahmen zu verlassen, sollten Sie realistische Kontrolltermine für das Erreichen bestimmter Ziele setzen, selbst wenn Ihre Arbeit dann nicht so perfekt wird. Wenn Sie in einer Phase ins Hintertreffen geraten, dann akzeptieren Sie das einfach, und machen Sie weiter; versuchen Sie, den Rückstand in einer nächsten Phase wieder einzuholen. Akzeptieren Sie die Tatsache, daß das Resultat einfach nicht so perfekt sein wird, wie es sein könnte, wenn Sie keinen Schlußtermin und keine anderen Verpflichtungen hätten. Die meisten Leistungen müssen unter zeitlichen Beschränkungen erbracht werden!

Schlagen Sie jedesmal, wenn Sie sich dabei ertappen, daß Sie sich von Details oder der Vorstellung, wie man Ihre Leistung bewerten wird, ablenken lassen, mit der Hand auf den Tisch oder Ihren Oberschenkel, und sagen Sie: »Weiter!« Atmen Sie tief ein, konzentrieren Sie sich wieder auf Ihr Ziel, und fahren Sie fort!

Stellen Sie sich vor, daß Sie mit der Strömung einen Fluß hinunterschwimmen. Sie müssen vor Einbruch der Dunkelheit an Ihrem Ziel ankommen, oder es wird zu spät sein. Stellen Sie sich, wenn Sie von Details abgelenkt werden, vor, wie Sie aus der Strömung hinausgleiten und in einen Seitenarm des Flusses und von dort aus in ein Labyrinth von immer kleineren Flußarmen hineintreiben. Die kleinen Flüßchen sind reizvoll und interessant, aber wenn Sie sie näher erkunden, verlieren Sie an Geschwindigkeit. Schwimmen Sie zurück in den eigentlichen Fluß, und lassen Sie sich erneut von der Strömung vorantragen!

Machen Sie Ihre Arbeit so gut wie möglich – unter Berücksichtigung der Schlußtermine und der legitimen Beschränkungen, die Ihre Gesundheit, Ihre Familie, Ihr soziales Leben und ihre Hobbies Ihnen auferlegen. Halten Sie sich vor Augen, daß all diese Aspekte für Ihre Lebensfreude wichtig sind.

## Die Nebensächlichkeiten reduzieren

*Handeln Sie effizienter!* Wenn Sie wissen, daß Sie die Tendenz haben, im Gespräch allzu weitschweifig zu werden und sich in Details zu verlieren, dann korrigieren Sie das! Bereiten Sie sich auf solche Situationen vor, indem Sie sich notieren, welche Bereiche Sie gern abdecken möchten. Üben Sie dann Ihren Vortrag ein, und setzen Sie sich bei der Darstellung der einzelnen Punkte zeitliche

Beschränkungen. Sehen Sie sich das Ganze zuvor noch einmal durch, und streichen Sie konsequent alles, was entbehrlich ist. Arbeiten Sie so lange an Ihrem Text, bis Sie Ihren Vortrag in *weniger* als der zur Verfügung stehenden Zeit halten können. Die zuvor erwähnten irrationalen Ängste werden Sie natürlich weiterhin bedrängen. Es sind Gewohnheiten. Lassen Sie aber nicht zu, daß sie von Ihnen Besitz ergreifen. Stellen Sie sich vor, daß sie Sie aus der Sie tragenden Strömung herausreißen, und wenn Sie wieder einmal in Gefahr sind, sich zu verzetteln, dann schlagen Sie mit der flachen Hand auf den Tisch, und sagen Sie: »Mach weiter!« Danach atmen Sie tief durch, entspannen sich und konzentrieren sich erneut auf die zu bewältigende Aufgabe.

Wenn Sie in Ihrem Leben eine Menge überflüssige Dinge angehäuft haben, dann bemühen Sie sich, einiges davon auszusortieren. Fragen Sie sich, wie wahrscheinlich es ist, daß Sie die Dinge, die Sie aufbewahren, noch einmal brauchen. Überprüfen Sie, wie häufig Sie in der Vergangenheit Dinge benutzten, die sich bei Ihnen angesammelt hatten. Wog die Unbequemlichkeit und Unordnung, die durch die vielen überflüssigen Sachen verursacht wurde, die Tatsache auf, daß Sie das eine oder andere vielleicht doch noch hätten gebrauchen können? Wäre es wirklich so schrecklich, etwas wegzuwerfen, das Sie hinterher doch noch hätten benutzen können? Ist es wirklich wirtschaftlich, alles aufzubewahren, anstatt Ordnung zu schaffen und gelegentlich einen Ersatz zu kaufen?

Eine andere versteckte Rationalisierung für das Horten lautet: Irgendwann möchte ich mit den betreffenden Sachen etwas anfangen (dieses zerrissene Kleid nähen, jene Zeitschrift lesen, den alten Zweitwagen reparieren), deshalb bewahre ich sie auf, bis ich mehr Zeit habe. Sie wegzuwerfen wäre das Eingeständnis einer Niederlage: daß Sie *niemals* tun werden, was Sie sich vorgenommen haben.

Denken Sie noch einmal daran, wie Sie es in der Vergangenheit gehalten haben, und fragen Sie sich, wie groß die Wahrscheinlichkeit ist, daß Sie in der überschaubaren Zukunft sehr viel mehr Zeit haben werden. Wenn die Antwort lautet: nicht sehr wahrscheinlich – warum heben Sie dann all diese Dinge auf? Wollen Sie sich vielleicht einfach nicht mit der Tatsache auseinandersetzen, daß Sie nicht alles tun können, was getan werden »sollte« – daß Sie eben *nicht* perfekt sind? Wäre es nicht einfacher, diese Wahrheit zu akzeptieren, als weiterhin inmitten von so viel nutzlosem Gerümpel zu leben?

### Mittelmäßig sein!

Wenn bestimmte Aufgaben Sie belasten, weil es Ihnen angst macht, Ihren eigenen, perfektionistischen Maßstäben gerecht werden zu müssen, dann hilft es Ihnen möglicherweise, sich vorzustellen, was ein mittelmäßiger Student, Schriftsteller, Rechtsanwalt oder Radiologe leisten würde. Zwingen Sie sich, Ihre Arbeit nur so gut zu machen, daß sie auch rechtzeitig fertig wird. Sie werden erstaunt sein, wieviel Sie erreichen – gerade auch was die Qualität Ihrer Arbeit betrifft; Ihre Leistung wird am Ende nicht so stark leiden, wie Sie gedacht hatten. Sie sind kein Mensch, der seine Arbeit nachlässig oder mittelmäßig macht, und das wird, was immer Sie auch tun, am Ende auch deutlich werden. Und je weniger Nebensächlichkeiten Sie anführen, um so klarer und überzeugender werden Sie Ihre wesentlichen Punkte herausstellen können.

Wahrscheinlich wird es Ihnen guttun, immer wieder zu üben, auch einmal etwas Mittelmäßiges zu leisten. Nehmen Sie beispielsweise das Briefeschreiben. Anstatt zuzusehen, wie Ihre Korrespondenz sich auf Ihrem Schreibtisch stapelt, während Sie auf den richtigen Moment warten, wohlformulierte und gründlich durchdachte Briefe zu verfassen, nehmen Sie sich einfach einmal fünfzehn Minuten Zeit, um einen kurzen, ganz normalen Brief zu schreiben. Sie verschaffen sich dadurch zwei unmittelbar spürbare Vorteile: Sie müssen einen Brief weniger schreiben, und Ihr Briefpartner oder Ihre Briefpartnerin wird froh sein zu erfahren, daß Sie am Leben sind und an ihn oder sie denken, auch wenn der Brief nur kurz und stilistisch nicht brillant ist. Und wenn Sie ihn noch einmal durchlesen, werden Sie wahrscheinlich angenehm überrascht sein, wie flüssig er geschrieben ist.

Und ebenso sollten Sie versuchen, einmal eine durchschnittliche Weihnachtsgeschenkeeinkäuferin, Hausfrau, Malerin, Köchin oder Gärtnerin zu sein (dasselbe gilt natürlich für einen Mann, der diesen oder anderen Tätigkeiten nachgeht). Und bevor Sie sich darauf versteifen, daß Sie in *keiner Hinsicht* einfach nur durchschnittlich sein möchten, versuchen Sie es doch einfach einmal. Ich kann Ihnen voraussagen, daß der Gewinn den möglichen Verlust bei weitem aufwiegt. Und das, was Sie hier gewinnen, wird sich auch auf alle anderen Aspekte Ihres Lebens positiv auswirken. Ihre Pflichten und Aufgaben werden nicht mehr so viel Zeit in Anspruch nehmen, und Sie werden sie auch nicht mehr als so belastend empfinden. Sie werden mehr Freizeit haben und sich zugleich weniger schuldig und belastet fühlen. Ich sage Ihnen zudem voraus, daß Sie dann, wenn es wirklich wichtig ist, eine sehr gute Leistung zu erbringen, es auch wirklich schaffen werden.

### Blockaden überwinden

Wenn Ihr Perfektionismus die Arbeitsleistung bei bestimmten Aufgaben, die eine hohe Konzentration erfordern, beeinträchtigt, können Sie über eine Veränderung Ihrer Einstellung (»Es muß perfekt gemacht werden!«) hinaus versuchen, Ihre Zeitplanung zu verbessern.

Führen Sie die schwierige Arbeit in kurzen, klar strukturierten Zeitabschnitten aus und nicht in unbegrenzt langen Sitzungen, die Ihnen die Illusion verschaffen, Sie hätten unbegrenzt viel Zeit und könnten sich deshalb endlos lange mit Detailfragen beschäftigen.

Planen Sie eine zweistündige Arbeitssitzung. Wenn Sie das Gefühl haben, einige Pausen zu brauchen, dann planen Sie diese ein: gestehen Sie sich beispielsweise alle zwanzig Minuten eine fünfminütige Pause zu. Vergeuden Sie keine Minute dieser zweistündigen Arbeitsphase damit, sich auf Ihre Arbeit vorzubereiten. Wenn Sie noch Material zusammensuchen oder Ihren Bleistift anspitzen müssen, dann erledigen Sie all das bereits vorher. Beginnen Sie die zweistündige Arbeitsphase genau zu dem geplanten Zeitpunkt.

Arbeiten Sie in dieser Zeit an einem ungestörten, einsamen Platz; arbeiten Sie nicht im Liegen oder in einer vorsätzlich entspannten Körperhaltung. Setzen Sie sich an einen Schreibtisch oder Tisch, lassen Sie Ihre Füße auf dem Boden ruhen, und stellen Sie eine Uhr auf diesen Tisch. Manche Menschen haben das Gefühl, besser arbeiten zu können, wenn ihr Magen nicht allzu voll ist. Und: Während der Arbeit darf natürlich kein Tropfen Alkohol in Ihrem Körper sein.

Konzentrieren Sie Ihre Aufmerksamkeit auf die Arbeit, die jetzt zu leisten ist, und versuchen Sie, in gleichmäßigen Schritten voranzukommen, selbst wenn Sie nicht alle Detailfragen lösen. Engagieren Sie sich für das, was Sie gerade tun, und vermeiden Sie jedes Grübeln und mögliche Unterbrechungen. Wenn Sie etwas lesen und memorieren müssen, unterlassen Sie es, etwas anzustreichen oder zu unterstreichen. Dies hindert Sie nämlich daran, die wesentlichen Gedanken zu erfassen, und verringert Ihre Motivation, die Sache sofort in den Griff zu bekommen. Wenn Sie etwas anstreichen oder unterstreichen wollen, dann reservieren Sie einen bestimmten Zeitraum ausschließlich für diese Arbeit, und einen weiteren dafür, sich den Inhalt anzueignen.

Sollte Ihre Aufmerksamkeit abschweifen, dann stehen Sie auf, aber bleiben Sie unmittelbar an Ihrem Schreibtisch stehen, und setzen Sie sich erst dann wieder hin, wenn Sie sich wieder völlig auf das Material konzentriert haben. Addieren Sie die Minuten, in denen Sie stehen, nicht zu Ihrer Arbeitszeit. Betrachten Sie sie vielmehr als verlorene Zeit, die nicht wieder aufgeholt werden kann. Wundern Sie sich nicht, wenn Sie in den ersten Arbeitssitzungen ziemlich häufig stehen müssen.

Hören Sie genau zum festgesetzten Zeitpunkt auf, auch wenn Sie mit Ihrer Arbeit nicht fertig geworden sind. Belohnen

Sie sich jetzt dafür, daß Sie während der ganzen Phase konsequent durchgearbeitet haben – mit Essen, Zeitunglesen oder irgendeiner anderen angenehmen Tätigkeit. Wenn Sie mit Ihrer Arbeit nicht fertig geworden sind, planen Sie eine weitere strukturierte Phase ein. Vielleicht entdecken Sie, daß eine zweistündige Arbeitssitzung für die spezifische Aufgabe, die Sie zu erledigen haben, zu lang oder zu kurz ist. Aber treffen Sie jene Entscheidung nicht *während* einer Arbeitssitzung; warten Sie ein paar Tage, um dies richtig einzuschätzen.

Sie werden diese Methode immer besser beherrschen und dabei entdecken, daß Sie, obwohl Sie *weniger* lange arbeiten, sehr viel produktiver sind, als Sie es jemals waren, als Sie sich auf gefürchtete, endlos lange Sitzungen einstellten. Viele meiner Patienten leisten mehr in zwei, drei zweistündigen Arbeitsphasen pro Tag als während eines unstrukturierten acht- oder neunstündigen Arbeitstages. Die Qualität ihrer Arbeit ist dieselbe, und sie haben weitaus mehr Freizeit.

## Den Kritiker kritisieren

Und Ihre Neigung, sich übermäßig an den Unzulänglichkeiten, Schwächen und Irrtümern anderer zu stören? Diese Gewohnheit ist für Ihre Beziehungen äußerst schädlich. Sie können sie aber durchaus ändern. Wie bei jeder anderen Gewohnheit auch liegt der Schlüssel zur Veränderung darin, daß Sie sich das Problem bewußtmachen. Gewohnheiten überleben, indem sie sich unbemerkt festsetzen – sie werden zu einem Automatismus, den nicht einmal die Betroffenen bemerken. Lassen Sie nicht zu, daß sie sich immer weiter verstärken. Richten Sie Ihre Kritiksucht gegen diese selbst! Seien Sie gegenüber Ihrer eigenen Tendenz zur Nörgelei so kritisch, wie Sie wollen, aber bleiben Sie an jenem Punkt nicht stehen. Machen Sie einen Schritt in Richtung auf eine Veränderung!

Versuchen Sie zunächst einmal, *sich selbst bei Ihren kritischen Gedanken* über Ihren Ehepartner, Ihr Kind oder einen Angestellten *zu ertappen.* Spüren Sie nach, wie unangenehm diese Gefühle sind – die Enttäuschung, der Groll und der Widerwille, die Sie empfinden. Selbst die vorübergehende selbstgerechte Aufblähung Ihrer eigenen Selbstachtung ist hohl und schmerzhaft. Ihre Kritik mag durchaus berechtigt sein: Ihr Kind kaut beispielsweise tatsächlich an den Nägeln und lispelt ein bißchen. Es bringt Ihnen aber überhaupt nichts, wenn Sie sich ständig darüber aufhalten, Sie tun damit nur sich selber weh.

Wenden Sie die Methode des Auf-den-Tisch-Schlagens an (oder welche Oberfläche auch immer gerade verfügbar ist, beispielsweise Ihr Oberschenkel), anstatt sich weiterhin über die kleinen Mängel Ihrer Mitmenschen zu ärgern, (Wenn das zu offensichtlich oder peinlich ist, machen Sie etwas anderes. Sie können zum Beispiel auch kräftig blinzeln.) Atmen Sie tief ein, entspannen Sie sich, und lenken Sie sofort Ihre Aufmerksamkeit auf einen positiven Aspekt jener Person oder auf etwas Gutes, das sie getan hat. Erinnern Sie sich an das gute Gefühl gegenüber jener Person, spüren Sie ihm nach, und weigern Sie sich einfach, zu Ihren kritischen Gedanken zurückzukehren.

Irrtümlicherweise setzen Sie Intelligenz gleich mit der Fähigkeit, an den Mitmenschen Mängel zu entdecken, und das setzt diese schlechte Angewohnheit immer weiter fort und verstärkt sie. Deshalb ist es auch so schwierig, das ständige Nörgeln aufzugeben. Hinzu kommt, daß Sie die Menschen, die Sie ständig in die Defensive zwingen, von Ihrer eigenen Unzulänglichkeit ablenken können. Ironischerweise ist allerdings Ihr größter Fehler – Ihre Kritiksucht – für jedermann schmerzlich offensichtlich und wirkt auf Ihre Mitmenschen abstoßend.

Fragen Sie sich immer wieder, was Ihnen Ihre kritische Einstellung einbringt im Vergleich zu dem Preis, den Sie für sie bezahlen müssen. Ihr Kind oder Ihr Partner ist sicher nicht perfekt, aber das bedeutet nicht, daß Sie sich darüber ärgern müssen. Und *wenn* Sie sich ärgern, so wird das nicht das Geringste daran ändern. Wenn Sie einen legitimen Grund für konstruktive Kritik haben, dann äußern Sie sie. Aber beeinträchtigen Sie Ihre Beziehungen zu anderen Menschen nicht dadurch, daß Sie sich ständig damit beschäftigen, was an ihnen nicht in Ordnung ist. Mit einiger Anstrengung wird es Ihnen genauso leichtfallen, sich auf das zu konzentrieren, was *in Ordnung* ist.

Im Fall von Sarah, deren ständige Nörgelei eine Beziehung nach der anderen ruinierte, wies ich in der Therapie wiederholt darauf hin, daß sie möglicherweise bei allem, was sie als kritikwürdig empfand, *recht haben* könnte. Aber ihre besserwisserische Haltung, so fügte ich hinzu, fordere einen hohen Preis. Während ihre Fähigkeit, Mängel zu entdecken, bei ihrer Arbeit als Zeitschriftenredakteurin eher hilfreich war, beeinträchtigte sie viele andere Aspekte ihres Lebens.

Allmählich gelang es Sarah, sich immer häufiger dabei zu ertappen, wie sie andere Menschen kritisierte. In dem Bewußtsein, daß ihre Kritiksucht ihr selbst schadete, bemühte sie sich darum, diese zu unterdrücken und die guten Eigenschaften ihrer Mitmenschen zu entdecken. Und wenn Sie dies ein paar hundertmal gemacht haben werden, entwickeln sich neue Gewohnheiten. Dies war auch bei Sarah der Fall; sie entdeckte schließlich, daß sie etwas auch dann genießen und wertschätzen konnte, wenn es nicht ganz perfekt war.

## Perfekter als perfekt

Machen Sie sich bewußt, daß das perfektionistische Credo, das ich zu Beginn dieses Kapitels beschrieb, auf unrichtigen Annahmen basiert. Ein untadeliges Leben ist nicht nötig oder möglich – es ist nicht einmal wünschenswert. Um ein wertvoller und glücklicher Mensch zu sein und geliebt zu werden, brauchen Sie nicht alles zu wissen oder Leistungen zu erbringen, die sich an irgendwelchen unrealistischen Kriterien orientieren.

Wer hat Sie jemals etwas anderes gelehrt? Welches höhere Wesen hat Sie davon überzeugt, daß Sie niemals einen Fehler machen dürfen? Oder daß die Tatsache, daß Sie einmal einen Fehler gemacht haben, ein Beweis dafür sei, daß etwas mit Ihnen nicht in Ordnung ist? Wer hat Ihnen eingetrichtert, daß Ihr Wert davon abhängt, wie intelligent oder tüchtig Sie sind? Ihre Herkunftsfamilie? Ihre Lehrer? Die Kirche? Wer hat Ihre wunderbaren menschlichen Eigenschaften – Ihre Ehrlichkeit und Spontaneität, Ihre Verletzlichkeit, Kreativität und Offenheit – abgewertet und Sie davon überzeugt, daß irgend etwas anderes jemals wertvoller oder liebenswerter sein könnte? Und wer macht das heute mit Ihnen?

Kapitel 4

# Sich entscheiden und sich einlassen

Wenn Sie das nächste Mal in einem Restaurant sitzen, schauen Sie sich einmal die Leute an, die an den anderen Tischen die Speisekarte studieren. Die meisten von ihnen genießen es wahrscheinlich, eine so große Auswahl zu haben, weil sie wissen, daß sie das, was sie am meisten reizt, bestellen können. Andere widmen der Sache nicht mehr Aufmerksamkeit, als sie etwa für das Zuschnüren ihrer Schuhe aufbringen würden; für sie ist das Ganze eine ziemlich prosaische Angelegenheit, die sie ohne viel Nachdenken hinter sich bringen. Für Zwanghafte kann diese Aufgabe jedoch erstaunlich schwierig sein.

Alex, ein siebenunddreißigjähriger Handelsreisender für pharmazeutische Produkte, beschrieb mir eines Tages den inneren Aufruhr, den diese Situation üblicherweise in ihm auslöst. »Ich schaue mir die Speisekarte an und spüre sofort eine innere Anspannung«, sagte er. »Ich weiß nicht, ob ich eine Omelette, Eier mit Schinken oder vielleicht etwas anderes möchte. Ich könnte auch Pfannkuchen oder überbackenen Toast nehmen. Pfannkuchen sind ein bißchen schwerer und haben wahrscheinlich mehr Kalorien, aber es ist noch früh am Tag, deshalb könnte ich eine größere Mahlzeit essen und die Kalorien später verbrennen ...«

»Nehmen wir an, Sie sind unschlüssig, ob Sie nun Omelette oder Pfannkuchen nehmen sollen«, warf ich ein. »Was sagen Sie dann zu sich selbst?«

»Wenn ich eine Omelette wähle, dann muß ich noch aussuchen, welche Füllung ich haben möchte, nicht wahr?« Er grinste über seine eigenen Worte. »Es ist so absurd! Dabei nehme ich immer Schinken und Käse. Gleichzeitig sage ich mir, daß ich dadurch die Gelegenheit verpasse, etwas Neues auszuprobieren.

Aber auf der anderen Seite schmeckt das Neue möglicherweise nicht besonders. Ich werde also so oder so einen Fehler machen.«

Zu entscheiden, was er zum Frühstück essen wollte, war das geringste von Alex' Problemen. Er war in die Therapie gekommen, weil er wegen seiner vierjährigen Beziehung mit Cicely unter schrecklichen Seelenqualen litt. Obwohl er sie liebte und eigentlich auch gerne Kinder haben wollte, solange er noch nicht zu alt dafür war, störte sich Alex an bestimmten Eigenschaften, die er als Mängel an ihrer Persönlichkeit ansah. Diese Mängel waren, wie er selbst zugab, eher nebensächlich, aber sie würden ihm, so fürchtete er, schrecklich auf die Nerven fallen, wenn sie einmal verheiratet wären. Gelegentlich beschäftigte er sich so intensiv damit, daß er kurz davor stand, sich von ihr zu trennen. Aber dann dachte er an die vielen glücklichen Stunden, die sie im Laufe der Jahre genossen hatten, und war bei der Vorstellung, sie für immer zu verlieren, zutiefst bekümmert. Er sehnte sich verzweifelt danach, »wieder Bewegung in sein Leben zu bringen«, mit Cicely oder ohne sie, und verachtete innerlich seine Unentschlossenheit. Dennoch fühlte er sich weiterhin wie gelähmt.

Einmal bat ich Alex, sich während einer Woche die Situationen zu merken, bei denen das Treffen einer Entscheidung ihm Probleme bereitete. Er kam mit einer Liste in die Therapiestunde, in der alles enthalten war – vom Auswählen eines Hemds am Morgen bis zum Kauf einer Eigentumswohnung. »Sogar die Auswahl eines Shampoos hat mir Schwierigkeiten gemacht!« rief er, mittlerweile wieder lachend, aus. »Meine gewohnte Marke wird nicht mehr produziert. Ich stand zehn Minuten in der Drogerie und versuchte, mich zu entscheiden. Als ich hinausging, sagte ich zu mir selbst: ›Alex, da haben wir mal wieder den Salat. Warum kaufst du dir nicht von jeder Marke eine Flasche und wirfst die Shampoos, die dir nicht gefallen, einfach weg? Du kannst es dir leisten.‹ Aber ich möchte keine wegwerfen. Ich bin von dem Gedanken besessen, unter allen Umständen die richtige Entscheidung treffen zu müssen. Ich will mich nicht damit herumärgern, einen Fehler gemacht zu haben.«

## Das Risiko eines Irrtums

Alex ist offensichtlich ein Anhänger des perfektionistischen Credos: *Ich kann und darf keine Fehler machen.* Entscheidungen und Verpflichtungen sind häufig die Rachegöttinnen des Perfektionisten, weil sie das Risiko von Fehlern mit sich bringen. Für Perfektionisten ist es ganz und gar nicht nebensächlich, wenn sie etwas falsch machen. Sie fühlen sich dadurch in ihrem Selbstbild bedroht, das zum Teil davon abhängt, daß sie das Credo intakt halten.

Das heißt nicht, daß alle Zwanghaften – sogar die sehr perfektionistischen – in derselben Weise auf *alle* Entscheidungen und Verpflichtungen reagieren. Menschliches Verhalten kann nicht auf Formeln reduziert werden. Jemand kann es als unmöglich empfinden, am Mittwoch eine Entscheidung zu treffen, die ihm noch am Montag leichtgefallen wäre.

Einige Menschen haben nur mit *ganz bestimmten* Entscheidungen Probleme. So erzählt Alex beispielsweise, daß es ihm nur selten schwerfalle, Entscheidungen zu treffen, die mit seiner Arbeit in Zusammenhang stehen. Dough, dem Rektor einer High-School, fiel es leicht, zu heiraten und sich gefühlsmäßig auf seine Frau einzulassen. Aber er hatte große Schwierigkeiten, zu entscheiden, ob er nun eine Familie gründen solle oder nicht.

»Alles ist so schrecklich teuer; ich mache mir Sorgen, ob ich überhaupt fähig bin, Kinder zu ernähren. Ich bin ja mittlerweile auch schon älter (er ist Ende Dreißig) und frage mich, ob ich – emotional und körperlich – die Energie habe, um ein guter Vater zu sein. Auf der anderen Seite habe ich immer Freude an Kindern gehabt, und ich komme wirklich gut mit ihnen aus. Manchmal bin ich richtig begeistert von der Vorstellung, eigene Kinder zu haben. Aber dann denke ich an alles, was ich dafür aufgeben muß, meine Zeit und auch den Luxus. Aber ich habe viele Freunde mit Kindern, und ich sehe ganz deutlich, wie schön das ist.

Moira (seine Frau) tendiert mehr und mehr dazu, Kinder zu haben, und das steigert nur den Druck, den ich empfinde. Ich weiß ganz genau: Wenn wir allzu lange warten, dann können wir vielleicht überhaupt keine mehr haben; selbst wenn wir es wollten, und das wäre schrecklich! Aber es wäre auch schrecklich, Kinder zu bekommen und sie nachher abzulehnen.«

Gina berichtete, ihr bereite es am meisten Schwierigkeiten, zu entscheiden, wie und wo ihre Familie die Ferien verbringen solle.

»Ich habe das Gefühl, daß ich diese Zeit auf die effektivste Art planen muß. Jedesmal, wenn wir eine Möglichkeit näher ins Auge fassen, dann kommen mir alle ›Ja, aber ...‹ und ›Was ist, wenn ...‹ in den Sinn. Beispielsweise wollte ich in den Ferien gern die Küste entlangfahren, aber ich konnte mich einfach nicht für den Zeitpunkt der Abfahrt entscheiden; ich dachte, wenn wir am Tag nach Weihnachten losfahren würden, wäre es vielleicht zu anstrengend. Dann verbrachte ich mehrere Wochen damit, mir Reiseführer zu besorgen und nach passenden Hotels zu suchen. Als ich schließlich entschieden hatte, wo ich wohnen wollte, gelang es mir nicht, Zimmer zu reservieren, und ich fürchtete, wenn wir einfach losfahren würden, hätten wir möglicherweise keine Unterkunft. Dies ist mir auch früher schon passiert: ich kann einfach nicht rechtzeitig eine Entscheidung fällen, und schließlich tue ich *gar nichts*; und das ist noch viel schlimmer als all die möglichen Probleme, die mich zurückhalten.«

## Perfektionisten vermeiden Entscheidungen

Ein solches Hin und Her ist typisch für viele Zwanghafte, die mit einer Entscheidung konfrontiert sind. Sie sehen sehr deutlich alle Faktoren, die für oder gegen eine Entscheidung sprechen, und hoffen die ganze Zeit, daß sich auf einer Seite der Waagschale genug Fakten ansammeln, um sie zu senken, so daß sie selbst keine Verantwortung zu übernehmen brauchen. Sie wägen ab und denken, denken und wägen ab.

In dem Augenblick, in dem sie zu einer Seite hin tendieren, bemerken sie dort einen Nachteil, den sie vorher nicht in Erwägung gezogen hatten. Dann wiederum taucht eine bisher übersehene Möglichkeit auf und zieht sie wieder in eine andere Richtung. Aber bald entdecken sie an dem neuen Plan erneut einen Mangel und kehren wieder zu ihrem ursprünglichen Plan zurück.

Nachdem sie sich eine Weile lang gequält haben, greifen sie vielleicht auf eine »objektive« Methode zurück, zum Beispiel darauf, umfangreiche Listen von den Pros und Kontras zu erstellen. Wenn ein Unentschieden dabei herauskommt, versuchen sie vielleicht, jeden Punkt entsprechend seiner Relevanz einzuschätzen – all das, um zu vermeiden, daß sie persönliche Verantwortung für das Ergebnis übernehmen müssen. Aber leider senkt sich die Waage niemals nach der einen oder anderen Seite, und ihre Qual läßt nicht nach.

## Verkopftes Leben

Zwanghafte vermeiden Entscheide und das damit zusammenhängende Risiko eines Irrtums noch auf eine andere Art: Sie schieben Entscheidungen so lange hinaus, bis sie genug Fakten gesammelt haben, um garantiert die »richtige« Wahl treffen zu können. Ich denke dabei an Annette, eine hart arbeitende junge Anzeigenakquisiteurin bei einer Zeitung. Als ihr klarwurde, daß sie ein neues Auto kaufen mußte, verbrachte sie mehrere Monate damit, Broschüren zu sammeln, Probefahrten mit verschiedenen Wagen zu machen, die Zeitschrift *Consumer Reports* zu lesen, Ratschläge von Freunden einzuholen und das Preis-Leistungs-Verhältnis der verschiedenen Modelle zu vergleichen. Sie behauptete steif und fest, daß all dies nur vernünftige Vorbereitungen für eine intelligente Entscheidung seien, und natürlich gibt es einiges, was für diese Sichtweise spricht. Aber Annette war sich der eigentlichen Wahrheit nicht bewußt: daß ihr Hauptziel darin bestand, einen Irrtum zu vermeiden, selbst um den Preis, überhaupt keine Entscheidung zu treffen.

Schließlich gelang es ihr, die Auswahl auf einige wenige Modelle einzugrenzen – entsprechend der Finanzierungsbedingungen, der Farbe, des Modells –, aber es gelang ihr aus irgendeinem Grunde trotzdem nicht, eine Wahl zu treffen. Jede Antwort zog einen neuen Rattenschwanz von Zweifeln nach sich. Ein Händler war ganz in ihrer Nähe, hatte den Wagen aber nicht in Blau. Einer hatte ihn in Blau, verlangte aber einen höheren Preis. Für einen Außenseiter war es klar, daß man durchaus mit jeder dieser Alternativen hätte leben können, aber Annette sträubte sich hartnäckig gegen diese Schlußfolgerung.

Vielmehr fühlte sie sich nur so lange wohl, als alle Aktivität sich in bloßer Vorbereitung erschöpfte. Auch in vielen anderen Bereichen ihres Lebens ängstigt sich Annette davor, *einen wirklich entscheidenden Schritt zu tun*, weil jede Handlung immer die Gefahr eines Irrtums mit sich bringt. Sobald sie bereit ist, den Schritt zu machen, beginnt sie zu zweifeln und die Entscheidung weiter hinauszuzögern. Sie weigert sich hartnäckig, einzusehen, daß ihr Zögern eigentlich eine unbewußte Entscheidung dafür ist, sich *nicht* zu entscheiden. Insgeheim hat sie sich vorgenommen, das Risiko, im Irrtum zu sein und dem Credo zuwiderzuhandeln, zu vermeiden.

Dieses Ziel unterscheidet sich deutlich von dem, das Menschen im Auge haben, die ihre Entscheidungen normalerweise auf eine gesündere, weniger schmerzhafte Art fällen. Solche Menschen akzeptieren, daß ihre Entscheidungen stark von ihren Vorlieben und Abneigungen, ihren geheimen Ängsten und Sehnsüchten beeinflußt werden. Wahrscheinlich sammeln sie noch ein paar Fakten, um diesen subjektiven Ausgangspunkt zu ergänzen, aber ihr Ziel während des gesamten Prozesses ist es zu handeln, und zwar so schnell und so vernünftig wie möglich, und sie akzeptieren unausgesprochen die Tatsache, daß es nie möglich sein wird, jeglichen Irrtum auszuschließen. Darüber hinaus vertrauen sie darauf, daß sie in den meisten Fällen keine schrecklichen Fehler machen werden. Sie wissen, daß sie sich gelegentlich auch irren , daß sie sicher einmal etwas bereuen werden oder ein Risiko eingehen müssen, aber sie akzeptieren auch, daß all dies ein Teil des Lebens ist. Also treffen sie Ihre Entscheidung und gehen zum nächsten Tagesordnungspunkt über. Sie beschäftigen sich mehr damit, zu *leben*, als damit, sich selbst zu beurteilen.

Dagegen ist für Zwanghafte wie Annette das Handeln der eigentliche Feind. Der Status quo dagegen ist ein Freund, der ihnen Schutz bietet. Ein Mensch wie Annette ist der ehrlichen Ansicht, daß er aktiv werden möchte. Tatsächlich hört man ihn häufig klagen: »Ich *hasse* diese Unentschiedenheit.« Aber ein anderer Teil von Annette möchte nur in der Phantasie leben. Dieser Teil möchte am liebsten immer alles aufschieben und so gar nie in die Situation kommen, in der sein Credo, das Credo des Perfektionisten, von Entscheidungen und Handlungen auf die Probe gestellt würde.

Natürlich verlangt das Leben von uns, daß wir uns voranbewegen. Als ihr alter Wagen kaputtging und sie mit extrem hohen Reparaturkosten rechnen mußte, sah sich Annette schließlich zum Kauf eines neuen Autos gezwungen. Zu dem Zeitpunkt hatte zufällig keiner der Händler den Wagen vorrätig, für den Annette sich unterdessen entschieden hatte, und sie mußte am Ende ein Modell kaufen, das auf ihrer Prioritätenliste weit unten stand.

## Schlupflöcher

Seltsamerweise schien sie dies nicht allzu sehr zu stören. In der Tat hatte sie dadurch eine wunderbare Entschuldigung, falls sich der Wagen am Ende als schlechte Wahl erweisen sollte. In dem Fall konnte sie sich immer sagen: »Ich mußte nehmen, was ich bekommen konnte; eigentlich habe ich den hier gar nicht wirklich gewählt.«

Dies ist nur eines von vielen Schlupflöchern, die Zwanghaften, die sich vor Entscheidungen fürchten, erlauben, Entscheidungen zu treffen, ohne daß das perfektionistische Credo dadurch in Frage gestellt würde. Perfektionisten versuchen bisweilen, sich selbst und anderen gegenüber den Anschein zu erwecken, daß sie sich nicht *wirklich* entscheiden, sondern nur dem Druck der Umstände nachgeben. Wenn Alex in einem Restaurant sitzt und sich mit der Frage herumquält, ob er nun die Scampi oder die Linguini bestellen soll, dann hofft er, daß der Kellner ihm mitteilt, daß die Gäste mit dem einen sehr zufrieden und von dem anderen enttäuscht waren. Es braucht nicht einmal wahr zu sein. Solange ein äußerer Faktor den Ausschlag gibt, ist es nicht mehr Alex' ganz persönliche Entscheidung, und das Credo wurde nicht angezweifelt. Denselben Effekt erreicht man, wenn man die Entscheidung nur halbherzig trifft, sich sozusagen schon während des Entscheides von diesem distanziert. Da man nicht voll hinter dem Entscheid stand, bleibt man potentiell unfehlbar.

## Zaudern

Eine andere Möglichkeit, einer wirklichen Verpflichtung aus dem Weg zu gehen, ist das *Zaudern*. Selbst wenn sie endlich einmal handeln, versuchen Perfektionisten, mit einem Fuß auf dem Pfad stehenzubleiben, den sie eigentlich nicht gehen wollten. Sind sie gezwungen, diesen Fuß dennoch zu bewegen, fühlen sie sich in die Enge getrieben und werden nervös.

Ich kannte Leute, die ganze Inneneinrichtungen kauften, sie nach Hause fuhren und dann viele Monate lang die Plastikhülle nicht entfernten, weil sie ständig schwankten, ob sie das Möbelstück wieder zurückbringen und gegen etwas anderes eintauschen sollten. Sie bekämpften ihre Ängste vor einer Entscheidung dadurch, daß sie sie ständig hinausschoben.

Die Art und Weise, wie Zwanghafte sich ausdrücken, ist ein weiteres Beispiel für ihr Zaudern. Wenn sie eine persönliche Meinung äußern, versuchen sie, sich sämtliche Möglichkeiten offenzuhalten, indem sie praktisch alles, was sie sagen, wieder einschränken. Ihre Sätze sind überladen mit Einschränkungen wie: »Ich vermute«, »Ich glaube« und: »Ich bin nicht sicher, aber mir scheint, daß vielleicht ...«

Wenn Sie einen solchen Menschen um eine Empfehlung bitten, dann wird er seine Aussagen sofort einschränken, anstatt einfach seine Meinung kundzutun. »Tja, vielleicht wird es (ein bestimmtes Schauspiel) Ihnen gefallen, wenn Sie einen Sinn für das zeitgenössische Drama haben«, heißt es dann. »Das Stück ist durchaus interessant, aber vielleicht finden Sie es ein bißchen düster. Eine andere Möglichkeit wäre X, dessen Inszenierung sehr originell ist. Die Eintrittskarten sind aber die teuersten in der ganzen Stadt, und vielleicht sollten Sie lieber Z in Erwägung ziehen.«

Gezwungen, einen Standpunkt zu beziehen oder etwas im voraus einzuschätzen, wird ein solcher Mensch dies nur unter Vorbehalt tun. Er sagt beispielsweise: »Wahrscheinlich werden die *Chargers* das Spiel morgen gewinnen, aber da sie in Denver spielen und X sich das Knie verletzt hat, würde es mich nicht überraschen, wenn sie verlieren.« Er sagt ausdrücklich, daß er gemischte Gefühle im Hinblick auf einen bestimmten politischen Kandidaten oder ein bestimmtes Restaurant habe und beide Seiten der Angelegenheit sehen könne. Er läßt sich immer genügend Spielraum, um seinen Standpunkt ändern zu können, und so vermeidet er es, jemals wirklich unrecht zu haben, denn das wäre mit seinem Perfektionismus nicht vereinbar. Einschränkungen und Vorbehalte ermöglichen es ihm, sich ein paar Fluchtwege offenzuhalten.

Ich brauche wohl kaum die Wirkungen zu beschreiben, die eine solche ständige Unentschiedenheit auf andere hat. Freunde und Kollegen fühlen sich frustriert, weil sie keine Ahnung haben, was Sie wirklich fühlen oder denken. Ihre Unklarheit macht es den anderen schwer, Sie wirklich zu kennen und gefühlsmäßig mit Ihnen in Kontakt zu sein. Und wenn Sie sich ständig davor drücken, Ihre Meinung zu sagen, dann kostet Sie das auch in anderer Hinsicht einen hohen Preis. Sie werden nie die Freude erleben, eine eindeutige und klare Meinung zu äußern, und Sie bringen sich um die Chance, daß andere Ihre Ansichten überprüfen und herausfordern. Und möglicherweise lernen Sie nicht einmal Ihre eigene Meinung kennen!

## Angst vor Liebesbeziehungen

Am meisten leiden Zwanghafte, die Angst vor Verpflichtungen haben, im Bereich der romantischen Beziehungen. Nicht, daß sie sich nicht verlieben könnten. Im Gegenteil – ich kenne Zwanghafte, die geradezu süchtig sind nach dem Adrenalinstoß einer neuen romantischen Beziehung und die sich ständig verlieben. Manchmal schaffen sie es sogar, sich in einer länger andauernden Beziehung wohl zu fühlen. Aber immer, wenn sie sich entscheiden müssen, sich auf eine längerfristige, ausschließliche Beziehung mit ihrem Partner einzulassen, werden sie von ihren Ängsten überwältigt. Sie fühlen sich innerlich zerrissen. Wenn sie aus der Beziehung davongehen, haben sie sich immerhin ihre Freiheit bewahrt, aber sie haben zugleich eine kostbare Quelle der Intimität und Freude verloren. Und, noch wichtiger: Sie haben unter Umständen einen irreversiblen Fehler begangen, der sie für alle Zeiten belastet. Vielleicht werden sie sich nie wieder verlieben. Oder, wenn sie es doch tun, wird möglicherweise keiner ihrer zukünftigen Partner jemals der verlorenen Liebe entsprechen.

Auf der anderen Seite ist ihnen die Ehe so etwas wie ein Tunnel, der direkt zum Grab hinführt. »Ich habe das Gefühl, als wenn ein Teil von mir sterben würde«, stöhnte Marty, ein neununddreißigjähriger Ingenieur, als er mir seine Reaktion auf den Wunsch seiner Partnerin Janet, zu heiraten und eine Familie zu gründen, beschrieb. »Um sie zu bekommen, muß ich meine Freiheit aufgeben; ich muß alle Möglichkeiten, mich mit anderen Frauen einzulassen, ausschlagen. Und davor habe ich Angst. Letztlich habe ich das Gefühl, etwas zu verpassen. Eigentlich möchte ich *gar nichts* aufgeben, weil ich fürchte, daß es ein Fehler wäre und ich ihn bereuen könnte. Am glücklichsten war ich immer in den Anfangsphasen einer Beziehung – wenn ich einer Frau näherkam und mich in sie verliebte.«

Marty war mit vielen attraktiven und begehrenswerten Frauen ausgegangen. Aber schließlich fühlte er sich von allen zunächst gelangweilt und dann eingeengt, vor allem, wenn die

Partnerin ihm signalisierte, daß sie sich eine engere Bindung erhoffte. »Alle meine Beziehungen endeten auf dieselbe Weise«, erzählte er mir, »mit schmerzlichen Gefühlen.«

Im Laufe der Jahre sah er seine Hoffnung, die perfekte Frau zu finden und Kinder zu haben, allmählich schwinden. Dann lernte er Janet kennen, eine talentierte und lebhafte Immobilienmaklerin mit einem phantastischen Sinn für Humor. Obwohl Marty *keinen einzigen* ernsthaften Mangel an ihr entdecken konnte, versank er jedesmal, wenn er die Möglichkeit einer dauerhaften Beziehung in Erwägung zog, in qualvolle Unentschiedenheit. »Ich habe das Gefühl, mich mit einer Entscheidung für immer in eine Falle zu setzen. Vielleicht werde ich schon am nächsten Tag denken, es sei ein Fehler gewesen. Zugleich hasse ich mich dafür, daß ich so schrecklich unschlüssig bin. Ich möchte nicht so sein.«

Janet verlieh ihrer Frustration dadurch Ausdruck, daß sie ankündigte, allein Urlaub machen zu wollen; Marty war daraufhin völlig niedergeschlagen und hatte große Angst, daß sie jemand anderen kennenlernen würde. Schließlich machte er ihr einen Heiratsantrag, und Janet war einverstanden. Jedoch ertappte er sich fast unmittelbar danach dabei, daß er irgendwelche Ausflüchte erfand, um ihr keinen Verlobungsring kaufen zu müssen, und er konnte sich auch nicht überwinden, die Verlobung seinen Freunden und seiner Familie mitzuteilen.

Janet fand sich noch einige Wochen lang mit diesem Hin und Her ab, dann löste *sie* die Verlobung und stand konsequent zu ihrer Weigerung, ihn wiederzusehen, obwohl er sie anflehte, ihm noch eine weitere Chance zu geben. Nachdem er etwa sechs Wochen lang tief deprimiert gewesen war, fand Marty sich schließlich mit dem Gedanken ab, sie zu verlieren, und begann, mit einer anderen Frau auszugehen. Aber er hatte noch immer das Gefühl, er könne Janet irgendwie zurückgewinnen. Dies wurde mehr als ein Jahr nach ihrer Trennung deutlich, als sie ihm eine Einladung zu ihrer Hochzeit schickte und seine Depression zurückkehrte.

Dieser Teufelskreis von Ultimatum–Rückzug–Wiederannäherung ist bei Zwanghaften, die sich vor einer Verpflichtung fürchten, das Übliche. Wenn ein Ultimatum im Raum steht, verlieren diese Menschen möglicherweise das Interesse an der Beziehung, entweder nach und nach oder mit einer schockierenden Plötzlichkeit. Die Furcht davor, sich einzulassen, kann auch verschiedene Symptome hervorrufen, beispielsweise Angst, Herzklopfen, Schlaflosigkeit oder verschiedene Störungen des Magen-Darm-Trakts. Meist zieht der Zwanghafte sich dann emotional oder physisch von der Beziehung zurück oder fängt an, sich in einer Weise zu verhalten, die den Partner provoziert, ihn zu verlassen, so daß er selbst schuldlos aus der ganzen Sache hervorgeht. Wenn es jedoch der bindungswillige Partner ist, der die Beziehung schließlich verläßt, wird der Zwanghafte – der jetzt panische Angst bekommt, daß eine Trennung ein irreversibler Fehler sein könnte – meist versuchen, ihn zurückzugewinnen. Möglicherweise gerät die Beziehung dann wieder in einen Zustand der Ausgewogenheit – bis ein weiteres Ultimatum auftaucht. Und dann setzt sich der Teufelskreis fort.

## Wer hat Angst vor romantischen Beziehungen?

Zwar sind die meisten meiner Patienten, die sich vor romantischen Beziehungen fürchten, Männer, aber ich kannte auch Frauen, die in solchen Partnerschaften die phobische Rolle übernahmen. Manchmal haben beide Partner dieselbe untergründige Angst davor, sich einzulassen.

Im Falle von Denise blieb jene Angst viele Jahre lang verdeckt. Denise war eine lebhafte und sehr attraktive Physiotherapeutin; sie kam in meine Praxis, weil sie sehr depressiv geworden war. Sie schaffte es nicht, eine längerfristige Beziehung aufrechtzuerhalten. Immer wieder war sie an Männer geraten, die sich in einer Partnerschaft sehr deutlich abgrenzten, und immer, wenn

Denise versuchte, jene Grenzen zu erweitern, Widerstand leisteten oder flohen.

Als wir uns zum erstenmal sahen, führte sie die möglichen Gründe für ihr Problem an: Sie habe eine schlechte Menschenkenntnis, sie mache »irgend etwas«, was ihre Partner davon abhalte, sich eine engagierte, langfristige Beziehung mit ihr zu wünschen; und es sei einfach unmöglich, einen guten Mann zu finden. Nach jeder Trennung war sie am Boden zerstört und dachte, daß sie möglicherweise irgendeinen Charakterfehler habe, der unweigerlich zutage trete, sobald ein Mann ihr nahekam. Nach jeder Trennung weinte sie wochenlang und war überzeugt, daß es ihr Schicksal sei, für immer allein zu bleiben. Ihre Verzweiflungsgefühle wurden noch dadurch gesteigert, daß die Männer in ihrer Familie sie während ihrer ganzen Kindheit kleingemacht und ihr Zweifel eingeimpft hatten, ob sie überhaupt liebenswert oder attraktiv sei.

Denises zahlreiche persönliche Stärken deuteten darauf hin, daß das Problem nicht nur mit dem Schlagwort »Pech« zu erklären war. Eines Tages lernte sie Kenny kennen, einen warmherzigen, sympathischen Mann ihres Alters. Offensichtlich hatte er nicht die Tendenz, jene psychischen Barrieren aufzurichten, die Denise von ihren vorigen Liebhabern kannte. Nach einer Weile bat Kenny sie, ein ganzes Wochenende mit ihm zu verbringen, während sie sich zuvor darauf geeinigt hatten, am Wochenende immer nur eine Nacht beisammenzubleiben. Und zu ihrem eigenen Erstaunen reagierte Denise mit einer Mischung aus intensiver Angst und Widerwillen! Obwohl sie Kenny wirklich mochte, erfand sie Entschuldigungen und Ausreden, um nicht mehr als eine Nacht mit ihm zu verbringen. »Ich hätte dann weniger Zeit zum Joggen«, erzählte sie mir. »Und ich möchte die wenige Zeit, die mir übrigbleibt, um Gitarre zu üben, nicht noch verkürzen. Und was, wenn er darauf bestünde, daß ich meine Katzen fortgebe?« Ich deutete an, daß ihre Reaktion möglicherweise ein Anzeichen dafür sei, daß sie selbst Angst davor habe, sich auf irgendeine ernsthafte Beziehung einzulassen, und daß diese Angst vielleicht zu der Serie von

Enttäuschungen beigetragen habe. Nachdem sie ihre Gefühle eine Weile lang erkundet hatte, stimmte sie mir zu und machte erste Schritte, um ihr Verhalten zu ändern.

### Die Ehe ohne Verpflichtung

Andere Menschen unternehmen alle nötigen Schritte, um eine enge Beziehung aufzubauen: Sie ziehen mit ihrem Partner zusammen, und manchmal heiraten sie sogar. Aber noch viele Jahre später deuten ihr Verhalten und ihre Einstellung darauf hin, daß sie sich sämtliche Möglichkeiten offenhalten wollen.

Bart, ein Architekt, erklärte bei unserer ersten Begegnung: »Um es kurz zu machen: Mein Problem sind die Frauen.« Seit fünf Jahren war er mit Bea verheiratet. Er hatte im Laufe der Ehe körperlich und emotional immer mehr das Interesse an ihr verloren. Als ich ihn kennenlernte, hatte er ständig sexuelle Phantasien über andere Frauen, und er hatte drei kurze außereheliche Affären gehabt.

Bart ging sogar so weit, Bea zu erklären, daß er mit anderen Frauen ausgehen wolle, und als sie dagegen Einwände erhob, wurde er wütend. Als Bea jedoch ihre eigenen Zweifel im Hinblick auf die Zukunft ihrer Ehe artikulierte, bekam Bart es erstaunlicherweise mit der Angst zu tun. Er erklärte mir: »Das wäre eines der schlimmsten Dinge, die passieren können. Ich betrachte Scheidung als Ausdruck eines schrecklichen Scheiterns.«

Wenig später erklärte Bart, er ertrage die Situation – sich hin- und hergerissen zu fühlen zwischen dem Wunsch, seine Ehe zu erhalten, und jenem, sich mit anderen Frauen einzulassen – nicht mehr. Er beschloß, sich darauf zu konzentrieren, seine Ehe zu verbessern; und ich schlug ihm vor, er solle für eine kurze Zeit versuchen, sich rückhaltlos darauf einzulassen. Das bedeutete, daß er seine Zweifel und seine Sehnsucht nach anderen Frauen beiseite schieben und alles ihm Mögliche tun mußte, um die vielen positiven Aspekte seiner Ehe zu genießen. Bart erklärte sich einverstanden, den Versuch zu wagen, aber schon bei unserem nächsten Treffen berichtete er: »Letzte Woche bin wegen dieser Verpflichtung, die ich eingehen wollte, in einem Zustand der Panik von hier weggegangen. Was Sie sagten, klang überzeugend, aber ich habe das Gefühl, es sei mir unmöglich, mich derart festzulegen, selbst wenn es nur für ein paar Wochen ist.«

Wann immer er mit Bea zusammen war – dessen war er sich sehr wohl bewußt –, konzentrierte er sich typischerweise auf seine inneren Konflikte in der Ehe oder beschäftigte sich mit Beas Fehlern:

»Meist tue ich so, als wäre ich glücklich, aber in Wirklichkeit empfinde ich Angst oder Ärger, den ich nicht ausdrücke ... Bea fragt: ›Warum läßt du es nicht einfach zu, ein bißchen glücklich zu sein?‹ Aber dann taucht wieder dieses Problem des Sich-Einlassens auf. Wenn ich im Zusammensein mit ihr einfach glücklich bin, dann ist es, als erklärte ich mich damit einverstanden, für immer mit ihr verheiratet zu sein, und dann fühle ich mich schrecklich deprimiert.«

Gestärkt durch diese neue Selbsterkenntnis und Einsicht begann er, in kleinen Schritten an seiner Einstellung zu arbeiten. So konzentrierte er sich beispielsweise eines Samstagnachmittags darauf, sich einfach zu entspannen und sich mit Bea wohl zu fühlen. Es gelang ihm, alle Zweifel beiseite zu schieben. Er war angenehm überrascht, als seine positiven Gefühle gegenüber Bea noch die Woche über anhielten – länger als jemals in den Jahren zuvor.

Im Laufe der Zeit festigte sich Barts Entschluß, in seiner Ehe zu bleiben. Da die positiven Erlebnisse im Zusammensein mit Bea sich ständig vermehrten und er sie auch auf sich wirken ließ, war er endlich fähig, den Wunsch, sich ein Hintertürchen für andere Beziehungen offenzuhalten, fahrenzulassen. Während er jenen Wunsch nach und nach aufgab, fühlte er sich immer wieder bedrückt und schwermütig; wie viele andere Menschen empfand er eine echte Trauer, als er seine Phantasien sterben sah. Aber Bart arbeitete weiterhin an seiner Ehe, auch nachdem er die Therapie bei mir beendet hatte, und einige Jahre später hatte er anscheinend seinen Frieden mit ihr geschlossen.

## Wie man Unentschlossenheit und die Angst vor dem Sicheinlassen überwindet

Wer keine Entscheidungen treffen kann oder Entscheidungen vermeidet, weil er sich sämtliche Möglichkeiten offenhalten will, sollte sich vor Augen halten, daß diese Einstellung ihn einen hohen Preis kostet. Bedenken Sie einmal Folgendes:

- Sie werden jedesmal leiden, wenn Sie sich entscheiden oder irgendwie verpflichten müssen. Sich auf diese Weise selbst zu quälen ist zermürbend.

- Sie vergeuden Hunderte, ja sogar Tausende von Stunden Ihres Lebens damit, Entscheide zu fällen oder über bereits getroffene Entscheidungen zu grübeln. Halten Sie sich einmal vor Augen, wieviel Energie Sie diese ganze Anstrengung kostet. Werden Ihre Entscheidungen durch all das Schwanken und Aufschieben am Ende so viel besser?

- Ihre Unentschiedenheit und Ihre Angst vor Verpflichtungen werden wahrscheinlich bewirken, daß Sie zahlreiche Chancen verpassen. Es liegt eine Menge Wahrheit in dem Satz: »Sich nicht zu entscheiden ist auch eine Entscheidung, und häufig eine schlechtere.«

- Ihr ständiges Zaudern hindert Sie daran, wirklich Ihr Bestes zu geben. Um das volle Ausmaß Ihrer Fähigkeiten zu erkennen, um Ihre Kreativität, Ihre Talente und Ihre Fähigkeit, Ihr Leben zu bewältigen, voll auszuschöpfen, müssen Sie manchmal Ihre Zweifel beiseite schieben. Dies ist der einzige Weg, sich für eine Sache voll zu engagieren.

Wenn Sie Schwierigkeiten haben, Entscheidungen zu treffen, dann ist in Ihrem Leben möglicherweise immer wieder dasselbe Muster erkennbar: Es gelingt Ihnen durchaus, einen Arbeitsplatz zu finden, Beziehungen einzugehen, Projekte anzugehen – und diese auch wieder aufzugeben. Aber Sie sind nur selten wirklich engagiert und innerlich überzeugt; deshalb kommt es Ihnen so vor, als gehörten Ihre Handlungen nicht wirklich Ihnen. Und wie könnten Sie das auch, da Sie Ihre Gefühle immer wieder dämpfen, sie hinter einer Sicherheitszone von Zweifeln, Zögern, Rückzügen und Einschränkungen verbergen?

Indem Sie sich weigern, wirklich hinter Ihren Entscheidungen zu stehen, berauben Sie sich der Kraft, die Sie aus Ihrer persönlichen Geschichte, aus Ihren Ideen, Entscheidungen, Handlungen, Motiven und Zielen ziehen könnten. Da Sie sich ständig bemühen, sich nicht zu irren oder eine falsche Wahl zu treffen, zögern Sie Ihr Leben lang und sind ständig in inneren Konflikten. Das hat zur Folge, daß Sie Ihre Erfahrungen nie deutlich spüren und sie deshalb auch nicht wirklich verarbeiten können. Deshalb können diese Erfahrungen nicht in dem Maße, wie sie es sollten, zu Ihrer Selbsterkenntnis, das heißt zu Ihrer Identität, beitragen. Sie entwickeln kein starkes, deutlich ausgeprägtes Gefühl für sich selbst, denn Sie müßten dann erkennen, daß *Sie* der Regisseur Ihres Lebens sind.

Obwohl Sie Probleme mit Verpflichtungen und/oder Entscheidungen haben, sind Sie imstande, Veränderungen vorzunehmen, die einen positiven Einfluß auf Ihr Leben haben. Die Probleme beim Sichentscheiden und beim Sicheinlassen gleichen sich; beide resultieren aus ähnlichen, irrationalen Glaubenssätzen. Ihr eigentlicher Kern ist das perfektionistische Credo, das Sie unterschwellig beeinflußt. Wie wir jedoch in Kapitel 3 gesehen haben, können Sie sehr effektiv lernen, den Auswirkungen Ihrer perfektionistischen Glaubenssätze, beispielsweise der Furcht vor einer schlechten Wahl, entgegenzuarbeiten.

## Die Angst loslassen

Bei größeren Entscheidungen, beispielsweise ob man heiraten soll oder nicht, sind die Konsequenzen eines Irrtums tatsächlich gravierend; halten Sie deshalb daran fest, daß es Ihr gutes Recht ist, vorsichtig zu sein. Sie sollten dabei aber nicht vernünftige Vorsicht mit irrationalen Ängsten vor einer Entscheidung verwechseln.

Selbst bei wichtigen Angelegenheiten sind die Konsequenzen einer falschen Entscheidung nicht notwendigerweise unerträglich oder unwiderruflich. Oft ist es möglich, den Irrtum zu korrigieren und später glücklich weiterzuleben. Deshalb sollten Sie sich die weitaus schädlicheren Auswirkungen von Unentschlossenheit deutlich vor Augen halten.

Wahrscheinlich bereiten Ihnen selbst kleinere Entscheidungen Schwierigkeiten – an diesem Punkt sollte Ihre Irrationalität eigentlich offensichtlich werden. Ist es wirklich *unerträglich*, einmal das »falsche« Hemd zu kaufen oder sich für die »falsche« Mahlzeit oder den »falschen« Urlaubsort zu entscheiden? Es ist möglicherweise unangenehm oder allenfalls ärgerlich. Aber unerträglich? Wenn Sie es für unerträglich halten, dann deshalb, weil Sie, wider alle Vernunft, entschieden haben, daß es so ist!

## Schmerzen, die man sich selbst bereitet

Ich behaupte nicht, es sei nicht manchmal schmerzlich, wenn man eine falsche Entscheidung getroffen hat. Darüber enttäuscht zu sein ist nichts als normal. Aber wenn Sie ein zwanghafter Mensch sind, leiden Sie wahrscheinlich weitaus mehr als üblich und bereiten sich einen großen Teil dieses Schmerzes erst noch selber. Er resultiert vor allem aus dem, was Sie im Hinblick auf Ihre Entscheidungen zu sich selbst sagen: aus Ihren Selbstanklagen, Ihrer Reue, Ihren Vermutungen und der Herabwürdigung Ihrer Person. Der eigentliche Schaden, der durch Ihre falsche Entscheidung verursacht wurde, verblaßt daneben.

Viele Entscheidungen gleichen dem Werfen einer Münze – das heißt, es spricht ebenso vieles für die eine wie für die andere Möglichkeit, und *jede Möglichkeit erweist sich gewöhnlich am Ende als positiv.* Aber selbst die beste Entscheidung stellt sich am Ende als die falsche heraus, wenn Sie sich ständig mit den Gedanken an die Chance herumquälen, die Sie verpaßt haben könnten.

Wenn es Ihnen gelingt, Ihr Denken nur ein klein wenig zu ändern, dann ist dieses Werfen einer Münze in neunzig Prozent der Fälle äußerst angenehm. Der Grund dafür ist ganz einfach: *Was eine Entscheidung als gut oder schlecht erscheinen läßt, hängt vor allem davon ab, was Sie, nachdem Sie sie getroffen haben, zu sich selbst sagen.* Wenn Sie nach jeder Entscheidung Zweifel haben und ständig über die Chancen nachdenken, die Sie sich haben entgehen lassen, wird Ihr Unterbewußtsein eine Beziehung zwischen dem Akt des Sichentscheidens und dem Schmerz herstellen. Es ist, als würden Sie jedesmal, wenn Sie eine Entscheidung treffen, bestraft – unabhängig davon, ob diese richtig oder falsch war. Nach einer Weile gibt es so etwas wie eine richtige Entscheidung überhaupt nicht mehr; alle Entscheidungen sind schmerzlich, und das verlängert Ihr Zögern endlos.

Weniger perfektionistische Menschen treffen Entscheidungen ohne ein derartiges Hin und Her, und wenn ihre Entscheidung einmal gefallen ist, sind sie bestrebt, das Beste daraus zu machen, anstatt diese im nachhinein zu kritisieren. Da sie fähig sind, die positiven Aspekte des eingeschlagenen Weges zu genießen, assoziieren sie den Akt des Sichentscheidens gewöhnlich mit Vergnügen, nicht mit Schmerz. Diese Assoziation verstärkt die Bereitschaft, auch in Zukunft Entscheidungen zu treffen, anstatt vor ihnen zurückzuschrecken.

## Eine vernünftige Methode, Entscheidungen zu treffen

Um Schwierigkeiten bei Entscheidungen und Verpflichtungen zu überwinden, sollten Sie sich das Problem genau anschauen und ihm einen Namen geben.

Achten Sie auf Angstgefühle, die Sie empfinden, wenn jemand Sie zu einer direkten, eindeutigen Antwort auffordert oder Sie bittet, eine bestimmte Verpflichtung einzugehen. Erleben Sie bewußt Ihre Ängstlichkeit, wenn Sie einen größeren Einkauf tätigen oder einen Handel abschließen. Halten Sie inne, und suchen Sie nach dem Grund für jenes Gefühl. Versuchen Sie, Ihren spezifischen Befürchtungen auf die Spur zu kommen.

Hier sind einige Beispiele:

- Es wäre schrecklich, irgendeinen Mangel an diesem Wagen zu übersehen und ihn zu kaufen, um dann mit ansehen zu müssen, wie der Mangel später zutage tritt.
- Ich würde es nicht ertragen, wenn irgend jemand sähe, daß ich eine falsche Entscheidung getroffen habe.
- Wenn ich diesen Termin jetzt vereinbare, dann habe ich möglicherweise zu dem entsprechenden Zeitpunkt keine Lust und bedaure die Entscheidung. Und: Anständige Leute sagen nicht ab und ändern ihre Meinung nicht – wenn ich also einmal einen Termin vereinbart habe, dann sitze ich in der Falle.
- Wenn ich diesen Kauf getätigt habe, dann habe ich diese Sache für immer am Hals.
- Mein Leben wäre ruiniert, wenn ich mich verloben oder, noch schlimmer, wenn ich heiraten würde und es später bereute.
- Es wäre schrecklich, wenn ich eine Verabredung treffen würde und sich später für denselben Zeitraum etwas Besseres anbieten würde.

- Ich kann keinen Standpunkt einnehmen, weil ich nicht sicher bin, ob ich mich danach noch genauso fühle wie vorher; wenn ich dann meine Meinung ändere, stehe ich als Dummkopf da.

Denken Sie, sobald Sie Ihren quälenden Gedanken auf die Spur gekommen sind, über jeden von ihnen nach. Meistens handelt es sich um unzutreffende Behauptungen, Übertreibungen oder wilde Vermutungen, mit denen Sie sich schaden und die deshalb revidiert werden müssen. Möglicherweise hegen Sie diese Überzeugungen schon lange, aber sie sind deshalb noch lange nicht wahr, und Sie brauchen nicht an ihnen festzuhalten. Sie können in diesem Moment damit beginnen, Ihre kontraproduktiven Ideen zu hinterfragen und sie durch vernünftige Argumente zu ersetzen.

Wie wahrscheinlich ist es beispielsweise, daß Sie jenes Hemd oder jenes Auto »für alle Zeiten am Hals haben« werden? Und selbst wenn Sie eine Weile lang damit leben müßten – wäre das wirklich so »schrecklich«? Wahrscheinlich ist das einzige, was die Sache schrecklich – und nicht einfach nur unangenehm oder unbequem – macht, *die Tatsache, daß Sie sie selbst als schrecklich einschätzen* und dann hartnäckig an dieser Einschätzung festhalten.

Ist es wirklich so unerträglich, eine bessere Möglichkeit, den Abend zu verbringen, zu verpassen, weil man sich zu früh für etwas anderes entschieden hat?

Sind Sie wirklich ein schlechter Mensch, wenn Sie Ihre Meinung ändern, weil die Bedingungen sich geändert haben oder unvorhergesehene Ereignisse eingetreten sind? Sind Sie sicher, daß der andere Sie dann wirklich nicht mehr mag? Und wenn das geschähe – könnten Sie dann wirklich nicht damit leben? Sind Verpflichtungen wirklich unter keinen Umständen mehr rückgängig zu machen?

Halten Sie sich einmal vor Augen, wie extrem dieses Denken ist. Sagen Sie sich niemals: »Ich ertrage es nicht, daß dies oder jenes geschieht«, es sei denn, Sie sind sich wirklich sicher, es sei wahr. (Ich möchte wetten, daß dies in neun von zehn Fällen *nicht* zutrifft.) Ich möchte diesen Punkt besonders hervorheben, weil es für Ihr Glück entscheidend wichtig ist, daß Sie lernen zu unterscheiden, ob Ihnen etwas bloß zeitweiliges Unbehagen bereitet oder ob es wirklich unerträglich ist. Nehmen Sie sich deshalb die Zeit, um darüber nachzudenken. Lassen Sie es nicht zu, daß alte, ungeprüfte, irrationale Denkgewohnheiten Ihnen weiterhin diktieren, was Sie fühlen sollen. *Denken Sie wie ein Mensch, der glücklich sein möchte, wie jemand, der alles Erdenkliche tut, um sein Leben besser, angenehmer und leichter zu machen.*

### Aktiv werden

Nachdem Sie identifiziert haben, was Sie in diesem Fall daran hindern könnte, Entscheidungen zu treffen, ist es Zeit zu handeln. Gestehen Sie sich einen vernünftigen Zeitraum zu, um die Fakten (sowie Ihre eigenen Vorlieben und Abneigungen) zu prüfen, und stellen Sie dann fest, in welche Richtung Sie tendieren. Akzeptieren Sie, daß diese Entscheidung, wie jede andere Entscheidung auch, Ihre Nachteile hat und nicht »pannensicher« ist – keine Entscheidung ist das. Akzeptieren Sie, daß sie sich am Ende als falsch erweisen kann. Wehren Sie sich gegen die falsche Vorstellung, daß es immer eine einzige, korrekte Entscheidung gebe und daß man diese immer und von vornherein kennen müsse. Akzeptieren Sie, daß Sie mit etwas, was nicht ganz perfekt ist, leben können. Verrennen Sie sich nicht in jenem lähmenden Teufelskreis von Zweifeln und Vorbehalten. Wahrscheinlich haben Sie sich schon bis zum Überdruß damit beschäftigt.

Wenn Sie die Entscheidung getroffen haben, ziehen Sie diese nicht mehr in Zweifel. Sie können – wenn Sie unbedingt darauf bestehen wollen – *andere* Entscheidungen bezweifeln, diese hier aber nicht. Und weigern Sie sich, sich selbst zu kritisieren. Machen Sie sich deutlich bewußt, daß Ihre Entscheidung, sei sie nun gut oder schlecht, absolut nichts über Ihre Kompetenz oder

Ihren Wert als Mensch aussagt. Konzentrieren Sie sich auf den von Ihnen eingeschlagenen Weg, und denken Sie nicht mehr über die anderen Möglichkeiten nach.

Wenn Ihnen dies einmal gelungen ist, werden Sie die Erinnerung an Ihre Erfahrung nutzen können, um Ihren Erfolg zu wiederholen (»Erfolg« im Sinne einer Weigerung, sich selbst unnötige Schmerzen zuzufügen). Denken Sie an das Gefühl der Befriedigung, das Sie nach Ihrer Entscheidung empfunden haben, und benutzen Sie dieses gute Gefühl als Anreiz, um weitere Entscheidungen zu treffen.

Vielleicht ertappen Sie sich auch später immer wieder dabei, daß Sie Ihre Entscheidungen im nachhinein kritisieren, vor allem, wenn Sie müde oder in schlechter Stimmung sind. (Das ist die Zeit, wenn alte Gewohnheiten sich mit Vorliebe wieder einschleichen.) Machen Sie sich bewußt, daß Sie sich dafür aktiv entscheiden – daß Sie aber auch eine andere Entscheidung treffen können.

Sagen Sie sich, daß Sie nicht bereit sind, sich selbst Schmerzen zuzufügen. Atmen Sie tief ein, lassen Sie die zweifelnden Gedanken los, und machen Sie weiter mit dem, was Sie gerade getan haben.

Ich will damit nicht sagen, daß Sie niemals Zweifel haben, niemals Ihre Meinung ändern oder eine andere Richtung einschlagen dürfen. Wenn es offensichtlich wird, daß der zunächst eingeschlagene Weg falsch ist und ein anderer eindeutig besser wäre, dann ändern Sie unter allen Umständen Ihren Kurs. In dem Fall sollten Sie alles tun, was in Ihrer Macht steht, damit die zweite Entscheidung funktioniert. Genießen Sie die positiven Aspekte der neuen Richtung, und weigern Sie sich, diese ständig in Frage zu stellen.

## Sich auf eine Liebesbeziehung einlassen

Diese Methode hilft Ihnen auch, Ihre Angst vor einer engagierten Liebesbeziehung zu reduzieren. Überprüfen Sie das nächste Mal, wenn Sie vor der Wahl stehen, sich wirklich auf eine Beziehung einzulassen oder diese zu beenden, die Gedanken, die Ihnen angst machen. Sie werden wahrscheinlich zwei Gruppen von Befürchtungen entdecken, die in Ihnen um die Vorherrschaft ringen.

**Wenn ich mich nicht einlasse:**

- dann werde ich Schuldgefühle haben, weil ich nach all dieser Zeit die Hoffnungen meines Partners/meiner Partnerin zerstöre
- dann werde ich später feststellen, daß ich ihn oder sie wieder zurückhaben möchte
- dann lerne ich möglicherweise nie wieder jemanden kennen, der mich so sehr liebt
- dann wird es mich unerträglich traurig machen, wenn er oder sie mich verläßt.

**Aber wenn ich mich einlasse:**

- dann könnte ich es am Ende bereuen, daß ich mich für X entschieden habe und mich mein Gewissen zwingt, in einer schlechten Beziehung zu bleiben
- dann werde ich die unerträgliche Gewißheit akzeptieren müssen, daß ich nie wieder eine neue Liebesbeziehung eingehe
- dann begegnet mir später vielleicht jemand, mit dem ich eine bessere Beziehung haben könnte, und ich wäre gebunden
- dann werde ich meine Freiheit aufgeben, und der bloße Gedanke daran gibt mir ein schreckliches Gefühl, fast so schrecklich, als würde ich sterben.

Jetzt ziehen Sie folgende vernünftigeren Gesichtspunkte in Erwägung:

- Wenn es auch traurig und schmerzlich ist, eine Liebesbeziehung zu beenden – Sie würden sich von einem solchen Verlust erholen, genauso wie der Mensch, den Sie einmal geliebt haben. Der Schmerz wäre weder unerträglich noch endlos, obwohl dies eine Zeitlang so scheinen könnte. Und Sie würden mit fast hundertprozentiger Sicherheit fähig sein, sich später eine andere Beziehung aufzubauen.

- Wenn Sie sich auf der anderen Seite auf eine Beziehung einließen, wäre auch dieser Schritt nicht irreversibel. Dies ist bei Beziehungen niemals der Fall. Zwar sollten Sie nicht mit der Vorstellung in eine Beziehung hineingehen, daß Sie sich, wenn Schwierigkeiten auftauchen, sofort aus dem Staub machen können; wenn sie aber trotz aller Bemühungen nicht funktioniert, können Sie sie beenden.

- Wenn Sie so nahe daran sind, mit Ihrem Partner/Ihrer Partnerin eine wirklich enge Beziehung einzugehen – ist es dann überhaupt möglich, daß er oder sie tatsächlich so schlecht zu Ihnen paßt? Mag sein, daß Ihr Partner, wie die meisten Menschen, in mancher Hinsicht unzulänglich ist und daß natürlich irgendwann einmal ein noch passenderer Partner auftauchen könnte – aber benutzen Sie diese Argumente nicht, um damit eine übertriebene Angst vor dem Sicheinlassen zu überspielen? Wenn das eigentliche Hindernis Ihre Angst davor ist, daß Ihnen bestimmte Möglichkeiten nicht mehr offenstehen, dann wird dasselbe Problem in zukünftigen Beziehungen ebenfalls auftauchen.

- Es ist tatsächlich ein schmerzlicher Verlust, wenn man die Phantasie aufgeben muß, man könne sich immer wieder einmal auf eine neue Liebesbeziehung einlassen. Aber unerträglich ist er nicht, es sei denn, Sie entscheiden, daß es so sei. Wenn Sie sich unbedingt einreden wollen, Sie könnten diese Vorstellung nicht ertragen, so ist das in Ordnung. Die Entscheidung liegt ganz bei Ihnen. Aber Sie brauchen nicht so zu denken. Ein gewisses Maß an Freiheit aufzugeben ist für die meisten Menschen tatsächlich schmerzlich, aber wenn Sie die Dinge erreichen wollen, die Sie sich wünschen, so gehört das ganz einfach dazu. Wenn Sie Ihre Freiheit verlieren, so mag sich das wie eine Art kleiner Tod anfühlen, aber im Grunde machen Sie sich diese Gefühle selbst, weil Sie sich entschieden haben, die Situation auf diese Weise zu sehen. Versuchen Sie statt dessen, sich auf das zu konzentrieren, was Sie gewinnen.

Diese Methode war für Belle, eine siebenunddreißigjährige Diätistin, die längere Zeit keine Liebesbeziehung gehabt hatte und allmählich zu fürchten begann, daß sie immer allein bleiben würde, eine große Hilfe. Als sie Clifford kennenlernte, war sie zunächst überglücklich und erleichtert. Clifford war intelligent, humorvoll und erfolgreich. Er liebte sie ganz offensichtlich, und die beiden kamen gut miteinander aus. Aber nach einem Jahr fiel Belle seine Neigung zu Egozentrik und Schwarzseherei immer mehr auf die Nerven.

Als wir uns das erste Mal sahen, fragte Belle sich jeden Tag, ob sie die Beziehung abbrechen solle, bevor Clifford ihr den Vorwurf machen könne, sie habe ihn getäuscht. Auf der anderen Seite erinnerte sie sich daran, wie ängstlich und einsam sie sich immer gefühlt hatte, als sie noch allein lebte. Ihre Gefühle schwankten ständig.

»Ich bin sicher, daß ich es ewig bereuen werde, wenn ich die Beziehung nicht abbreche«, sagte sie mir. »Ich werde mich ständig fragen, ob ich nicht jemand hätte finden können, mit dem ich besser auskomme. Es macht mich schrecklich nervös, daß ich einer Entscheidung kein bißchen näher bin. Ich weiß, daß ich mich Clifford gegenüber unfair verhalte. Er hat keine Ahnung, wie ich mich fühle. Ich glaube, um mich aus der Beziehung zu lösen, müßte er mich bitten, mit ihm zusammenzuleben, denn das werde ich nicht tun können.«

Natürlich bat Clifford sie nicht, mit ihm zusammenzuleben, und Belles Ängste steigerten sich ins Unermeßliche. Aber nachdem sie sich noch eine Weile lang gequält hatte, entschied sie, probeweise mit ihm zusammenzuziehen. Und da sie offensichtlich nicht in der Lage war, die Beziehung abzubrechen, beschloß sie wenig später, das Beste daraus zu machen.

Jedesmal, wenn Belle begann, Cliffords Fehler und Versäumnisse aufzulisten, fragte ich sie, was ihr das nützte. Schließlich begann sie, auf ihre skeptischen Gedanken zu achten. Wir redeten darüber, daß ihre ständige Nörgelei und Kritisiererei sie daran hinderten, aktiv zu werden. Offensichtlich hielt sie an ihren Zweifeln fest, um die *Illusion* aufrechtzuerhalten, daß ihr noch alle Möglichkeiten offenstanden. Auf diese Weise wehrte sie das Gefühl ab, in der Falle zu sitzen.

Schließlich erkannte sie, daß es ihre tief verwurzelte Angst war, die sie daran hinderte, ihre Vorbehalte abzuschütteln. Sie wollte Clifford keinesfalls so nahe kommen, daß sie möglicherweise nie mehr aus der Beziehung herauskommen würde – eine Vorstellung, die sie mit Entsetzen erfüllte. Aber nach und nach wurde sie optimistischer und vermochte die Illusion eines Sicherheitsnetzes aufgeben. Sie und Clifford heirateten, und einige Jahre später schien es ihnen sehr gut zu gehen.

## Die Entscheidung liegt bei Ihnen

Ich möchte Ihnen hier nicht den Ratschlag geben, sich intensiver für Ihre Beziehung, Ihren Job oder sonst irgend etwas zu engagieren – schließlich bin nicht ich es, der mit den Resultaten leben muß. *Sie allein* müssen entscheiden, wieweit Ihr Zögern berechtigt ist und wieviel davon Ihrer Angst vor einer Verpflichtung zuzuschreiben ist.

Wenn Ihre Vorsicht vernünftig ist, dann werden Ihre Zweifel zerstreut werden, sobald neue Informationen hinzukommen. Aber wenn das wesentliche Hindernis die Angst vor Entscheidungen und Verpflichtungen ist, dann werden Informationen Ihnen nicht weiterhelfen. Vielmehr werden die zusätzlichen Informationen nur dafür herhalten müssen, Ihre Lähmung und Entscheidungsunfähigkeit zu rechtfertigen. Sie werden unter Qualen erneut zu zweifeln beginnen, bis äußere Faktoren Ihnen die Entscheidung abnehmen oder Sie Ihre eigene Unschlüssigkeit nicht länger ertragen können und aus einem Impuls heraus entweder das eine oder das andere tun.

Vor allem müssen Sie sich immer wieder bewußtmachen, wieviel von Ihrer Art der Wahrnehmung abhängt. Sie können sich dafür entscheiden, eine Beziehung als ein unerträgliches Risiko und als das Ende Ihrer Freiheit anzusehen. Oder Sie können sich dafür entscheiden, sie als die einzige Möglichkeit zu betrachten, dieses chronische Gefühl von schmerzlicher Isolation und Zeitvergeudung loszuwerden.

Kapitel 5

# Überempfindlichkeit und Widerstand gegenüber Forderungen

*Wenn dies Kaffee ist, möchte ich Tee;*
*aber wenn dies Tee ist, möchte ich Kaffee.*
Punch

Carla, eine zweiunddreißigjährige Lehrerin, versuchte, mir zu erklären, warum sie mit Bernie, mit dem sie seit vier Jahren verheiratet war, nicht mehr schlafen mochte: »Ich weiß nicht, was das Problem ist, aber ich will offenbar nur noch sehr selten Sex mit ihm haben. Aber *wenn* wir miteinander schlafen, dann macht mir das seltsamerweise meistens Spaß, und ich finde Bernie körperlich attraktiv. Manchmal habe ich, wenn ich im Büro bin oder wenn wir mit Freunden zum Abendessen gehen, sexuelle Phantasien über ihn. Und wir lieben einander wirklich. Aber aus irgendeinem Grunde ertappe ich mich dabei, daß ich es abends ständig hinausschiebe, ins Bett zu gehen, und so lange warte, bis er vermutlich eingeschlafen ist. Ich fürchte, wenn unsere sexuelle Beziehung sich noch weiter verschlechtert, dann könnte er anfangen, an andere Frauen zu denken. Und obwohl ich wirklich *möchte*, daß wir den Sex mehr genießen, verliere ich immer dann, wenn sich die Gelegenheit dazu ergibt, das Interesse.«

In seinem Beruf als politischer Berater muß Jason viele Gutachten schreiben. Aber immer häufiger findet er irgend etwas, was ihn daran hindert, sich wirklich an die Arbeit zu machen. Er hat auch Schwierigkeiten, bestimmte Dinge im Haushalt zu erledigen, selbst solche, die ihm eigentlich Spaß machen. Und da es ihm schwerfällt, zu einer vernünftigen Zeit ins Bett zu gehen, ist er chronisch müde und kraftlos. Als er eines Tages in meiner Praxis ganz besonders erschöpft war, erzählte er mir, daß er am Abend zuvor sehr lange aufgeblieben sei und ständig von einem »blöden« Fernsehprogramm zum anderen umgeschaltet habe.

»Wenn die Programme ›blöd‹ waren – warum haben Sie dann immer weiter zugeschaut?«

»Ich fühlte mich vermutlich zu müde, um zu arbeiten, aber ich wollte auch nicht ins Bett gehen.«

»Warum nicht?«

»Ich weiß es nicht. Ich hatte eigentlich die Absicht, ins Bett zu gehen. Ich sagte mir: ›Heute mußt du unbedingt mal früh ins Bett gehen.‹«

»Mußt?«

»Es klingt, als würde ich mir selbst Befehle erteilen«, sagte er grinsend.

»Was also hat Sie daran gehindert, ins Bett zu gehen?«

»Ich weiß es nicht!«

Gordon kam zu mir, weil er Hilfe suchte: Er litt unter hartnäckiger Schlaflosigkeit, Magenbeschwerden und Angstgefühlen. Es wurde rasch offensichtlich, daß er unter mehreren klassischen Symptomen von Zwanghaftigkeit litt, deshalb war ich nicht überrascht, als seine Frau, Lorraine, mir erzählte: »Wenn ich möchte, daß Gordon etwas Bestimmtes tut, dann darf ich ihn nicht direkt darauf ansprechen. Wenn ich ihn *nicht* darum bitte, dann tut er es, aber wenn ich etwas sage, dann zögert er es ewig hinaus. Kürzlich machte ich den Fehler, ihn zu fragen, ob er seinen Teil eines Kreditantrags ausfüllen könne. Er sagte, er würde es tun, und ich weiß, daß er genauso wie ich den Kredit haben möchte. Aber das war vor drei Wochen. Seither liegen die ganzen Unterlagen auf dem Kühlschrank. Er sagt ständig, daß er sich bald darum kümmern würde, aber irgendwie scheint nie der richtige Moment zu kommen.«

Was ist hier los? Was hindert diese Menschen daran, Dinge zu tun, die sie allem Anschein nach tun möchten?

Es gibt mehrere Faktoren, die ihr Verhalten erklären. Aber in diesen besonderen Fällen waren die beiden wichtigsten Faktoren *eine besondere Empfindlichkeit gegenüber Forderungen und Erwartungen und eine negative innere Reaktion auf solche Erwartungen.*

Ich nenne diese beiden Zustände *Überempfindlichkeit gegenüber Forderungen* und *Widerstand gegenüber Forderungen.* Zwar treten sie nicht immer gleichzeitig auf, aber sie sind verwandt, und ein Mensch, der unter Zwanghaftigkeit leidet, hat häufig mit beiden zu kämpfen.

## Überempfindlichkeit gegenüber Forderungen

Zwanghafte sind gegenüber Forderungen, die man an sie stellt – seien diese nun real oder eingebildet –, ganz besonders empfindlich. Ein Aspekt dieser Überempfindlichkeit ist die Tendenz, in alles, was Ihnen begegnet, Forderungen und Erwartungen hineinzuinterpretieren. Wenn der Chef sagt, er möchte eine bestimmte Sache bis Mittwoch auf dem Schreibtisch haben, dann spürt der Zwanghafte die dahinterstehende Erwartung stärker als andere. Und oftmals fühlt er sich unter Druck gesetzt, obwohl dies objektiv gar nicht der Fall ist.

Der Zwanghafte spürt auch subtilere oder nur angedeutete Forderungen übertrieben stark. Nehmen wir einmal an, ich hätte einen Leserbrief an eine Lokalzeitung entworfen und gäbe ihn Ihnen mit den Worten: »Wenn Sie gelegentlich Zeit haben, lassen Sie mich wissen, was Sie davon halten.« Wenn Sie ein zwanghafter Mensch sind, der auf Forderungen überempfindlich reagiert, dann werden Sie sich unter dem Druck fühlen, sich den Brief nicht nur anzuschauen, sondern auch hilfreiche Vorschläge zu machen und mir das Material so bald wie möglich zurückzugeben. Mag sein, daß Sie diese Dinge nicht wirklich *tun*, aber Sie werden meine Bitte unwillkürlich als Forderung empfinden und sogar wütend über mich sein, weil ich Ihnen eine solche Last aufbürde!

## Scheinverpflichtungen

Jeden Tag konfrontiert uns das Leben mit tausend Situationen, in denen man von uns erwartet, daß wir uns bestimmten unausgesprochenen Regeln und Konventionen anpassen. Zum Beispiel:

- In den meisten Kulturen sind es die Männer, von denen man erwartet, daß sie bei einer Verabredung den ersten Schritt tun.
- Wir sollen unseren Vorfahren und unseren Vorgesetzten Respekt erweisen.
- Die Ehe bringt es mit sich, daß man mit seinem Partner Sex haben und ihm seine Zuneigung zeigen muß.
- Man erwartet von uns, daß wir höflich sind.

Ob der Zwanghafte diese Forderungen nun erfüllt oder nicht – er ist gegenüber diesen und anderen unausgesprochenen Regeln ganz besonders empfindlich. Sie scheinen ihm ständig ins Ohr zu dröhnen. Wenn er mit einer neuen Situation konfrontiert wird, dann kümmert er sich als erstes darum, die Lage zu sondieren und herauszufinden, welches die Regeln sind. In meinen Therapiegruppen ist es beispielsweise gewöhnlich einer der zwanghaften Patienten, der fragt, ob die Gruppe über ein bestimmtes Thema reden »sollte«. Schenken Sie ihm eine Kreuzfahrt auf einem Luxusdampfer, und er wird sich als erstes den Kopf darüber zerbrechen, wieviel Trinkgeld er dem Reinigungspersonal und den Stewards geben soll.

## Ein »Ich möchte« wird zu einem »Ich soll«

Auf ähnliche Weise interpretieren Zwanghafte ständig Forderungen oder Erwartungen in eine Situation hinein, gleichgültig ob solche Forderungen nun tatsächlich gestellt werden oder nicht. Bei einer unserer Sitzungen nannte eine perfektionistische

Photographin, Liz, eine Reihe von Dingen, die sie in der kommenden Woche erledigen wollte. Obwohl ich nichts von ihr gefordert oder erwartet hatte, sagte sie in der darauffolgenden Woche kleinlaut zu mir: »Ich habe nicht alles geschafft, was ich erledigen sollte, deshalb habe ich heute nicht viel zu erzählen.« Sie sprach, als müßte sie mir gegenüber Rechenschaft ablegen, als hätte *ich* von ihr erwartet, daß *sie* sämtliche Punkte auf der Liste abhake; und dabei hatte ich nichts mit Ihrem Plan zu tun.

Zwischen dem Moment, als sie die Liste aufstellte, und unserem nächsten Treffen hatte in Liz' Denken eine wichtige Veränderung stattgefunden. Von einem bestimmten Augenblick an – wahrscheinlich fast unmittelbar, nachdem sie die Liste aufgestellt hatte – konnte sie die Dinge plötzlich nicht mehr realistisch sehen. Anstatt die aufgelisteten Aktivitäten als etwas zu betrachten, was sie tun *wollte*, machte sie diese zu Aufgaben, die zu erfüllen sie *sich moralisch verpflichtet fühlte*.

Diesen seltsamen Wechsel der Perspektive kann ich bei meinen zwanghaften Patienten immer wieder beobachten. Auf irgendeine wundersame Weise verwandelt sich ein: »Ich möchte« in ein: »Ich sollte.« Tatsächlich kommt der Satz: »Ich möchte« in ihrem Denken und Vokabular nur sehr selten vor. Anstatt »Ich möchte« zu sagen, sagen sie gewöhnlich: »Ich sollte« oder: »Ich muß.« Der freie Wille wird durch ein Gefühl der Verpflichtung ersetzt. Und auf ähnliche Weise wird ein »Ich will nicht« zu einem »Ich darf nicht.«

Die unbewußte Verwandlung eines »Ich möchte« in ein »Ich sollte« beruht auf einem nach Sicherheit suchenden Mechanismus aus der Zeit der Kindheit, der sich dem Charakter des Zwanghaften tief eingeprägt hat – ein Mechanismus, der vielerlei Zwecken dient. Zum Beispiel fühlen sich Menschen, die das Bedürfnis haben, über jede Kritik erhaben zu sein, meist dann am wohlsten, wenn sie ihre Entscheidungen und Handlungen als etwas erleben, was ihnen von äußeren Kräften diktiert wurde. Es ist schwieriger, jemanden zu kritisieren, der »bloß den Anordnungen folgt«, als jemanden, der etwas aus eigenem Willen tut.

Zudem klingt es weniger egoistisch und irgendwie moralischer und verantwortungsbewußter, wenn man denken oder sagen kann: »Ich sollte« oder: »Ich muß« als: »Ich möchte« oder: »Ich würde gern.« In der Welt des Zwanghaften, dem Gewissenhaftigkeit über alles geht, ist es ehrenwerter, seine Pflichten zu erfüllen, als die eigenen Bedürfnisse zu befriedigen.

### Der Preis für Überempfindlichkeit gegenüber Forderungen

Aber der Preis für die – unbewußte – Opferung der eigenen Bedürfnisse ist sehr hoch. Wenn Sie ein Ziel erreichen, das Sie sich gesteckt haben, ist das ein Grund zur Freude. Wenn Sie allerdings die meisten Ihrer Aktivitäten als eine Verpflichtung empfinden, dann können Sie an einen Punkt kommen, wo Ihnen *nichts* mehr Freude macht und alles sinnlos erscheint. Sie fühlen sich nicht so, als würden Sie aktiv und freudig am Leben teilnehmen, sondern Sie erleben sich als passiven Empfänger, der unter der Last der Verpflichtungen, die ihm aufgebürdet wurden, fast zusammenbricht. Vielleicht fühlen Sie sich machtlos – so, als würde es Ihnen an Kontrolle über Ihr Leben mangeln –, und das ist ein sehr unangenehmer Zustand.

Wahrscheinlich fehlt Ihnen ein klares, stabiles Gefühl für sich selbst – ein Gefühl dafür, wer Sie sind. Vielleicht wissen Sie durchaus, was Sie gut können, was Sie erreicht haben, wen Sie nicht mögen, was Sie ängstigt. Diese Dinge *tragen* zu Ihrem Identitätsgefühl *bei*, aber sie reichen nicht aus. Wichtig ist vor allem, daß Sie Ihre Bedürfnisse – das, was Sie *möchten* – deutlich wahrnehmen. Ohne jenen inneren Anker werden Sie sich am Ende als etwas Unwesentliches und Passives empfinden. Sie werden sich äußeren Einflüssen, vor allem den Wünschen anderer, schutzlos preisgegeben fühlen. Da Sie (auf unbewußter Ebene) spüren, daß Ihr Gefühl für sich selbst, das nicht wirklich tief verankert ist, in jedem Augenblick durch irgendeine Einwirkung von außen erstickt werden kann, sind Sie äußerst vorsichtig gegenüber Menschen, die Sie als stark oder bevormundend empfinden oder die Ihnen allzu nahe kommen möchten.

## Widerstand gegenüber Forderungen

Bei vielen meiner Patienten ist dieses Gefühl der Verletzlichkeit schon in ihrer Kindheit entstanden. Einer meiner Patienten, ein siebenunddreißigjähriger Programmierer namens Gerald, konnte sich genau an das Gefühl erinnern, das er als Kleinkind empfand, weil er von seiner Mutter ständig überrollt wurde. Gerald sah einen klaren Zusammenhang zwischen seinem widerspenstigen Erwachsenenselbst und dem Kind, das sich so häufig von den Forderungen seiner Mutter bedroht gefühlt hatte.

»Ein wesentlicher Streitpunkt war das Essen. Selbst wenn ich hungrig war, widerstrebte es mir, daß meine Mutter mich beim Essen kontrollierte. Sie häufte mir mehr auf den Teller, als ich essen wollte, und zwang mich, Dinge zu essen, von denen sie wußte, daß ich sie nicht mochte. Ich konnte nie ›Nein!‹ sagen. Es war, als wäre ich eine Verlängerung ihrer eigenen Bedürfnisse, als hätte sie zu mir gesagt: ›Wenn *du* ißt, dann bin *ich* glücklich.‹ Ich war für sie eine Art Spiegel. Wenn ich das tat, was sie von mir verlangte, hatte ich immer das Gefühl, sie würde mich bitten, es noch einmal zu tun. Und sie verlangte so vieles von mir! Ich war ständig damit beschäftigt, zu *reagieren,* und konnte nie innehalten, um herauszufinden, was *ich* wollte.«

»Und was geschah dann?«

»Ich war einfach *nicht da.* Ich existierte einfach nicht! Es gab kein ›Ich!‹«

Schließlich entdeckte Gerald eine Waffe, mit der er sich wehren konnte. »Diese Waffe war die Zurückhaltung«, erzählte er mir. »Wenn ich mich mit dem Essen zurückhielt, trieb das meine Mutter zum Wahnsinn. Wenn ich meine Zärtlichkeit zurückhielt, machte das meinen Eltern Kummer. Diese Einstellung vermittelte mir das Gefühl, mächtig zu sein, alles unter Kontrolle zu haben.«

Gerald erinnerte sich noch sehr genau daran, wie froh seine Eltern bei der Abschlußfeier in seiner Junior-High-School waren. »Von dem Moment an hielt ich mit meinen Leistungen zurück. Und ich glaube, das tue ich auch heute noch. Wenn ich merke, daß jemand etwas von mir will, mache ich es nicht. Diese Haltung ist mir so in Fleisch und Blut übergegangen, daß ich mehr Wert darauf lege, mich zurückzuhalten, als zu entscheiden, was ich selbst möchte.«

Ich würde Gerald als einen Menschen beschreiben, der Forderungen gegenüber einen sehr starken Widerstand leistet. Er neigt dazu, sich sämtlichen Erwartungen gegenüber zu sperren, *einfach deshalb, weil er sie als Forderungen wahrnimmt.* Wie er selbst herausfand, ist Widerstand gegenüber Forderungen eng verbunden mit Kontrolle im zwischenmenschlichen Bereich. Mit der Weigerung, sich von anderen überrollen oder kontrollieren zu lassen, schützt man das zerbrechliche Gefühl für seine Identität. Auch gibt der Widerstand gegenüber Forderungen einem das Gefühl von subtiler Kontrolle über andere, indem man sie frustriert.

Zwar sah Gerald das Muster seines Widerstands gegenüber Forderungen ungewöhnlich klar, aber er war eigentlich nicht zu mir gekommen, um sich in diesem Punkt helfen zu lassen. Es hat noch nie einen Zwanghaften gegeben, der das getan hätte. Da es sich hier um ein unbewußtes Verhaltensmuster handelt, tritt Widerstand gegenüber Forderungen fast immer dann zutage, wenn meine Patienten und ich uns mit offensichtlicheren Problemen befassen, beispielsweise Depressionen oder Ängsten, einer Arbeitshemmung oder Schwierigkeiten mit dem Sicheinlassen.

Es gibt nur wenige Menschen, die wie Gerald bewußt zu erkennen vermögen, daß sie innerlich rebellieren, und zwar nicht nur, wenn jemand ihnen sagt, was sie tun sollen, sondern bereits dann, wenn sie eine kaum merkliche Erwartung oder einen ganz leichten Druck spüren. Manche von ihnen haben den Ruf, störrisch oder ständig in Opposition zu sein. Aber normalerweise ist ein solcher innerer Widerstand gegenüber Forderungen nur sehr schwer aufzuspüren. *In seinem tiefsten Inneren* spürt der Zwanghafte möglicherweise ein Zögern, wenn er mit bestimmten Forderungen konfrontiert wird. »Ich fühle eine innere Anspannung, eine Anspannung in meinen Eingeweiden«, beschrieb einer meiner Patienten dieses Gefühl. »Ich fühle einen unterdrückten Zorn.« Aber häufig gibt es für diesen inneren Aufruhr keine äußeren Anzeichen. In anderen Fällen *gibt es* äußere Anzeichen – ein ständiges Aufschieben der Arbeit oder die Unfähigkeit, sich auf etwas zu konzentrieren –, aber der Zauderer ist darüber selbst zutiefst verwirrt. Oft ist er entsetzt über seine Unfähigkeit, das zu tun, was er bewußt tun möchte.

## Forderungen und Arbeitshemmungen

Eine solche Reaktion beobachtete ich bei Jane, einer einundfünfzigjährigen Auftragsautorin, die mich aufsuchte, weil sie Schwierigkeiten hatte, mit einem Projekt voranzukommen. Jane war bei ihrer Arbeit immer sehr produktiv gewesen – um so mehr war sie über diese Entwicklung überrascht und bekümmert. Sie konnte keinen spezifischen Grund für ihre Blockade nennen. Dann aber erfuhr ich, daß der Auftrag, bei dem Jane nicht weiterkam, sich in einer bestimmten Hinsicht von den anderen unterschied.

Während sie normalerweise ihre Projekte selbst auswählte, war dies ein Auftrag ihres Vorgesetzten. Zunächst wies Jane die Vorstellung, daß dieser besondere Faktor die Ursache für ihre Probleme sein könnte, weit von sich. Daran, daß gerade Sie den Auftrag erhalten hatte, gab es nichts auszusetzen, und obwohl sie das Projekt nicht besonders aufregend fand, konnte sie auch nicht ernstlich sagen, daß irgend etwas daran abschreckend sei. Und das Thema fiel ganz eindeutig in ihren Kompetenzbereich.

Je länger wir uns unterhielten, desto mehr konzentrierte sich das Gespräch auf ihre Abneigung gegenüber ihrem Chef. »Eigentlich mag ich ihn nicht«, beklagte sie sich in einer unserer Therapiestunden. »Er führt sich auf wie ein Schulmeister, und das kann ich ganz und gar nicht leiden.« Nachdem sie sich dazu überwunden hatte, an dem Projekt weiterzuarbeiten, empfand sie jeden Morgen aufs neue einen heftigen Widerwillen dagegen, zur Arbeit zu gehen, und ertappte sich dabei, daß sie ihren Chef nach jedem Arbeitstreffen innerlich verfluchte.

Eines Tages erreichten diese Gefühle in meinem Behandlungszimmer einen Höhepunkt. Sie zuckte die Achseln, schüttelte verwirrt und frustriert den Kopf, und ihre Augen füllten sich mit Tränen. Plötzlich fiel ihr der Streit ein, den sie ein paar Stunden zuvor mit ihrem Mann gehabt hatte. Als er vorgeschlagen hatte, die kaputte Frisierkommode, die in ihrer Garage stand, endlich auf den Sperrmüll zu stellen, hatte sie wütend protestiert. »Ich glaube, mein Widerstand dagegen war wirklich unverhältnismäßig stark«, erzählte Jane. »Es war eine instinktive, fast körperlich spürbare Reaktion. Ich dachte: ›Er darf hier keinesfalls die Führung übernehmen; ich werde mich nicht überrollen lassen.‹ Irgend etwas an diesem Vorschlag erinnerte mich an meine Mutter. Sie hat mich ständig überrollt. Ich konnte nie das tun, was *ich* wollte. Die Art und Weise, wie ich etwas machte, war nie richtig. Deshalb gewöhnte ich mich daran, mich einfach nicht von der Stelle zu rühren.«

Voll freudiger Erregung über diese Einsicht begann Jane jetzt, sehr hastig zu reden: »Ich habe auch in der Therapie empfunden, daß Sie der Gegner sind, der mich zwingt, Dinge zu tun, die ich nicht tun möchte. Daß Sie beispielsweise versuchen, mich zum Reden zu bringen. Und die einzige Möglichkeit, sich zu schützen, ist die Weigerung!« Jane vermochte jedoch sehr bald zu erkennen, daß sie sich mit ihrem Ärger und ihrer Verweigerung sowohl bei ihrem Chef als auch bei mir Schaden zufügte. Sie selber hinderte sich daran, das zu tun, was sie tun wollte, und untergrub damit ihren Erfolg (wenn sie sich dessen auch überhaupt nicht bewußt war).

In dieser Therapiestunde war Jane plötzlich in der Lage, zu erkennen, daß ihr Widerstand gegenüber Forderungen wahrscheinlich schon in der frühen Beziehung zu ihrer Mutter seinen

Ursprung hatte. Um sich vor dem Überrolltwerden zu schützen, hatte sie gelernt, Widerstand zu leisten, zunächst in der Beziehung zu ihrer Mutter und dann auch in anderen Bereichen.

An Janes Geschichte ist deutlich zu erkennen, daß der Widerstand gegenüber Forderungen anderen zwanghaften Charakterzügen gleicht, beispielsweise der Gründlichkeit, Vorsicht und der Selbstbeherrschung. Was als ein wirkungsvoller Selbstschutzmechanismus begann, steigert sich ins Maßlose, Willkürliche und wird zu einem Automatismus. Schließlich bekommt dieses Verhalten eine selbstzerstörerische Komponente, beeinträchtigt die Arbeitsleistung, die zwischenmenschlichen Beziehungen und den Spaß in der Freizeit.

### Sich seine Arbeit ruinieren

Im Bereich der Arbeit braucht ein innerer Widerstand gegenüber Forderungen nicht gleich die Form einer ausgewachsenen Arbeitshemmung anzunehmen, um zerstörerisch zu wirken. Möglicherweise fühlt sich der Zwanghafte durch seine Arbeit nur ständig überfordert, oder er hat Probleme, sich zu konzentrieren. Er empfindet einen ständigen Groll, der ihm jegliche Kreativität und Begeisterung raubt. Am Ende hat er Schwierigkeiten, mehr als nur gerade das Minimum zu tun, das man von ihm erwartet. Und seine Projekte tragen häufig auf kaum merkliche Weise die Spur seines Grolls: sie werden zu spät fertiggestellt, ein kleines Detail wurde ausgelassen, oder die Anordnung entspricht nicht ganz den Vorgaben.

Sie denken jetzt vielleicht, daß *jeder* Angestellte bisweilen nur ungerne unangenehme Aufgaben übernimmt oder den Wünschen seines Vorgesetzten nachkommt. Das ist natürlich richtig. Aber wer einen starken Widerstand gegenüber Forderungen empfindet, wird wahrscheinlich auch dort welche wittern, wo gar keine sind, und er wird die Erledigung von Aufgaben hinauszögern, die überhaupt nicht unangenehm sind. Er wird wahrscheinlich auch über solche Aufgaben jammern und stöhnen, die er ursprünglich aus eigenem Antrieb tun wollte. Sogar freierwerbende Zwanghafte können innere Forderungen als etwas erleben, was auf irgendeine Weise von außen kommt. Da sie keinen Chef oder Vorgesetzten haben, gegen den sie ihren Zorn richten können, konzentrieren sie ihren Groll auf ihre Arbeit, auf ihre Kunden oder auf diejenigen, die von ihnen abhängig sind (indem sie diese »zum Arbeiten bringen«).

Wenn der Widerstand gegenüber Forderungen ihre Arbeitsleistung stark beeinträchtigt, fühlen sich viele Zwanghafte demoralisiert, da sie normalerweise auf ihre Fähigkeit, effektiv zu arbeiten, sehr stolz sind. Viele »lösen« diese betrübliche Wendung der Dinge dadurch, daß sie ihre Abneigung und Entfremdung gegenüber ihrer Arbeit in einer Weise rationalisieren, die ihr Selbstbild verbessert und nicht beschädigt. Da fast jeder Mensch Gewissenhaftigkeit als eine Tugend betrachtet, liefert ihnen schon allein diese Tatsache die perfekte Ausrede. Der Zwanghafte redet sich ein, ein Opfer der anderen zu sein, die seine Gewissenhaftigkeit ausnutzen. »Ich lege mich ständig krumm«, grollt er innerlich. »Ich bin nie krank, leiste hervorragende Arbeit, opfere mich für das Wohl der Firma – und wofür? Niemand weiß meine Anstrengungen zu schätzen, und, schlimmer noch, sie sind völlig umsonst, weil das System schlampig und ineffizient ist.« Das Gefühl, zum Opfer gemacht zu werden, erklärt die negative Einstellung des Zwanghaften gegenüber seiner Arbeit, während der eigentlich Schuldige, sein Widerstand gegenüber Forderungen, unerkannt bleibt.

## Sich seine Freizeit ruinieren

Noch schädlicher wirkt sich der Widerstand gegenüber Forderungen auf die Aktivitäten in der Freizeit aus. Eine schmerzhafte Konsequenz dieser Verwandlung des »Ich möchte« in ein »Ich muß« ist die Tatsache, daß der Zwanghafte an irgendeinem Punkt sogar angenehme Aktivitäten als Belastung empfindet. Beispielsweise entwickelt ein zwanghafter Mensch mehr und mehr Interesse an einem bestimmten Projekt oder Hobby. Aber irgendwie verwandelt sich der Satz: »Ich möchte meinem Mann gern einen Pullover stricken« in ein: »Ich sollte eigentlich an jenem Pullover arbeiten.« Plötzlich soll etwas getan werden, als wäre dies eine von außen gestellte Forderung. Der Betreffende beginnt, sich mühselig durch das Projekt durchzubeißen, anstatt sich zu entspannen und die Chance, kreativ zu sein, zu genießen. Manchmal – aber leider nicht oft – beeinträchtigt dieser unbewußte Widerstand die eigentliche Leistung nicht. So beginnt der Betreffende vielleicht, das Projekt ständig vor sich herzuschieben. In extremen Fällen kann das dazu führen, daß Projekte oder Hobbies eines nach dem anderen aufgegeben werden.

Jan, eine alleinstehende dreiundvierzigjährige Handelsreisende, legte in diesem Punkt ein geradezu klassisches Verhalten an den Tag. Als kleines Mädchen war sie ein erfolgreiches Kindermannequin, das mit einer ausbeuterischen und manipulativen Mutter aufwuchs. Als Erwachsene war Jan zutiefst frustriert von ihrer Unfähigkeit, ihre persönlichen Pläne auszuführen. Sie hatte zehn bis fünfzehn Kilo Übergewicht und redete ständig davon, wie gern sie abnehmen wollte; aber es gelang ihr nicht, diesem Ziel irgendwie näher zu kommen.

Zu einem bestimmten Zeitpunkt schien Jan sich wirklich darauf zu freuen, dem Bund der Pfadfinderinnen beizutreten. Früher hatte ihr die Mitgliedschaft in solchen Gruppen und die Teilnahme an deren Aktivitäten immer sehr viel Spaß gemacht. Nachdem sie fast ein Jahr lang darüber geredet hatte, unternahm sie schließlich die nötigen Schritte und wurde auch aufgenommen. Aber sofort bekam sie Angst vor der Verpflichtung, die sie eingehen würde. Sie ärgerte sich schon im voraus über die Einschränkungen, die ihr durch die Teilnahme an dem Programm auferlegt werden würden. »Ich verstehe nicht, warum ich mich selbst bekämpfe!« sagte sie weinend zu mir. »Manchmal fühle ich mich, als wäre ich verrückt, als wäre ich in einem Teufelskreis gefangen und könnte nicht hinausfinden.«

Selbst die einfache Aufgabe, ein paar von den Dingen aufzuschreiben, die sie sich im Leben wünschte, war für Jan kaum zu bewältigen. Als ich vorschlug, daß sie es einmal versuchen sollte, kam sie verwirrt und traurig über ihr eigenes Unvermögen in meine nächste Stunde. »Ich habe da so eine komische Vorstellung: Wenn ich das, was ich mir *wünsche*, aufschreibe, dann *muß* ich es auch tun, und dann werde ich es nicht mehr wirklich *wollen*. Ich habe das Gefühl, daß ein Ziel zu einer Verpflichtung wird, sobald ich es schriftlich formuliere!«

## Sich seine Beziehungen ruinieren

Neben der Arbeit und den Freizeitaktivitäten können auch Beziehungen unter den seltsamen Zwängen des Widerstandes gegenüber Forderungen leiden. Diese Zwänge können alles beeinträchtigen – das Anknüpfen einer Beziehung oder das Aufrechterhalten einer bereits bestehenden Partnerschaft.

Beispielsweise erwähnte Judy, daß es in dem Krankenhaus, wo sie arbeitete, eine Frau gebe, die sie sehr sympathisch fand. Aber zugleich fand sie die offensichtliche Freundlichkeit der Frau ein wenig erschreckend. »Ich kann mich in diesem Augenblick noch nicht richtig zu einer Freundschaft mit ihr entschließen. Ich möchte keine falschen Hoffnungen wecken – ich möchte nicht, daß sie von mir erwartet, daß ich ihr meine Zeit oder Energie widme. Ich mag es nicht, wenn die Leute den Anspruch erheben, daß ich ihnen meine Zeit zur Verfügung stelle«, sagte Judy. Der bloße Gedanke an solche Ansprüche versetzte sie in Panik. »Ich will dann nur noch fliehen. Ich habe das Gefühl, erstickt zu werden. Wenn ich mit anderen Menschen zusammen bin, müssen die Dinge nach meinen Bedingungen laufen – nicht nach den gemeinsamen oder gar nach *ihren* Bedingungen.«

Offensichtlich werden auch aufkeimende romantische Beziehungen durch diese Einstellung beeinträchtigt. Stellen Sie sich das Szenario vor, wenn ein gegenüber Forderungen überempfindlicher Junggeselle mit einigen Paaren und einer ungebundenen, attraktiven jungen Frau an einem gemeinsamen Abendessen teilnimmt. Zunächst fühlt er sich möglicherweise sogar zu ihr hingezogen. Aber nach einer Weile empfindet er einen vagen inneren Druck, sich mit ihr zu unterhalten oder sie sogar zu einer gemeinsamen Unternehmung einzuladen. Er hat das Gefühl, daß er in der fraglichen Situation etwas tun »sollte« oder daß die Frau oder seine Gastgeber von ihm ein bestimmtes Verhalten erwarten.

In dem Moment, in dem er diese Erwartungshaltung zu spüren meint, hat er Schwierigkeiten, aktiv zu werden, auch wenn er auf der bewußten Ebene ein Gespräch anknüpfen möchte. Er erkennt nicht, daß das Haupthindernis sein automatischer Widerstand ist; deshalb begründet er sein Zögern mit seiner Schüchternheit, mit seiner Angst davor, einen Korb zu bekommen, oder mit sonst einer Erklärung, die ihm gerade einfällt. Es ist offensichtlich, daß er an irgendeinem Punkt im Verlauf dieses Prozesses seine Wünsche aus den Augen verloren hat. Sein »Ich möchte« ist irgendwo auf der Strecke geblieben.

Mag sein, daß er es trotz dieser Hindernisse schafft, sich ein paarmal mit der Frau zu verabreden. Aber auch jetzt können sich Probleme ergeben, nämlich dann, wenn er das Gefühl hat, daß seine neue Bekannte irgendwelche Erwartungen an ihn hat. Beispielsweise mag er sich unter dem Druck fühlen, sie zu bestimmten Zeiten anzurufen, bestimmte Tage mit ihr zu verbringen oder auf Signale ihrer Zuneigung in ähnlicher Weise zu reagieren. In solchen Momenten ist er dann voller Widerwillen, mag sie ihm noch so sehr gefallen oder mag er sich noch so wünschen, ihr seine positiven Gefühle zu zeigen. Sie wiederum wird mit fast hundertprozentiger Sicherheit seine scheinbare Kälte als Gleichgültigkeit oder Zurückweisung interpretieren.

Einige dieser Verhaltensweisen erinnern Sie vielleicht an die Probleme mit dem Sicheinlassen, die ich an anderer Stelle erörterte. Probleme mit dem Sicheinlassen und Widerstand gegenüber Forderungen gehen häufig Hand in Hand; sie werden zwar nicht von denselben seelischen Kräften bewirkt, zeigen sich aber in denselben Verhaltensweisen, beispielsweise einem permanenten Zaudern, sich zu einer Ehe zu entschließen. Dies ist ein gutes Beispiel dafür, wie zwei komplementäre Bestrebungen durch ein bestimmtes Verhaltensmuster – beispielsweise ein Zurückschrecken vor Forderungen und Erwartungen – erfüllt werden. Aber es gibt noch mehr seelische Bedürfnisse, denen ein solches Verhaltensmuster entgegenkommt. So haben viele Zwanghafte beispielsweise auch Angst vor Abhängigkeit und Intimität. Es braucht nicht viel Phantasie, um sich vorzustellen, wie diese Ängste durch dauerndes Zögern verstärkt werden. In meinen Augen ist diese gegenseitige Verstärkung eine bemerkenswerte Illustration dafür, wie sehr ein bestimmtes Verhaltensmuster das Leben eines Menschen bestimmen kann.

Durch den Widerstand gegenüber Forderungen können sogar schon seit langem bestehende Beziehungen beeinträchtigt werden. Er kann die Nähe zwischen zwei Menschen sabotieren. Einer meiner Patienten erzählte mir von einer Reise, die er zusammen mit seiner Frau gemacht hatte. Zwar hatte ihm das Hotel, in dem sie abgestiegen waren, genauso gut gefallen wie seiner Frau. »Aber als sie so sehr von unserem Zimmer schwärmte, hatte ich das Gefühl, sie erwarte von mir, daß ich ihr beipflichten solle. Und ich konnte mich nicht überwinden zu sagen: ›Ja, es gefällt mir auch.‹«

Dieses Beispiel mag zwar ziemlich trivial erscheinen, aber ein Widerstand gegenüber Forderungen kann einer länger andauernden Beziehung auch sehr viel schwereren Schaden zufügen. Er kann ständige Probleme in einem bestimmten Bereich verursachen (wie bei Carla, siehe oben Seite 123), oder er kann größere Kreise ziehen, wie im Falle von Sheila. Diese fühlte sich verletzt und zornig, als sie sich einer größeren Operation unterziehen mußte und ihr Mann, Gary, sich kühl und distanziert verhielt. Und warum verhielt er sich so? Nicht, weil er sie nicht liebte oder gegenüber ihrem Bedürfnis nach Zuwendung unsensibel war, sondern weil er vor der *Erwartung* zurückschreckte, daß er ihr diese Zuwendung geben solle.

Gary und Sheila stritten sich ständig darüber, daß Gary so verschlossen war. Gary beschrieb mir, wie angespannt und verärgert er sich jedesmal fühlte, wenn seine Frau ihn drängte, mehr mit ihr zu reden. »Ich sage: ›Ja, ich werde es versuchen‹, aber ich habe dann dieses Gefühl, daß ich mich nicht selbst dazu entschlossen habe, sondern daß ich so etwas wie eine eheliche Pflicht erfülle – und das blockiert mich auf der Stelle. Einmal schlug ich vor, daß sie nicht immer sagen solle: ›Laß uns miteinander sprechen‹, sondern daß sie vielmehr einfach drauflosreden solle. Dann würde ich ihre Bitte vielleicht nicht so stark als Forderung empfinden.«

Da ihm sein Widerstand gegenüber Forderungen nicht bewußt war, schrieb Gary seine mangelnde Kooperationsbereitschaft anderen Faktoren zu. Er erzählte mir, er wolle keinen Präzedenzfall schaffen. »Ich habe das Gefühl, wenn ich das Eis brechen und ein Gespräch anknüpfen würde, dann würde sie das in Zukunft immer von mir erwarten und ich müßte jeden Abend mit ihr reden. Ich habe ständig das Gefühl, Präzedenzfälle zu schaffen, aufgrund deren ich dann in Zukunft in die Enge getrieben werde.«

Obwohl Gary seine Frau anscheinend wirklich liebte, ärgerte er sich sehr häufig über sie, ein Muster, das ich bei Zwanghaften immer wieder entdecke. Häufig empfinden sie gegenüber den Menschen, Institutionen oder Regeln, die angeblich eine bestimmte Verhaltensweise von ihnen erwarten, einen geheimen Groll. Manchmal sind sich diese Menschen ihres Grolls bewußt, aber häufig bleibt er ihnen genauso unbewußt wie der gesamte seelische Mechanismus, der sie überall Forderungen wahrnehmen und ihnen Widerstand entgegensetzen läßt.

## Leisten Sie Widerstand gegen Forderungen?

Viele Menschen sind frustriert über ihr ständiges Zuspätkommen oder die Schwierigkeiten, die es ihnen bereitet, ihre Gefühle auszudrücken. Diese Probleme sind schwerer zu lösen als andere, weil der ihnen zugrunde liegende Widerstand gegenüber Forderungen der bewußten Wahrnehmung nicht im selben Maße zugänglich ist wie andere der zwanghaften Charakterzüge, beispielsweise der Perfektionismus. Es bedarf einer größeren Anstrengung über einen längeren Zeitraum hinweg, um diesen inneren Widerstand gegenüber Forderungen zu erkennen und dessen Wirkungen deutlich wahrzunehmen. Aber Fortschritt ist möglich, und *sich seines Widerstandes gegenüber Forderungen bewußt zu werden ist bereits der entscheidende Schritt.*

Gerade zwanghafte Menschen haben das Gefühl, sie müßten besonders viele Forderungen erfüllen. Sie müssen besonders viele Arbeiten erledigen, sie müssen alle Regeln und Konventionen beachten und bestimmte Standards aufrechterhalten. Wenn Sie so gewissenhaft und zielstrebig wie die meisten Zwanghaften sind, dann tun Sie das, was Sie tun, wahrscheinlich auf sehr kompetente – und sogar brillante – Weise.

Und wahrscheinlich gibt es auch einige Aufgaben, die Sie weniger engagiert angehen. Das bedeutet nicht, daß Sie einen inneren Widerstand gegenüber Forderungen empfinden. Wir alle – oder fast alle – müssen Dinge tun, die wir lieber nicht tun möchten, und bemühen uns vielleicht, uns davor zu drücken. Wenn Sie etwas tun müssen, was *objektiv* lästig oder unangenehm ist, dann ist es nur natürlich, daß Sie zaudern oder gereizt sind. Aber das ist nicht das Symptom des Widerstandes gegenüber Forderungen.

*Widerstand gegenüber Forderungen ist eine chronische und automatische negative innere Reaktion auf die Wahrnehmung von Druck, Erwartungen oder Forderungen (von innen oder außen).* Es ist für die Betroffenen gar nicht so einfach herauszufinden, ob sie Menschen sind, die Forderungen gegenüber Widerstand leisten, und ob ihnen diese Tatsache allenfalls Probleme bereitet. Aber wenn Sie sich sehr genau beobachten, dann werden Sie der Wahrheit auf die Spur kommen.

Haben Sie generell ein Gefühl von Widerstand oder Unbehagen, wenn irgend etwas – sei es ein telefonischer Rückruf oder Sex – von Ihnen erwartet wird? Empfinden Sie viele Ihrer Aktivitäten als lästige Pflichten und nicht als Tätigkeiten, die Sie gerne ausüben möchten? Beschreiben Freunde oder Familienmitglieder Sie als widerspenstig oder rebellisch?

Viele Zwanghafte können diese Fragen mit einem einfachen »Nein« beantworten. Zwar reagieren sie gegenüber Forderungen sehr empfindlich, aber nur wenige von ihnen scheinen diesen Forderungen wirklich *Widerstand* entgegenzusetzen. Einige Menschen erfüllen die meisten ihrer Verpflichtungen gern und fühlen sich am wohlsten, wenn sie die »Regeln« befolgen, deren sie sich ständig sehr deutlich bewußt sind.

Wenn Sie auf der anderen Seite das Gefühl haben, Sie müßten sich zu vielen Dingen, die Sie tun »sollten«, innerlich zwingen, dann kann es sein, daß Sie sich mit einem inneren Widerstand gegenüber Forderungen selbst blockieren. Um sich darüber klarzuwerden, müssen Sie zunächst einmal Ihre innere Rebellion gegen Druck, Erwartungen oder Forderungen deutlich wahrnehmen. Auch hier ist der Schlüssel zur Lösung des Problems die bewußte Wahrnehmung der eigenen Reaktionen. Nehmen Sie Ihr Gefühl von Unbehagen wahr, wenn jemand Sie bittet, etwas zu einem bestimmten Zeitpunkt fertigzustellen. Machen Sie sich Ihr Zaudern bewußt, wenn es Zeit ist, mit der Arbeit zu beginnen. Beobachten Sie sich dabei, wie Sie die Dinge ständig aufschieben. Und fragen Sie sich: Was macht diese Sache so schwierig? Warum zaudere ich?

Fragen Sie sich, warum es Sie ärgert, wenn Sie jemandem eine legitime Bitte erfüllen sollen, warum es für Sie so schwierig ist, die Dinge, die auf Ihrer Liste stehen, zu tun, oder warum Ihr Spanischkurs Ihnen Abend für Abend weniger Spaß macht. Wenn Sie auf solche Fragen keine plausible Antwort haben, dann ist es wahrscheinlich, daß der innere Widerstand gegen Forderungen für Sie ein Problem bildet. Auch wenn Sie plausible Gründe für Ihr Zögern anführen können, so heißt das nicht, daß der Widerstand gegenüber Forderungen nicht doch die eigentliche Ursache ist. Bedenken Sie, daß dieser Mechanismus häufig völlig unbewußt ist und Sie Ihr Verhalten möglicherweise rationalisieren. Überprüfen Sie deshalb Ihre Gründe sehr genau. Unzählige Patienten haben mir erzählt, daß sie keine Lust zum Sex haben, weil sie am Abend einfach zu müde sind, oder daß Sie Projekte hinausschieben, weil der Zeitpunkt dafür nicht günstig ist, oder daß sie Schwierigkeiten haben, bestimmte Aufgaben fertigzustellen, weil ihr Abteilungsleiter so schrecklich unangenehm ist – nur um später zu entdecken, daß sie sogar unter denselben Bedingungen fähig sind, ihre Einstellungen und ihr Verhalten zu verändern.

## Wie man den inneren Widerstand gegen Forderungen überwindet

Der wichtigste Schritt, um den inneren Widerstand gegenüber Forderungen zu überwinden, ist das *bewußte Wahrnehmen dieser Haltung*. Viele Menschen sind fähig, etwas zu verändern, sobald sie deutlich erkennen, was eigentlich geschieht. Eine Patientin erzählte mir beispielsweise: »Es gibt mir einfach viel zu viel Arbeit, die Dankesbriefe für meine Hochzeitsgeschenke zu schreiben. Ich habe das Gefühl, daß es unmöglich ist!« Aber sobald sie dies ausgesprochen hatte, lachte sie und erklärte: »Aber es ist *nicht* unmöglich! Es ist überhaupt nicht so schrecklich. Es ist verrückt, wenn ich mir das selbst einrede.« Dann ging sie nach Hause und schrieb ohne große Schwierigkeiten die Briefe.

Ich wünschte mir, es wäre immer so leicht, dieses selbstdestruktive Verhalten zu erkennen und zu überwinden. Aber das ist nicht der Fall. (Die erwähnte Patientin war in jenem Moment innerlich dazu »bereit«.) Ebenfalls hilfreich ist es, *einmal aufmerksam zu beobachten, wie häufig Sie denken, fühlen oder sagen: »Ich sollte« oder »Ich muß« anstatt: »Ich möchte.«* Menschen, die Forderungen gegenüber einen inneren Widerstand aufbauen, tun dies oft aus einem Selbstschutzmechanismus heraus, der übermäßig stark entwickelt ist, ihnen unnötige Schmerzen bereitet und ihr Gefühl von Autonomie untergräbt. Sie sind *nicht* verpflichtet, einen Brief zu schreiben, bis zum Schluß an Ihrem Spanischkurs teilzunehmen oder zu einem bestimmten Zeitpunkt Sex zu haben, und wenn Sie meinen, das sei doch der Fall, dann hindert Sie das daran, die positiven Aspekte dieser Aktivitäten zu genießen.

Gewiß: Es gibt an Ihrem Arbeitsplatz oder in Ihrem persönlichen Leben Dinge, die Sie tun sollten oder sogar müssen. Aber sogar diese Verpflichtungen stehen wahrscheinlich in Zusammenhang mit etwas, was Sie wirklich wollten, wofür Sie sich frei entschieden haben und was Sie wahrscheinlich *immer noch* wollen.

Nehmen wir beispielsweise an, Sie drücken sich davor, ein Referat für einen Kursus zu schreiben, den Sie belegt haben. Wenn Sie dies nicht tun, werden Sie an dem Kurs nicht weiter teilnehmen können. Fragen Sie sich, ob Sie dann dem, was Sie wirklich wollen, näher kommen. Wenn das nicht der Fall ist, dann hören Sie einfach auf, sich zu quälen, und lassen Sie den Kursus sausen. Wenn Sie aber wirklich daran teilnehmen möchten, dann halten Sie sich den Grund immer wieder vor Augen, denken Sie an das zurück, was Sie ursprünglich dazu motivierte, den Kurs zu belegen. Wenn Sie sich an den größeren Zusammenhang erinnern, werden Sie klarer sehen. Das Referat zu schreiben mag tatsächlich unangenehm sein, aber halten Sie sich dies nicht immer wieder vor Augen. *Sie machen sich damit die Sache sehr viel schwerer, als sie in Wirklichkeit ist.*

Um das Muster zu verändern, müssen Sie wieder den Zugang zu dem finden, was Sie ursprünglich wollten. Ertappen Sie sich dabei, wenn Sie denken: »Ich sollte« oder: »Ich muß«, und überprüfen Sie diese Denkweise. Hören Sie auf, sich selbst einzureden: »Ich muß«, wenn Sie nicht sicher sind, daß das tatsächlich der Fall ist. Lassen Sie es nicht zu, daß Ihnen die Herrschaft über Ihr Leben entgleitet. Machen Sie sich bewußt, daß selbst dann, wenn Sie unter Druck gesetzt werden, die Entscheidung *ganz allein bei Ihnen liegt.*

Kitty erkannte das eines Tages sehr deutlich. Sie war ein außerordentlich tüchtiges, verantwortungsbewußtes und gewissenhaftes kleines Mädchen gewesen. Ihr Vater, ein Universitätsprofessor, war streng und kritisch, ihre Mutter war überfürsorglich und distanzlos. Sie bestand darauf, daß sie und Kitty sich alles erzählen sollten, und gestattete Kitty kaum, sich gegen sie abzugrenzen. In ihrem Elternhaus wurde erwartet, daß alle Türen ständig offenstanden; es gab kaum eine Privatsphäre.

Um ihre Identität zu schützen, entwickelte Kitty einen Widerstand gegenüber Forderungen. Sie war mit einem Mann verheiratet, den sie schon aus der Zeit der Sandkastenspiele kannte. Für beide Familien war es selbstverständlich, daß die beiden eines Tages heiraten würden, und Kitty hatte andere Möglichkeiten nie ernsthaft in Erwägung gezogen. Obwohl sie mit ihrer Ehe nicht wirklich unzufrieden war, wiesen ihre Äußerungen doch darauf hin, daß sie zum Selbstschutz einen Widerstand gegenüber Forderungen entwickelt hatte. In einer Sitzung erzählte sie mir beispielsweise: »Mein Mann und ich wollten zu einem Golfplatz fahren, und ich entschied mich in letzter Minute dagegen. Das passiert sehr häufig! Es macht ihn verrückt. Ich weiß nicht, warum ich das tue.«

»Haben Sie irgendeine Idee?« fragte ich.

»Ich glaube, daß ich da in ein Muster hineingeraten bin. Wenn er etwas vorschlägt, dann sage ich automatisch nein. Oder wenn ich es doch tue, dann habe ich eine sehr negative Einstellung dazu. Wenn er etwas vorschlägt, dann muß ich erst einmal darüber nachdenken. Schlägt er beispielsweise vor, segeln zu gehen, sage ich sofort, daß erst die Rechnungen bezahlt werden müssen, selbst wenn das überhaupt nicht der Fall ist!«

»Es klingt, als müßten Sie sich selbst schützen, genau wie bei Ihrer Mutter.«

»Ich habe das Gefühl, daß ich vielleicht mein *Selbst* nie wirklich kennenlernen werde, außer wenn ich Widerstand leiste.«

Kitty mußte lernen, sich besser gegen ihre Eltern, die ihr Leben noch immer aktiv beeinflußten, abzugrenzen. Zuerst reduzierte sie die Kontakte zu ihnen; so zwang sie sich zum Beispiel, in den Stunden, in denen sie normalerweise anriefen, nicht zu Hause zu sein. Dann begann sie trotz starker Ängste sich von ihnen abzugrenzen, indem sie beispielsweise sagte: »Ich würde das lieber nicht mit euch diskutieren.« Wir arbeiteten auch an ihrem automatischen Bedürfnis, sich gegen – wirkliche oder scheinbare – Forderungen ihres Mannes zu sträuben, und überlegten, was diese Haltung sie kostete. Wenn sie jeweils eine solche Situation zur Sprache brachte, redeten wir darüber, inwieweit es sich lohnte, sich zu sträuben, und inwieweit ihr dies schadete. Wir schauten uns dann sehr genau an, wie der Prozeß in Gang gesetzt wurde und wie er sich entwickelte.

Zwar wurde Kittys Ehe am Ende geschieden, aber ihre Beziehung zu ihren Eltern wandelte sich zum Besseren. Sie hat mittlerweile gelernt, ihrer Mutter und ihrem Vater deutlich zu sagen, was sie sich von ihnen wünscht (Freundschaft und Respekt) und was sie *nicht* möchte (Einmischung, Ratschläge), und nach einer Reihe von Schwierigkeiten und Mißverständnissen behandeln sie sie inzwischen immer mehr als gleichwertige Partnerin. Es scheint mir offensichtlich, daß Kittys Gefühl für ihre Identität in dem Maße wuchs, in dem sie in der Beziehung zu ihren Eltern Erfolge erlebte. Während ihr Selbstgefühl sich festigte, verringerte sich ihr Bedürfnis, sich durch permanenten Widerstand zu schützen. Sie hat mittlerweile eine neue Beziehung, und sie berichtete mir, daß sie berechtigten Erwartungen ihres Verlobten nur wenig Widerstand entgegensetzt. Nachzugeben erscheint ihr heute sehr viel weniger »gefährlich« als früher. Dank ihres besseren Selbstbewußtseins – »Das bin ich, und das ist es, was ich möchte oder nicht möchte« – fühlt sie sich nicht mehr so verletzlich.

Mit der Zeit wird die geschärfte Wahrnehmung für den Teil in Ihnen, der »Ich möchte« sagt – und der so lange vernachlässigt wurde –, Ihnen helfen, ein solideres Gefühl dafür zu bekommen, wer Sie sind. Die Arbeit wird Ihnen nicht mehr so beschwerlich vorkommen. Sie werden sich nicht mehr als Opfer fühlen. Sie werden mehr Energie und Kreativität in Ihre Aktivitäten einbringen. Fragen Sie sich immer wieder: »Was *möchte* ich?«, auch dann, wenn es um die einfachsten Dinge geht. Ich kann Ihnen nicht garantieren, daß Sie jedesmal eine klare Antwort bekommen, aber wenn Sie es üben, dann wird auf jeden Fall immer häufiger eine auftauchen.

**Kapitel 6**

# Zu vorsichtig

*Von allen Formen der Vorsicht ist die Vorsicht in der Liebe für das wahre Glück vielleicht die schädlichste.*
Bertrand Russell

Viele Zwanghafte neigen dazu, allzu »vorsichtig« zu sein. Sie *sind allem gegenüber wachsam, was im Leben schiefgehen könnte.* Unbewußt sehnen sie sich danach, sich gegen jedes Risiko zu schützen – ein verständlicher Wunsch. Aber sie sind sich weniger als andere Menschen bewußt, wieviel ein solches Übermaß an »Schutz« sie kostet. Der Preis ist immer sehr hoch.

Ein gewisses Maß an Sparsamkeit ist gewiß lobenswert, aber wenn Sie wie ein Luchs auf Ihr Geld aufpassen, investieren Sie wahrscheinlich eine Menge Zeit und Energie, um selbst bei Kleinigkeiten die Preise zu vergleichen. Der Preis für übermäßige Sparsamkeit kann ein verpaßtes Vergnügen sein (weil irgendein Kauf »zu leichtsinnig« wäre) oder mangelnde Großzügigkeit (weil Sie es sich nicht »leisten können«, etwas mit einem Freund zu teilen).

Auch Unabhängigkeit ist ein guter Charakterzug. Aber einige Zwanghafte fühlen sich so unwohl bei der Vorstellung, von irgend jemandem abhängig zu sein, daß sie unter allen Umständen ihre Autonomie zu bewahren versuchen. Sie können sich nicht überwinden, Arbeit zu delegieren, und müssen dann ihre Zeit und Energie darauf verwenden, etwas zu tun, was jemand anders genausogut tun könnte.

Ebenso schädlich sind die Folgen einer übermäßigen emotionalen Zurückhaltung. Diese verunmöglicht befriedigende Beziehungen zu anderen Menschen oder bewirkt, daß Sie sich chronisch angespannt und überfordert fühlen. Vielleicht haben Sie am Ende gar das Gefühl, im Universum ganz und gar einsam zu sein, isoliert, ein Fremder fast überall, wohin Sie gehen. Das Gefühl, daß niemand Sie wirklich kennt oder wertschätzt, bedrückt Sie ständig.

## Sich vor Nähe schützen

Schauen wir uns zunächst einmal an, warum ein Mensch davor zurückschreckt, anderen Menschen emotional nahezukommen.

Menschen sind im allgemeinen soziale Wesen, die ihr ganzes Leben lang ein Gefühl der Verbundenheit mit anderen schätzen und suchen. Einige Therapeuten glauben, daß dieses menschliche Streben nach Kommunikation zumindest teilweise der Sehnsucht entspringt, die kindliche Bindung an die Mutter wiederherzustellen, die die unausgesprochenen Bedürfnisse des Kindes augenblicklich »liest« und befriedigt. Vielleicht ist die Nähe zu anderen auch eine Möglichkeit, seine Sterblichkeit und Endlichkeit zu transzendieren. Zweifellos kann das Erleben von Intimität den Weg zu Gefühlen beispielloser spiritueller Erfüllung öffnen. Aber Intimität hat auch andere Folgen, die viele Zwanghafte als erschreckend empfinden.

### Die Angst, durchschaut zu werden

Je näher Sie einem anderen Menschen sind, desto wahrscheinlicher ist es, daß der andere alle Aspekte Ihrer Persönlichkeit zu sehen bekommt – sowohl die »guten« Charakterzüge als auch jene, die Sie selbst für unattraktiv oder sogar beschämend halten. Marvin, ein erfolgreicher Banker, hatte keine Probleme damit, Menschen kennenzulernen und Bewunderung bei ihnen hervorzurufen. Dennoch hielt er Freunde und sogar seine verschiedenen Partnerinnen in einer sorgfältig kontrollierten Distanz. »Ich habe Angst, daß sie mich wirklich kennenlernen könnten«, gab er eines Tages in der Therapie zu. »Ich fühle mich wie ein Heuchler; ich fürchte, daß die Leute herausfinden könnten, wie unzulänglich ich im Grunde bin, und daß sie entsetzt sein und mich zurückweisen könnten.«

Marvin nahm den Unterschied zwischen seiner öffentlichen »Persona« und seinem inneren Selbst deutlich wahr. Er sehnte sich danach, sich seiner Freundin näher zu fühlen, ertappte sich aber immer wieder dabei, daß er sich gegen wirkliche Intimität sperrte. Er verhielt sich der Freundin gegenüber häufig respektlos, machte selbst in ernsten Momenten ironische Kommentare und achtete sorgfältig darauf, seine Gefühle vor ihr zu verbergen. »Offenbar gibt es da etwas, wovor ich mich fürchte, denn ich halte sie ständig auf Abstand«, gestand er mir. »Ich habe Angst davor, daß sie nicht mehr so sehr von mir eingenommen sein wird, wenn sie erst einmal hinter die Fassade geschaut hat, die ich aufgebaut habe. Ich glaube nicht, daß sie sich meiner negativen Eigenschaften bewußt ist. Ich bin beispielsweise schrecklich unsicher.« Auch bei andern Menschen hatte Marvin immer das Gefühl, einer möglichen »Entlarvung« zuvorkommen zu müssen.

Es gibt viele Zwanghafte, die von der geheime Angst, man könne ihnen »auf die Schliche kommen«, geplagt werden. Die guten Eigenschaften, die sie allen zeigen, sind durchaus vorhanden. Die meisten Zwanghaften sind ehrlich, rücksichtsvoll, gewissenhaft und bemüht, ihr Bestes zu tun. Diese bewundernswerten Charakterzüge machen gewöhnlich einen großen Teil ihres »wirklichen Selbst« aus.

Aber schon in der frühen Kindheit lernen viele von ihnen, bestimmte Aspekte ihrer selbst in einem weniger positiven Licht zu sehen. Häufig sind dies Charakterzüge, die andere Familienmitglieder nicht besonders mochten oder sogar ausdrücklich verurteilten: zum Beispiel Aggressivität oder sexuelle Ausstrahlung. Nach und nach werden diese Charakterzüge unterdrückt. Als Erwachsene haben sie zu bestimmten Zielen und Impulsen, die sich mit den akzeptierten Verhaltensweisen nicht vereinbaren lassen, häufig überhaupt keinen Kontakt mehr. Meist ist ihnen dann ohnehin nicht mehr bewußt, daß ein Teil ihrer selbst sich beispielsweise danach sehnt, beschützt zu werden, oder gelegentlich Haß empfindet.

Zwar wissen Zwanghafte häufig nicht, *was* sie eigentlich verstecken (vor sich selbst und vor anderen), andere wiederum haben das Gefühl, daß irgend etwas schrecklich Inakzeptables hinter der äußeren Fassade lauert und nur darauf wartet, von denen, die nahe genug an sie herankommen, »aufgespürt« zu werden. Einige fürchten, dieses vage definierte »Etwas« sei ein Beweis dafür, daß sie grundsätzlich »schlecht« oder »böse« seien. Andere fürchten sich vielleicht vor der Entdeckung bestimmter Schwächen (beispielsweise der Unsicherheit), die nicht mit ihrem Image eines Perfektionisten vereinbar sind. Oft sagen mir Zwanghafte: »Ich habe Angst, daß ich innerlich *nichts* bin.« Oder langweilig. Oder inkompetent. Oder unkreativ. Selbst wirklich intelligente und erfolgreiche Menschen betrachten sich oftmals als Scharlatane, die es bis jetzt geschafft haben, jedermann hinters Licht zu führen, aber ständig in Gefahr sind, als dumm und beschränkt entlarvt zu werden – eine niederschmetternde Perspektive.

## Angst davor, jemandem zu vertrauen

Ein weiteres Hindernis auf dem Weg zur Intimität ist für viele Zwanghafte ihr Unvermögen, anderen Menschen zu vertrauen. Sie haben das Gefühl, daß man sie verraten und im Stich lassen wird.

Elliot, einer meiner Patienten, erzählte mir einmal, daß er sich niemanden vorstellen könne, dem er genug vertraue, um offen über seine Gefühle zu reden.

»Natürlich rede ich mit meiner Familie«, sagte er. »Aber selbst bei ihr zögere ich, mich wirklich zu öffnen. Ich befürchte, daß die anderen es später gegen mich verwenden werden, wenn ich etwas Wesentliches über mich selbst erzähle.«

»Wie könnten sie es gegen Sie verwenden?« fragte ich ihn.

»Sie könnten sich über mich lustig machen. Ich reagiere oft sehr wütend, wenn ich das Gefühl habe, daß man sich über mich lustig macht, was die Leute möglicherweise noch mehr dazu verleitet, mich auf die Schippe zu nehmen.«

Neben der Furcht davor, daß er zur Zielscheibe von Witzen werden könnte, hatte Elliot auch Angst davor, »manipuliert« zu werden – eine Befürchtung, die ihren Ursprung in seiner frühen Kindheit hatte. »Meine Eltern versuchten immer, mich zu manipulieren. Ich hatte das Gefühl, daß sie mich zu einem bestimmten Verhalten bewegen wollten oder dazu, bestimmte Entscheidungen zu treffen, beispielsweise, was ich werden würde, wenn ich einmal erwachsen wäre. Sie wollten, daß ich das tat, was *sie* glücklich machte.« Diese Wahrnehmungen beeinträchtigten seine Fähigkeit, seinen Eltern – und später auch anderen Menschen – zu vertrauen.

Die einzige Ausnahme war ein Chef, für den er mehrere Jahre lang arbeitete. Als dieser ihm einmal ein größeres Projekt wegnahm und es einem neuen Angestellten übertrug, fühlte sich Elliot wie am Boden zerstört. »Ich habe nie soviel gearbeitet wie für diesen Kerl«, gestand er mir, und der Schmerz darüber stand ihm noch immer ins Gesicht geschrieben. »Es war schrecklich unfair, die Arbeit diesem neuen Mann zu übergeben. Ich fühlte mich so wütend und machtlos und unfähig, mich zu schützen.« Sein normaler »Schutz« gegen Verletzung – Zynismus und Vorsicht – hatte nicht funktioniert.

Allen Zwanghaften ist das Bedürfnis gemeinsam, Gefühle von Verletzlichkeit und Risiko auszuschalten und statt dessen ein Gefühl von Sicherheit zu erwerben. Es leuchtet deshalb ein, daß Vertrauen bei Zwanghaften ein sehr seltenes Gut ist. Wenn wir jemandem vertrauen, gehen wir ein Risiko ein, das uns verletzlich macht – gegenüber Verrat, Ausbeutung, Inkompetenz, Zufall und Überraschungen –, ein Risiko, das in offenem Widerspruch steht zu einer garantiert pannensicheren Reise durch das Leben.

Um sich gegen diese Verletzlichkeit zu schützen, neigen Zwanghafte dazu, übervorsichtig zu sein. Sie bezweifeln die Ehrlichkeit und die Verläßlichkeit anderer Menschen. Sie bezweifeln, daß anderen wirklich so viel an ihnen liegt, wie sie behaupten, und daß diese Menschen sie auch morgen noch mögen werden. Sie bezweifeln, daß ihre Freunde und Kollegen zu der vereinbarten Stunde tatsächlich das tun werden, was sie versprochen haben.

Sie sehnen sich danach, ihrem Arzt, Rechtsanwalt oder Börsenmakler völlig zu vertrauen, aber sie bezweifeln unwillkürlich seine Kompetenz, sein Engagement und seine Motive.

Manche Zwanghafte haben so große Angst davor, betrogen zu werden, daß sie meinen, sich dieser Gefahr nicht aussetzen zu dürfen. Manchmal hält dieses Mißtrauen auch in einer engen Beziehung wie der Ehe noch viele Jahre lang an, selbst dann, wenn der Partner seine Vertrauenswürdigkeit immer wieder unter Beweis gestellt hat. Nach zwanzig Jahren Ehe beispielsweise bekamen Kyle und seine Frau noch immer sehr häufig Streit, weil er ihr seine Liebe nicht zeigen konnte. »Sie ist erfüllt von zwanzig Jahren Groll und Zorn«, erzählte Kyle mir. »Sie behauptet, eine intime Kommunikation mit mir sei unmöglich, ich sei nicht bereit, ihr meine Liebe zu ihr und überhaupt meine Gefühle zu zeigen.«

Kyle gestand mir, daß er nie ein sehr vertrauensvoller Mensch gewesen sei. Sein Mißtrauen habe sich, so erzählte er, intensiviert, nachdem er sich bei verschiedenen Gelegenheiten geöffnet habe und immer wieder verletzt worden sei. »Menschen haben mich verraten, indem sie das, was ich Ihnen im Vertrauen gesagt hatte, weitererzählt haben; sie haben mich beschämt«, stellte er fest. Aber als ich fragte, wie oft seine Frau in all ihren gemeinsamen Jahren sein Vertrauen mißbraucht habe, räumte er ein, daß er sich nicht an eine einzige Gelegenheit erinnern könne. Ich fragte, ob sie jemals irgend etwas getan habe, was ihn veranlaßt hätte, an ihrer Liebe zu zweifeln, und er mußte zugeben, daß das nicht der Fall war. Trotzdem empfand er die Vorstellung, sich ihr zu öffnen, als bedrohlich.

### Angst vor Abhängigkeit

Natürlich kann für einen zwanghaften Menschen auch eine intime Beziehung eine Bedrohung darstellen. Je stärker Sie sich Ihrem Partner verbunden fühlen, desto mehr brauchen Sie ihn. Und schon diese Tatsache ist für viele Zwanghafte bedrohlich.

Ich beobachte diesen Prozeß oft in der Therapie. In dem Augenblick, wo ein bestimmter Patient beginnt, sich mir nahe zu fühlen, baut er unter Umständen mir oder der Therapie gegenüber eine kritische Distanz auf. Manchmal sagt er mehrere Termine ab oder bricht die Therapie gänzlich ab. Viele Patienten erkennen nicht, was ihrem Verhalten zugrunde liegt, andere aber sagen ganz offen: »Ich möchte mich einfach nicht auf Sie verlassen müssen.« Sie haben Angst davor, daß ich sie ausbeuten oder verletzen könnte.

Abhängigkeit bedeutet, daß man einen Teil seiner Autonomie opfert und ein Stück weit die Kontrolle über sein Leben verliert. Dieser Aspekt der Abhängigkeit irritiert die meisten Zwanghaften. Ein Patient formulierte es so: »Wenn du von jemandem abhängig bist, dann verlierst du deine Stärke. Aber du mußt stark sein – du mußt die Kontrolle über dein Leben behalten – sonst gehst du unter.«

Mit anderen Worten: Wie das Vertrauen macht auch die Abhängigkeit verletzlich. Auch vergrößert das Alles-oder-nichts-Denken des Zwanghaften die Bedrohung, die *jede* Abhängigkeit, und sei sie noch so unwesentlich, mit sich bringt: Sie könnte am Ende immer tiefer in die Abhängigkeit führen. Unbewußt befürchtet der Zwanghafte, daß er am Ende seine Fähigkeit verlieren wird, sich selbst zu genügen. Aus dem Grunde versucht er, sich so wenig wie möglich auf andere zu verlassen.

## Auf Distanz bleiben

Um sich gegen die Verletzlichkeit zu schützen, die Intimität mit sich bringt, schrecken viele Zwanghafte vor einer engen emotionalen Beziehung zurück. Zum einen haben sie die Tendenz, anderen Menschen gegenüber auf Distanz zu gehen. Beim Reden kommen sie dem anderen kaum jemals nahe; einige schrecken sogar vor Blickkontakten zurück – besonders, wenn das Gespräch persönlich wird. Andere fühlen sich erdrückt oder in einer Falle, wenn ihre Ehepartner im Bett zu nahe neben ihnen liegen. Eine Patientin sagte mir, sie fühle sich nicht wirklich wohl, wenn ihr Mann sie umarme. »Ich befürchte, er empfindet mich dann als abstoßend. Vielleicht rieche ich sonderbar oder fühle mich komisch an. Ich kann seine Erwartungen vielleicht nicht erfüllen.« Für einige ist die Abneigung dagegen, sich berühren zu lassen, so stark, daß sie sogar Physiotherapeuten oder Ärzte meiden. Es liegt auf der Hand, daß Angst vor physischer Nähe die Erfüllung in einer sexuellen Beziehung ernsthaft behindern kann.

Viele Zwanghafte lassen sich auf eine sexuelle Begegnung durchaus ein, aber sie vermeiden dabei den emotionalen Kontakt. So beklagte sich Kevin, ein dreißigjähriger Bibliothekar, daß er und seine Frau nicht häufig genug miteinander schliefen. Es gab viele Faktoren, die dazu beitrugen; einer davon war die Verschiedenheit ihrer Erwartungen. »Mich erregt rascher, lustvoller Sex«, sagte Kevin. »Sie dagegen empfindet Gefühle und Zärtlichkeit als erotisch.« Wenn er seiner Frau beim Sex seine Liebe oder Zuneigung zeigen würde, gäbe ihm das das Gefühl, ihr unangenehm nahe zu sein.

## Die vielen Formen emotionaler Reserviertheit

Menschen kommen einander näher, wenn sie ihre Gefühle zeigen. Das Zurückhalten von Gefühlen hingegen ist eine der effektivsten Möglichkeiten, auf Distanz zu bleiben.

Drake, ein sechsundzwanzigjähriger Ingenieur, war frustriert über seine Unfähigkeit, eine Liebesbeziehung aufrechtzuerhalten. Schon auf den ersten Blick fiel er durch eine gewisse Steifheit und Förmlichkeit auf. Ihm waren einige potentielle Partnerinnen entgangen, weil er nicht merkte, daß sie ihm ihr Interesse signalisierten. »Ich fange einfach die Signale nicht auf. Es ist, als liefe ich wie unter einer Glasglocke durch die Gegend. Und wenn ich dann doch etwas merke, dann tue ich so, als ließe mich das kalt.« Wenn er auf ein Angebot zu einem Flirt reagieren würde, so setzte ihn das der Gefahr aus, zurückgewiesen zu werden. Auch brachte ihn der Gedanke zu flirten in Verlegenheit, da ein solches Verhalten mit der Zurückhaltung, die Drake an sich selbst so sehr schätzte, nicht vereinbar war. Er erkannte jedoch immer deutlicher, daß seine unsensible Art ihn daran hinderte, Beziehungen anzuknüpfen.

Wanda, eine Krankenschwester, ging in den Gruppentherapiesitzungen sehr auf andere ein und war ständig bereit, ihnen zu helfen. Wenn man sie jedoch fragte, was sie selbst fühle, antwortete sie unweigerlich mit Allgemeinplätzen oder redete über frühere Probleme, die sie mittlerweile gelöst hatte. Eines Tages brachten zwei Gruppenmitglieder Wandas subtile Zurückhaltung zur Sprache. »Du bist so vage«, sagte einer. »Du spiegelst das, was andere sagen, aber du kommst nicht mit deinen eigenen Gefühlen heraus.« Ein anderer fügte hinzu, daß er das Gefühl habe, Wanda weniger gut zu kennen als die andern Mitglieder der Gruppe. Schließlich gab Wanda zu, daß die Vorwürfe der anderen berechtigt waren. »Ich habe Angst«, sagte sie und brach in Tränen aus. »Ich habe Angst. Wenn ihr mir zu nahe kommt, wird das, was in mir drin ist, euch nicht genügen.«

Einige Zwanghafte, die ihre Gefühle zurückhalten, wirken arrogant oder »verklemmt«. Möglicherweise werden sie sich dieser Tatsache erst dann bewußt, wenn Leute, die sie näher kennenlernen, ihnen sagen, wie sie bei ihrer ersten Begegnung auf sie wirkten. Der Zwanghafte ist oft völlig überrascht, wenn er das hört; er ist im Grunde durchaus nicht arrogant. Er fühlte sich bei jener ersten Begegnung eher *ängstlich* – er hatte Angst davor, gedemütigt oder wegen irgendeines Fauxpas zurückgewiesen zu werden. Seine distanzierte, kühle Haltung wurde jedoch als Überheblichkeit mißverstanden.

Andere Zwanghafte vermitteln den Eindruck von Charisma und Wärme, schließen aber sogar ihre engsten Freunde aus wesentlichen Bereichen ihres Lebens aus.

### *Verschlossenheit*

Manchmal können die Bemühungen, emotionale Distanz aufrechtzuerhalten, sich als Verschlossenheit oder Geheimniskrämerei manifestieren. Diese kann ganz offensichtlich sein, wie in dem folgenden Dialog zwischen einer Mutter und ihrem halbwüchsigen Sohn.

»Wie geht's dir?«

»Gut.«

»Gibt's was Neues?«

»Nö.«

»Wie war euer Footballspiel?«

»Okay.«

»Hat sich mit Joanne was Neues ergeben?«

»Mom!«

Zwanghafte können auch in anderen Bereichen, nicht nur in dem des Gefühls, zurückhaltend und verschlossen sein. Eine Patientin sagte mir, daß sie Hemmungen habe, jemanden in ihre Wohnung zu lassen; diese sei ein Teil von ihr, den sie niemand anderen sehen lassen wolle. Andere Zwanghafte halten mit ihrer Meinung hinter dem Berg oder verschweigen, wieviel sie verdienen oder ausgeben. Einige Zwanghafte hassen die Vorstellung, daß Nachbarn ihr Kommen und Gehen beobachten. Andere sagen, daß sie niemals berühmt sein möchten, weil das unvermeidlich den Verlust ihrer Privatsphäre nach sich ziehe.

Die Privatsphäre ist für Zwanghafte im allgemeinen ein sehr kostbares Gut. Meist verheimlichen sie die Tatsache, daß sie eine Therapie machen. Und selbst in der therapeutischen Beziehung bereitet es ihnen Unbehagen, wenn sie über persönliche Dinge reden müssen, die »niemanden etwas angehen«.

## Das Bedürfnis, für sich allein zu stehen

Ich habe zuvor erwähnt, daß einige Zwanghafte sich davor fürchten, von anderen Menschen emotional abhängig zu sein. Sie versuchen vielleicht, dieses Problem so zu »lösen«, daß sie sich so weit wie möglich auf sich selbst verlassen, manchmal sogar bis zu dem Punkt, wo sie nicht zugeben, daß sie die Menschen, die sie lieben, wirklich brauchen.

Margaret beispielsweise konnte sich nicht überwinden, ihrem Mann, Jim, zu sagen, wie sehr sie ihn vermißte, wenn er sie von einer Geschäftsreise anrief. Als ich fragte, was daran so schwierig sei, sagte sie mir, daß sie es hasse, sich von jemandem abhängig zu fühlen. Als ich nachhakte, gab sie zu, Angst davor zu haben, fallengelassen zu werden. Während sie sich bemühte, diese Furcht zu erklären, kam ihr ein Erlebnis an ihrem ersten Schultag in den Sinn.

»Jemand brachte mich zur Schule, aber hinterher war niemand da, um mich wieder nach Hause zurückzubegleiten. Ich erinnere mich daran, daß ich nach draußen ging und nach meiner Mom oder jemand anderem Ausschau hielt. Aber es war niemand da! Schließlich ging ich weinend zum Haus einer der Freundinnen meiner Eltern.«

Dies war nicht das einzige Mal, daß Margarets Eltern sie im Stich ließen, und schließlich bekam sie das Gefühl, daß sie sich nicht auf sie verlassen könne. Aber zugleich sehnte sie sich so sehr nach ihrer Liebe, daß sie ihnen immer wieder die Chance gab, ihre schmerzlichen Zweifel zu zerstreuen. Jedesmal, wenn sie ihnen erneut ihr Vertrauen schenkte, wurde sie bitter enttäuscht. Aufgrund ihres Bedürfnisses, Enttäuschungen und die Abhängigkeit von anderen zu vermeiden, blieb sie später ständig auf Distanz, nicht nur gegenüber Jim, sondern auch gegenüber Freunden und Kollegen. Sie fühlte sich schmerzlich allein und sehnte sich nach Nähe, konnte sie aber nicht riskieren.

Menschen, die Abhängigkeit fürchten, haben häufig große Hemmungen, Menschen, die sie gerne haben oder lieben, um bestimmte Dinge zu bitten, beispielsweise um Zeit, die sie gemeinsam mit ihnen verbringen möchten, oder um Zuneigung, Sex oder emotionale Unterstützung. Wenn ich sie nach den Gründen für diese Zurückhaltung frage, berufen sich diese Patienten zunächst voller Stolz auf ihre Unabhängigkeit. Nach einiger Zeit kommen weitere Erklärungen zum Vorschein.

Beispielsweise haben sie das Gefühl, daß jeder, dem *wirklich* an ihnen gelegen sei, wissen müsse, was sie brauchen, und daß er es ihnen ungefragt geben müsse. Daß sie um etwas bitten müssen, ist ihnen ein Beweis dafür, daß sie nicht wirklich geliebt werden. Auch möchten sie dem anderen nicht die Chance zu einer spontanen Gefühlsäußerung oder Handlung nehmen. »Ich werde nie wissen, ob der andere es auch von sich aus angeboten hätte«, denkt der Zwanghafte, wenn ihm eine Bitte erfüllt wird. »Wenn ich ihn erst fragen muß, dann weiß ich nicht genau, ob er es tut, weil ihm wirklich an mir gelegen ist, oder ob er sich nur dazu verpflichtet fühlt.«

Um etwas zu bitten birgt noch weitere Risiken. Der Zwanghafte fürchtet, daß der andere die »Schwäche«, die sich durch eine Bitte offenbart, insgeheim verachtet. Und, was für ihn am schlimmsten ist: Die Bitte könnte abgeschlagen werden – eine Wendung der Dinge, die für den Zwanghaften niederschmetternd wäre. Zunächst einmal würde ihm dies seine Zweifel an der Echtheit des Interesses des anderen für ihn bestätigen. Zweitens würde es mit schmerzlicher Klarheit die Grenzen seiner Kontrollmöglichkeiten demonstrieren. Die eigentliche Gefahr aber liegt darin, daß er verletzt werden könnte.

Mehrere dieser Faktoren kamen in der recht häufig zu beobachtenden Situation zusammen, von der Vivian uns berichtete. Obwohl sie seit mehreren Jahren mit Ben liiert war, konnte sie sich niemals dazu überwinden, im Bett den ersten Schritt zu tun. Eines Tages erwähnte sie, daß sie beide seit zwei Wochen nicht miteinander geschlafen hätten.

»Wir waren beide sehr erschöpft. Aber irgendwie interpretiere ich seine Müdigkeit als Zurückweisung. Vermutlich habe ich diese Phantasie, daß ein sexuell wirklich attraktiver Mensch nicht zu betteln braucht. Meine Bitte bestätigt also irgendwie, daß ich nicht attraktiv bin. Und dann ist da noch dieses Gefühl des Zurückweichens, des Nachgebens, des Sichunterwerfens, wenn ich die Initiative ergreifen muß. Es ist zum Teil ein Problem des

Vertrauens – daß er mich insgeheim verachtet, weil ich klein beigebe. Und wenn er nein sagte, wäre ich am Boden zerstört, weil ich das Gefühl hätte, daß er mich nicht attraktiv findet.«

Einige Zwanghafte vermeiden es sogar dann, um Hilfe zu bitten, wenn sie diese dringend brauchen. So haben sie beispielsweise das Gefühl, daß sie alles, was im Haus kaputt ist, ganz allein reparieren müssen. Oder sie bestehen darauf, ihre Steuererklärung ganz allein fertigzustellen, aus Angst, daß sie den Überblick über ihre finanziellen Angelegenheiten verlieren könnten oder daß sie sonst vergessen könnten, wie man so etwas macht. Agnes, eine fünfunddreißigjährige Unternehmerin, konnte sich nicht überwinden, einen Buchhalter einzustellen, obwohl sie dringend einen brauchte und schrecklich hart arbeiten mußte, um alles ganz allein zu bewältigen. »Ich habe Angst davor, die Kontrolle aus der Hand zu geben«, sagte sie. »Mein wichtigster Instinkt ist Unabhängigkeit.« Im weiteren Gesprächsverlauf wurde deutlich, daß dies eine Rationalisierung für Agnes' Furcht war, der Angestellte könnte möglicherweise unentbehrlich werden, während sie den Überblick über die verschieden Managementaufgaben verlöre. Sie wäre dann schrecklich verletzlich; sollte ihr Buchhalter plötzlich kündigen – so befürchtete sie –, würde das für ihr Unternehmen eine Katastrophe bedeuten.

Viele Zwanghafte hassen es, Medikamente zu nehmen. Zunächst einmal betrachten sie dies als Eingeständnis, daß es ihnen bereits bis zu einem gewissen Grade an Kontrolle mangelt. Und zweitens fürchten sie, daß sie von jenen Medikamenten psychisch abhängig werden und dann Probleme haben könnten, sie abzusetzen.

In Extremfällen kann eine zwanghafte Eigenständigkeit einen Menschen sogar davon abhalten, sich materielle Güter anzueignen. Bennett, ein fünfundzwanzigjähriger Büroleiter, prahlte damit, er besitze so wenig, daß er all seine Habseligkeiten auf der Stelle zusammenpacken und innerhalb einer Stunde umziehen könne. »Ich möchte nicht, daß ich irgend etwas oder irgend jemanden brauche.«

## *Mißtrauen*

Bennett lebte mit seiner Freundin zusammen, aber die verborgenen Motive, die er ihr unterstellte, untergruben ständig seine positiven Gefühle für sie. »Ich frage mich, ob es ihr nicht bloß darum geht, für den Rest ihres Lebens nicht allein zu bleiben«, sagte er. »Ich frage mich auch, ob sie vielleicht nur *glaubt*, mich zu lieben. Ihre Selbstachtung ist ziemlich gering – kann sie also überhaupt jemanden lieben? Wie ein Detektiv suche ich ständig nach der tieferen Bedeutung dessen, was sie sagt.«

Bennetts Zweifel stehen in direktem Zusammenhang mit seiner Angst davor, jemandem zu vertrauen. Zwanghaften fällt es oft schwer, einfach zu akzeptieren, daß andere sie lieben; sie versuchen statt dessen herauszufinden, in welcher Hinsicht ihr Partner von der Beziehung profitiert. Oft glauben sie nicht, daß jemand, der sie jetzt mag, sie wahrscheinlich auch in Zukunft mögen wird. Aus Angst, der andere könne sie später mit seinem Wissen verletzen, geben sie nur ungern etwas von sich preis.

Viele zwanghafte Patienten ziehen sogar *meine* Motive in Zweifel. Wenn ich mich bemühe, ihre Gedanken und Gefühle zu ergründen, haben sie das Gefühl, ich würde sie kritisieren, ihnen meine Überlegenheit demonstrieren oder ihre Schwächen ans Licht zerren, und sie verhalten sich häufig sehr defensiv. Sie tun dies deshalb, weil sie als Kind ihre Eltern ständig als nörgelnd und ausbeuterisch wahrnahmen und mich heute – durch den Mechanismus der Übertragung – in einer ähnlichen Rolle sehen.

Aber Zwanghafte haben auch in anderen Bereichen Angst vor Ausbeutung. Kürzlich erlebte ich ein Beispiel für eine solche Haltung, als ich in einem Fotoladen stand, wo ein Mann den Angestellten ausfragte, auf welche Weise seine Bilder entwickelt werden würden. Was würde geschehen, wenn er mit der Arbeit des Labors nicht zufrieden wäre? Bot der Laden seinen Kunden irgendwelche schriftlichen Garantien an? Wer würde das letzte Wort darüber haben, ob die Qualität der Bilder angemessen wäre, und welches wären die Kriterien, fragte er. Er ließ nicht locker und stellte immer detailliertere Fragen. Seine Angst, »über den Tisch gezogen« zu werden, bewirkte, daß er die Schlange von Leuten, die hinter ihm die Augen rollten und ihrer Gereiztheit Ausdruck verliehen, völlig vergaß.

## Vorsicht bei Geldangelegenheiten

Ich habe immer wieder erlebt, daß viele Zwanghafte Angst davor haben, finanziell ausgebeutet zu werden – eine Komponente ihrer allgemeinen Tendenz, mit Geld sehr vorsichtig zu sein. Sparsamkeit kann in vielen Formen auftreten, unter anderem in den folgenden:

- als Widerwille dagegen, Geld für etwas anderes als das unbedingt Nötige auszugeben
- als das Bedürfnis, den allergünstigsten Kauf zu machen – gleichgültig, wieviel Zeit und Mühe dies kostet
- als Widerwille dagegen, offenzulegen, wieviel man für eine Sache ausgegeben hat – entweder, weil der Zuhörer der Ansicht sein könnte, man habe sich »über den Tisch ziehen« lassen, oder weil er denken könnte, der Käufer habe ein leichtes Leben und Unmengen von Geld, das er völlig unbedacht ausgibt
- als Weigerung, etwas zu verleihen. Wenn er doch einmal etwas verleiht, dann will es der Zwanghafte möglichst schnell zurückbekommen
- als Gefühl von Empörung und Wut, wenn irgendein Produkt oder eine Dienstleistung sich als mangelhaft erweist
- als Stolz darauf, daß alles, was man besitzt, sehr lange hält.

Diese Grundhaltung der Vorsicht in Geldangelegenheiten erklärt sich nicht nur aus der Furcht des Zwanghaften, er könne über den Tisch gezogen werden. Viele Menschen lernen schon sehr früh in ihrer Kindheit, daß Sparsamkeit eine Tugend sei;

am Ende bringen sie diese automatisch mit anderen »guten« Verhaltensweisen in Zusammenhang, beispielsweise mit Selbstverleugnung und dem Aufschieben von Genuß und Vergnügen um langfristiger Belohnungen willen. Hinzu kommt eine innere Hemmung gegenüber leichtsinnigen Ausgaben und die perfektionistische Furcht davor, auch nur ein einziges Mal einen schlechten Kauf zu machen. Und da Zwanghafte dazu neigen, sehr weit in die Zukunft hinein zu denken, sind sie sich nur allzu deutlich bewußt, daß Geld, das man jetzt ausgibt, später (wenn sie es möglicherweise dringender brauchen) nicht verfügbar sein wird.

## Vorsicht bei spontanen Gefühlsäußerungen oder Handlungen

Eine andere Form von Zurückhaltung in zwischenmenschlichen Beziehungen zeigt sich in der Unfähigkeit, spontan zu handeln. Spontaneität bedeutet, daß etwas nicht vorher geplant wurde, und das ist den meisten Zwanghaften ein Greuel. »Ich weiß nicht einmal, wie man ein Risiko eingeht«, sagte der fünfzigjährige Jim. »Bevor ich etwas tue, überlege ich es mir tausendmal. Bevor ich etwas kaufe, erkundige ich mich in fünf verschiedenen Läden nach den Preisen. Ich plane alles ganz genau im voraus, so daß ich in jedem Fall genau weiß, welchen Weg ich einschlagen muß. Ich komme nie auch nur in die Nähe von Situationen, über die ich nur wenig Kontrolle habe; ich kann niemals ganz einfach *sein.*«

Die meisten Zwanghaften ziehen es vor, sich im Rahmen akzeptierter sozialer Regeln zu bewegen, anstatt die Kritik, die Demütigung oder den Spott zu riskieren, der daraus resultieren könnte, daß sie »das Falsche« gesagt oder getan haben. Schon als Kinder haben sie den Ruf, reifer und ernster als ihre Altersgenossen zu sein. Sie tun selten etwas Dummes und Unüberlegtes.

Wo Regeln und Vorschriften fehlen, fühlen sie sich unwohl. Viele klagen, es gelinge ihnen nicht, einfach ein bißchen Konversation zu machen, und vielleicht gehen sie aus diesem Grund auch nicht auf Parties. Statt dessen wählen sie ihre Worte äußerst sorgfältig; sie scheinen sich selbst für zwanglose Plaudereien zuvor ein Konzept ausgedacht zu haben. Eine Patientin erklärte, ein ungeplantes Gespräch flöße ihr Angst ein wegen der Möglichkeit, daß »irgendwelche Gefühle der Schwäche ans Tageslicht kommen könnten«. Sie erzählte mir, daß sie mit ihrer Mutter am Telefon nie offen rede. Bei den meist nutzlosen Versuchen, die Kritik ihrer Mutter abzublocken, überlege sie sich jedes Wort ganz genau.

## Wenn die Deckung heruntergenommen wird

Die meisten Zwanghaften haben Schwierigkeiten, anderen Menschen zu vertrauen, von ihnen abhängig zu sein und sich ihnen zu offenbaren; aber niemand kann dies völlig vermeiden. Wie tüchtig wir auch sein mögen – das moderne Leben zwingt uns in eine Abhängigkeit voneinander, beispielsweise wenn es um unser Essen, unsere Bildung, unsere medizinische Versorgung und vieles andere mehr geht. Einige Abhängigkeiten sind so unausweichlich und selbstverständlich (beispielsweise, daß wir unser Wasser von der städtischen Wasserversorgung bekommen oder aus Geschäften, die es in Flaschen verkaufen), daß die meisten Menschen, einschließlich der Zwanghaften, nicht sehr viel darüber nachdenken. Wenn sie jedoch durch die Umstände in eine neue Abhängigkeit gezwungen werden – zum Beispiel indem sie sich von einem Arzt oder einem Steuerberater helfen lassen müssen –, dann können Ängste entstehen. Sie fühlen sich auch äußerst unbehaglich, wenn Emotionen wie Ärger zutage treten, die sie zuvor zurückgehalten haben.

Wenn ein übervorsichtiger Zwanghafter sich entschieden hat, jemandem zu vertrauen, und dieser Mensch sein Vertrauen verrät, kann dieser Verrat verheerende Wirkungen haben. Es dauerte ein Jahr, bis Meredith sich in ihrer Beziehung sicher fühlte und bereit war, sich auf ihren Freund wirklich einzulassen. Aber kaum hatte sie sich entschieden, ihm zu vertrauen, konfrontierte er sie mit der schlimmen Nachricht, daß er fortziehen werde, um einen anderen Job anzunehmen. In jener Nacht litt Meredith unter einer klassischen Panikattacke. »Ich wachte voller Schrecken auf. Mein Herz hämmerte. Ich konnte nicht mehr einschlafen. Ich hatte das Gefühl, eine chemische Veränderung sei mit mir vorgegangen. Es war so unheimlich!« erzählte sie mir. »Ich fühlte mich so, als wäre ein Teil von mir zerstört worden. Ich hatte mich so sehr bemüht, jeder Überraschung zuvorzukommen, daß ich nicht einen falschen Schachzug machte. Ich hatte nie geglaubt, daß er mich hintergehen würde. Aber jetzt bin ich nicht einmal mehr sicher, ob er sich überhaupt etwas aus mir macht.« Wochen verstrichen, bevor Merediths Angst nachließ, und die Beziehung erholte sich nie mehr von jenem Schlag.

Zwanghafte, die besonders vorsichtig und zurückhaltend sind, betrachten gewöhnlich *jeden* Vertrauensbruch als endgültigen »Beweis«, daß ihre Vorsicht gerechtfertigt war. »Wenn mir mein Freund nur eine winzige Notlüge erzählt oder ein wenig schwindelt, sage ich: ›Aha! Er hat gelogen! Das ist der *Beweis* dafür, daß ich ihm nicht vertrauen kann.‹ Ich messe ihn mit unvernünftig strengen Maßstäben. Er muß hundertprozentig vertrauenswürdig sein, oder ich bekomme das Gefühl, daß ich ihm *überhaupt nicht* vertrauen kann.«

## Wie man übermäßige Zurückhaltung und Vorsicht abbaut

Man kann Mißtrauen nicht für sich allein, im stillen Kämmerlein, abbauen; eine solche Veränderung muß im Rahmen lebender, atmender Beziehungen stattfinden – trotz all der Seelenqual und der Schwierigkeiten, die dieser Prozeß bereitet.

- Machen Sie sich bewußt, daß niemand und nichts hundertprozentig verläßlich sein kann. Andere, weniger zwanghafte Menschen wissen das und schaffen es dennoch, anderen zu vertrauen. Und Sie? Reden Sie sich vielleicht ein, diese Menschen seien einfach nicht so intelligent wie Sie und würden deshalb die Risiken nicht erkennen oder die Gefahren nicht richtig einschätzen? Sind Sie überzeugt, daß es diesen unvorsichtigen, vertrauensseligen Menschen eines Tages noch leid tun wird? Natürlich erkennen auch jene Menschen die Risiken. Aber sie wissen, daß die besten Dinge im Leben – beispielsweise das Gefühl der Verbundenheit und die Nähe zu anderen – ein solches Risiko wert sind.

- Legen Sie sich nicht mit Ihrer ständigen Tendenz, in Extremen zu denken, selbst Steine in den Weg? Niemand wird Ihnen ernsthaft raten, jedem Fremden, den Sie kennenlernen, intime Geständnisse zu machen. Ein vernünftiges Maß an Zurückhaltung wird Sie jedenfalls zum Teil vor Verletzung, Zurückweisung und Ausbeutung schützen. Aber es gibt einen mittleren Bereich der Vorsicht, und Menschen, die diesen Bereich entdecken, sind weniger einsam und isoliert als jene, die sich hinter einem dicken Schutzpanzer verschanzen.

- Versuchen Sie, sich bewußtzumachen, daß Ihre Zurückhaltung Ihnen wahrscheinlich genau das Gefühl von Ungeliebtsein, von Zurückweisung und Einsamkeit einbringen wird, das Sie fürchten. Machen Sie sich klar, daß andere Menschen Ihr Mißtrauen wahrscheinlich falsch interpretieren und es als schmerzlichen Hinweis dafür betrachten werden, daß sie in irgendeiner Weise Ihren Ansprüchen nicht genügen.

- Es braucht sehr viel Entschlossenheit und Geduld, um tief verwurzeltes Mißtrauen abzubauen. Richten Sie sich darauf ein, daß Veränderungen nur langsam erfolgen. In der Ein-

> zel- und Gruppentherapie leiten mißtrauische Patienten diesen Veränderungsprozeß manchmal unabsichtlich dadurch ein, daß sie in einem »schwachen« Moment Gefühle zeigen. In solchen Augenblicken fühlen sie sich dann oft gedemütigt und ängstlich. Manchmal weinen sie. Aber dann erkennen sie, daß niemand sie wegen ihrer Gefühle zurückweist. Das Leben geht weiter. Häufig reagieren die anderen mit besonders intensivem Mitgefühl und großer Wärme, weil sie spüren, wie schwierig es gerade für ein solches Gruppenmitglied ist, sich zu öffnen. Im Laufe der Zeit wird ein mißtrauischer Mensch oftmals fähig, immer mehr von seinem wirklichen Selbst zu zeigen, das sich hinter der harten Fassade verbirgt. Und häufig erlebt er zum erstenmal, wie es ist, wenn man sich wirklich verstanden und zugleich gemocht fühlt – dies erschien ihm zuvor unmöglich.

Bert beispielsweise wirkte auf die anderen Mitglieder der Therapiegruppe zunächst so verkopft und gefühllos, daß sie ständig wütend auf ihn waren. Unter vier Augen hatte Bert mir gestanden, wie sehr er sich wünsche, von der Gruppe gemocht und akzeptiert zu werden. Deshalb hielt er seine Gefühle von Rivalität, Ärger, Neid und Feindseligkeit wie in einer Flasche verschlossen.

Schließlich erkannte er, wie er mit seiner Zurückhaltung die anderen von sich fernhielt und die Beziehung zu seiner Freundin untergrub. Er entschloß sich, einmal wirklich zu spüren, was in seinem Inneren vorging, und es dann zu äußern, selbst wenn seine Gefühle die Gruppe erschrecken oder abstoßen würden. Zunächst kam, so wie er es vorausgesehen hatte, eine Menge Wut und Feindseligkeit hoch, und das machte die Gruppenmitglieder, gegen die jene Gefühle gerichtet waren, natürlich ärgerlich. Bisweilen reagierten sie ebenfalls wütend und feindselig. Dennoch interagierten sie weiterhin mit Bert – und mehr als je zuvor. Sie spürten, daß sie endlich eine wirkliche Beziehung zu ihm hatten, und die meisten sagten, daß das ein gutes Gefühl sei. Bert wiederum war erstaunt, daß niemand ihn zurückwies.

Im Laufe der Zeit kamen auch Berts weichere Gefühle an die Oberfläche – Zuneigung und das Eingeständnis seiner Furcht und Selbstzweifel. Und immer häufiger begann er, liebevolle Gefühle zu empfinden, anstatt Gefühle der Feindseligkeit und Entfremdung von anderen. Schließlich wurde er ein lebendiges, engagiertes Mitglied der Gruppe. Auch außerhalb der Therapie erlebte er ähnliche Veränderungen. *Er* war es nun, der die anderen, eher verschlossenen Gruppenmitglieder sanft herausforderte, sich zu öffnen. *Er* sagte als erster, er habe das Gefühl, durch ihre scheinbare Härte und Unverletzlichkeit hinters Licht geführt zu werden. Und er war es, der den Wunsch nach einer näheren Beziehung zu einem Mitglied der Gruppe äußerte, das sich sehr distanziert verhielt.

Bert war auch fähig, das, was er in der Gruppe gelernt hatte, auf seine anderen Beziehungen zu übertragen; besonders seine Freundin war begeistert davon, wie ihre Partnerschaft aufblühte, als Bert sich immer mehr öffnete und ihr seine Gefühle mitteilte. Er war einer der zurückhaltendsten und mißtrauischsten Patienten, die ich je behandelt habe, aber seine Einsicht in die Folgen seiner Haltung und seine Entschlossenheit, auch einmal etwas anderes, Schöneres zu erleben, befähigten ihn, seinem Leben eine neue Wendung zu geben.

Kapitel 7

# Er sorgt sich, grübelt und zweifelt ununterbrochen: der Thinkaholic

*Ich werde von Zweifeln geplagt. Was ist, wenn alles eine Illusion ist und nichts wirklich existiert? In dem Fall habe ich meine Teppiche bestimmt zu teuer bezahlt.*
Woody Allen

Stellen Sie sich vor, Sie radeln auf einem Fahrradweg, der neben einer Landstraße entlangläuft. Die Morgensonne wärmt die Erde, und leuchtend bunte Blumen verströmen ihren Duft. Aber selbst in dieser ländlichen Umgebung hören Sie den Verkehrslärm. Gelegentlich rumpeln landwirtschaftliche Fahrzeuge mit schrecklichem Lärm an Ihnen vorbei. Auch schnellere Wagen sausen die Straße entlang, und Sie können ihre aufheulenden Motoren noch weit hören. Nur gelegentlich, für ein paar kurze Momente, sind Sie allein auf der Straße, und nur dann können Sie die frische Brise genießen oder die Vögel singen hören.

Für viele Zwanghafte ist das Leben ein wenig wie diese Radtour. Ein ständiger Strom von Sorgen und schmerzlichen Gedanken lenkt sie von den Freuden des Lebens ab. In gewisser Weise *denken sie zu viel:* es ist ihnen fast unmöglich, das ständige Fließen konzentrierter Beobachtung, Analyse und Reflektion abzustellen. »Mein Verstand ist eine regelrechte Sorgenmaschine«, erzählte mir eine Frau. »Manchmal kaue ich jeden nur vorstellbaren Aspekt eines Problems durch, aber dann sage ich mir: ›Das reicht jetzt‹ und versuche, zu etwas Angenehmerem überzuwechseln. Ein paar Minuten später sind meine Gedanken wieder zu meinen Sorgen zurückgekehrt. Ich sorge mich auf dieselbe Weise, wie ich atme, automatisch und ohne Unterbrechung.«

Das Sichsorgen und Grübeln bringt dem betreffenden Menschen kaum Vorteile. Wenn tatsächlich etwas Schlimmes passiert ist, wird der Schmerz durch das ständige Grübeln nur verlängert. Und die ständige Besorgnis ist mindestens ebenso schädlich. Wenn das, wovor Sie sich ängstigten, nicht eintritt, haben Sie unnötig gelitten. Und wenn das Unangenehme *tatsächlich* eintritt, dann ist es genauso ärgerlich oder niederschmetternd, wie es gewesen wäre, wenn Sie mehr Zeit damit verbracht hätten, Ihr Leben zu genießen, und weniger, sich Sorgen zu machen. Mit Ihrer anhaltenden Besorgnis handeln Sie sich chronisches Unglück für die schwache Hoffnung ein, ein kleines bißchen weniger enttäuscht zu sein.

## Das Denkmuster des Zwanghaften

Warum verbringen so viele Zwanghafte trotz dieser schmerzlichen Folgen so viel Zeit damit, sich zu sorgen und zu grübeln? Ein Element, das sie dafür anfällig macht, ist ihr Denkmuster, das heißt die Art, wie sie zu Erkenntnissen kommen oder an Dinge herangehen, die ihre Aufmerksamkeit auf sich ziehen, und die Art, wie sie Wahrnehmungen und Gedanken »registrieren«.

Das Motto zwanghafter Menschen könnte lauten: »Nimm wahr, begreife, erinnere dich.« Sie registrieren die Welt um sich herum sehr bewußt und verfahren mit ihrer Aufmerksamkeit wie mit einem scharf fokussierten Suchscheinwerfer. Sie gehen an die Ereignisse heran, als wäre es wichtig, sie gründlich zu verstehen und sich an sämtliche Details zu erinnern, anstatt sich nur einen allgemeinen Eindruck zu verschaffen. Sie scheinen aufmerksamer zuzuhören und sich stärker zu konzentrieren als andere. Der Zwanghafte scheint unter einem ständigen Druck zu stehen, jeden winzigen Brocken an Information in sich aufzunehmen, da er ihn vielleicht einmal brauchen kann.

Halten Sie dem einmal das Denkmuster von Menschen dagegen, die das starke Bedürfnis spüren, sich von anderen Menschen geliebt zu wissen oder sich ihnen nahe verbunden zu fühlen. Solche Menschen nehmen die Welt häufig auf entspannte, passive, fast zufällige Weise wahr. Sie sind sehr viel mehr auf *Gefühle* eingestellt als auf *Informationen*. Wahrscheinlich erinnern sie sich meist recht gut an ihre Gefühle, während sie für Fakten ein schlechtes Gedächtnis haben. Manchmal ziehen andere daraus den falschen Schluß, daß sie nicht besonders intelligent seien. Solche Menschen sagen vielleicht von sich, sie hätten einen schlechten Orientierungssinn. Sie haben tatsächlich manchmal Probleme damit, den Rückweg zu finden, denn sie dachten auf dem Weg zu ihrem Ziel an ganz anderes als der Zwanghafte. Sie haben den Ausflug oder die Reise wirklich *erlebt,* haben die Landschaft, das Gespräch, die Musik im Radio genossen. Dagegen sind die meisten Zwanghaften ständig darauf bedacht, eine mentale Landkarte ihrer Wegstrecke zu zeichnen, so daß sie sicher sein können, den Rückweg zu finden.

Viele Zwanghafte sind bestrebt, sich detaillierte Informationen zu verschaffen, nicht nur in Bereichen, in denen es um ihr unmittelbares Wohlbefinden geht, sondern auch in solchen, die mit ihrem Alltag gar nichts zu tun haben. Dieses Interesse entspringt zum Teil einer echten Freude am Lernen, zum Teil dem Wunsch, als gebildeter Mensch betrachtet zu werden. Auch haben sie das Bedürfnis, Daten zu sammeln, die eines Tages nützlich sein könnten und ihnen ein Gefühl des Überblicks und der Kontrolle geben.

Dieses Bestreben, alles zu wissen und sich an alles zu erinnern, steht mit der Konzentration des Zwanghaften auf das Detail in Zusammenhang. Viele Zwanghafte richten ihre Aufmerksamkeit auf sämtliche Einzelheiten, ohne sich zugleich einen Gesamteindruck zu verschaffen. Sie haben deshalb große Schwierigkeiten, ihre Wahrnehmungen der Priorität entsprechend einzuordnen. Wenn man ihnen beispielsweise einen Rorschachtest vorlegt, dann neigen sie dazu, in den Tintenflecken eine Vielzahl von Winzigkeiten zu entdecken – kleine Dinge, die andere gewöhnlich um eines allgemeineren Eindrucks willen übersehen. Zwanghafte wollen meist die Bedeutung jedes einzelnen Aspekts des Tintenflecks erklären, genauso wie sie tendenziell in all dem, was sie wahrnehmen und erleben, einen Sinn suchen. Offene Fragen, separate, wirre Fragmente von Information, unvorhersehbare Ereignisse, Zufälligkeiten empfinden sie als beunruhigend, weil sie das Chaos, den Alptraum des Zwanghaften, heraufzubeschwören scheinen. Um das Gefühl der Kontrolle zu behalten, müssen Zwanghafte ihre Wahrnehmungen und Erfahrungen auf irgendeine Weise in ein verständliches Ganzes einordnen.

Es gibt noch einen anderen, einfacheren Grund für dieses Bemühen um Überblick. Zwanghafte sind im allgemeinen bestrebt, sich an all die Daten zu erinnern, die sie gespeichert haben (und viele haben tatsächlich ein erstaunliches Gedächtnis für Fakten und Einzelheiten). An Wahrnehmungen, die sortiert und zu einem Gesamtkonzept organisiert wurden, erinnert man sich viel besser als an unzusammenhängende Fakten und Daten.

Damit in Zusammenhang steht die Tatsache, daß Zwanghafte zum systematischen Denken tendieren. Sie ordnen die Informationen, die sie so begierig aufnehmen, sofort und automatisch ein und analysieren sie. Eine Patientin formulierte es so: »Gewiß, ich habe auch Gefühle, aber ich bin vor allem ein ›Kopfmensch‹.« Mit ihrem chronischen Bedürfnis, das, was ihr passiert, zu analysieren, anstatt es einfach zu erleben, hält sie ihre Gefühle in Schach.

### Was hinter dem Denkmuster des Zwanghaften steht

Mehrere Faktoren bestimmen das Denkmuster des Zwanghaften. Wahrscheinlich prädisponieren konstitutionelle Unterschiede bestimmte Menschen dazu, beispielsweise vor allem Details wahrzunehmen oder sich an Fakten zu erinnern. Dieses Denkmuster befriedigt eine zentrale seelische Dynamik des Zwanghaften: sein Bedürfnis nach Wachsamkeit, Gründlichkeit und Perfektion. Wenn Sie darauf bedacht sind, Risiken oder Überraschungen zu vermeiden, dann wird Ihnen eine aktive, zielgerichtete Aufmerksamkeit helfen, ständig wachsam und auf der

Hut zu sein. Und wenn Ihre (unbewußte) Weltsicht darauf hinausläuft, daß Ihre Sicherheit und Kontrolle über das Leben davon abhängen, ob Sie das Universum begreifen, dann werden Sie Ihr Äußerstes tun, um so viele Einzelheiten wie möglich wahrzunehmen, zu begreifen und präsent zu haben. Sie sind ständig wachsam und aufmerksam; Sie versuchen, Probleme vorwegzunehmen und sich an so viele Namen, Daten, Fakten und Meinungen wie möglich zu erinnern.

Eine intellektuelle Meisterung des Leben hat auf den Zwanghaften nicht nur eine sehr beruhigende Wirkung, sondern sie hat zudem den sehr reizvollen Nebeneffekt, ihm den Respekt und die Bewunderung jener einzutragen, die ihn für bemerkenswert intelligent und kompetent halten. Eine solche Meisterschaft hat auch einen praktischen Wert. Die Kraft zur Konzentration über einen längeren Zeitraum hinweg hilft beispielsweise, bestimmte Fähigkeiten außerordentlich zu verbessern – sei es nun das Geigenspiel oder das Programmieren von Computern. Gründlichkeit ist in vielen Berufen von Vorteil – bei einem Detektiv beispielsweise oder einem Korrektor –, und ein gutes Gedächtnis für Fakten kann Ihnen in vielerlei Hinsicht sehr nützlich sein.

Leider können einige dieser Denkmuster auch Probleme schaffen. Wenn sie Hand in Hand gehen mit einer gewissen Rigidität, dann kann die Tendenz zur »mentalen Ordentlichkeit« dem Betreffenden den Blick für wertvolle neue Ideen verstellen. (Wir werden dieses Problem im nächsten Kapitel näher erörtern.) Und ebenso sind bestimmte Aktivitäten (wie das liebevolle Großziehen von Kindern oder das Genießen eines Musikstücks) unvereinbar mit *allzu viel* Konzentration auf das Detail und einem ständigen objektiven Analysieren. Intuitive Einsichten sowie wie die Fähigkeit, das Gesamtbild zu erfassen, werden dadurch blockiert.

Charles, einer meiner Patienten, der gerade die mündliche Facharztprüfung abgelegt hatte, lieferte mir dafür ein eindrucksvolles Beispiel. In der Prüfung wurde von ihm verlangt, daß er die Symptome eines Mannes diagnostizierte, der seine Fähigkeit zu sprechen verloren hatte. Charles untersuchte den Patienten und teilte dann seinen Prüfern seine sehr detaillierten Beobachtungen mit; er ging sogar auf bestimmte esoterische Aspekte des Problems ein. Aber er unterließ es, die tiefe Narbe zu erwähnen, die die linke Schläfe des Patienten entstellte (sie war die Folge einer schweren Verletzung, die mit fast hundertprozentiger Sicherheit die Aphasie des Mannes verursacht hatte). Schließlich fragten ihn die Prüfer danach. Charles hatte natürlich die Bedeutung der Narbe erfaßt, aber er war so sehr darauf bedacht, zu demonstrieren, daß er die feinen neurologischen Details des Falles erkannt hatte, daß er das deutlich Sichtbare nicht erwähnte.

## Das Ödland der Besorgnis

Wenn Sie mit Ihren Gedanken hartnäckig an etwas festhalten, geraten Sie immer wieder auf dieselbe Weise in dieselbe Falle. Wenn Sie es generell schwierig finden, sich von bestimmten Vorstellungen zu lösen, dann haben Sie mit fast hundertprozentiger Sicherheit Probleme mit Ihrem permanenten Sichsorgen und Grübeln, mit Ihrer Ängstlichkeit und/oder Ihren Zweifeln.

Das Ödland, das durch die anhaltende Besorgnis geschaffen wird, ist für die meisten Zwanghaften ein vertrautes Gebiet. Mit Besorgnis meine ich anhaltendes Nachdenken über ein gegenwärtiges oder zukünftiges Problem, *und zwar in einer Weise, die am Ende nicht zu einer Lösung führt.* Andauernde Besorgnis ist äußerst unproduktiv.

Fast jeder Mensch macht sich zumindest gelegentlich Sorgen, und das ist normal. Wenn Ihr Kind beispielsweise Lungenentzündung hat oder wenn ein internationales politisches Ereignis die Möglichkeit eines Atomkrieges heraufbeschwört, dann ist Sorge eine angemessene Reaktion, auch wenn Sie objektiv einsehen, daß die Entwicklung dadurch nicht beeinflußt wird.

Aber viele Zwanghafte machen sich *ständig* Sorgen. Manchmal sind es spezifische Sorgen, die ihnen im Kopf herumschwirren, zu anderen Zeiten nimmt die Besorgnis die Form einer permanenten Ängstlichkeit an, die den Betroffenen fast unmerklich deprimiert, selbst wenn er seinen alltäglichen Pflichten nachgeht. Ein Patient drückte es so aus: »Es kann ein wunderschöner Tag sein, aber wenn ich mir Sorgen mache, dann ist alles irgendwie von einer dunklen Wolke überschattet. Es ist, als würde das Sich-Sorgen die Sonne verdunkeln.«

Meine Patienten scheinen sich über fast alles Sorgen zu machen. Am meisten plagen sie jedoch folgende Ängste:

- Alltägliche Aktivitäten: »Werde ich fähig sein, mein Projekt erfolgreich zu beenden? Hat das Restaurant meine Reservierung auch wirklich vorgemerkt? Werde ich für alle, die zu der Party kommen, genug zu essen haben?«

- Ängste, die sich auf den Körper beziehen: »Werde ich krank, sehe ich nicht mehr so gut aus? Werde ich auf der Schnellstraße einen Unfall haben?«

- Geld: »Wie werde ich meine Rechnungen bezahlen? Wie wird meine Zukunft aussehen? Was geschieht, wenn der Aktienmarkt zusammenbricht? Gehe ich richtig mit meinem Geld um?«

- Menschen, die sie lieben: »Wird meinen Kindern etwas zustoßen? Wird mein Mann einen Herzanfall erleiden?«

Dies sind einige der häufigsten Themen, aber die Menschen, die von Sorgen geplagt sind, haben tausenderlei verschiedene Ängste. Eine Geschäftsfrau mittleren Alters sagte zu mir:

»Ich bin neidisch auf Menschen, die sich nicht so viele Sorgen machen. Ich mache mir ständig Sorgen. Ich habe viele Pflichten und Aufgaben, und das versetzt mich ständig in Sorge. Heute abend gehe ich in meinen Literaturkreis; ich hab' das Buch nicht zu Ende gelesen und mache mir Sorgen, daß sie denken könnten, ich sei nicht wirklich engagiert oder nicht besonders intelligent.

Bevor wir losgehen, kommt eine Freundin vorbei, um bei mir eine Kleinigkeit zu essen, und ich mache mir Sorgen, ob auch alles sauber und ordentlich ist.«

»Wie fühlen Sie sich, wenn Sie sich Sorgen machen?«

»Schrecklich!«

»Und warum tun Sie es dann so häufig?«

»Ich glaube, daß ich mehr leiste, wenn ich mir wegen meiner Arbeit Sorgen mache.«

»Wirklich? Erzählen Sie mir darüber.«

»Es hilft mir, wenn ich mir meiner Probleme *bewußt* bin. Ich mache mir fast immer Sorgen, und ich kann das nicht kontrollieren. Wenn ich zu einer Verabredung fahre, dann mache ich mir Sorgen, daß ich einen Unfall haben könnte. Ich schaue etwa jede Minute auf die Uhr und befürchte, daß ich zu spät oder zu früh komme. Ich mache mir Sorgen, daß die Person, die ich treffe, mich nicht mag oder daß ich irgend etwas verschütte oder nicht richtig angezogen bin. Ich mache mir Sorgen, daß mir das Benzin ausgeht.«

»Ist Ihnen jemals das Benzin ausgegangen?«

»Nein«, antwortete sie und lächelte traurig.

Als ob das Sichsorgen nicht schon schmerzlich genug wäre, verleitet die Tendenz, in Begriffen von ›alles oder nichts‹ zu denken, viele Zwanghafte dazu, sich das allerschlimmste Ergebnis ausmalen. Marica, eine einundzwanzigjährige Musikkritikerin, beschrieb mir diesen sehr weit verbreiteten Mechanismus:

»Wenn ich einen seltsamen Fleck auf meiner Haut bemerke, dann denke ich sofort: ›Ist das Krebs?‹ Und ich spüre bereits das Entsetzen, das ich empfinden werde, nachdem ich die Diagnose erhalten habe, und ein Teil meiner Gedanken beginnt, um eine Krebsoperation zu kreisen. Ich denke darüber nach, wie schmerzhaft der Tod durch Hautkrebs ist. Oder wenn mein Mann von der Arbeit auch nur eine halbe Stunde zu spät nach Hause kommt, dann stelle ich mir unweigerlich das Allerschlimmste vor, um die Verzögerung zu erklären. Etwa: Was ist, wenn er bei einem Autounfall getötet wurde?«

Die schlimmsten Dinge, die Zwanghaften passieren, spielen sich meistens in ihren Köpfen ab.

## Grübeln: ein bitterer Nachgeschmack

Ein etwas anderes – aber ebenso schmerzhaftes – Denkmuster ist das Grübeln: ein chronisches oder wiederholtes unproduktives Nachdenken über irgendein *vergangenes* Ereignis oder Erlebnis, über eigene Irrtümer und Mißgeschicke oder auch über die eines anderen Menschen.

Kristen, eine Animateurin von Anfang Dreißig, war am Boden zerstört, nachdem ein männlicher Mitarbeiter zwar Interesse an ihr gezeigt hatte, sie aber nicht um eine Verabredung bat.

»Ich kann nicht aufhören, darüber nachzudenken«, erzählte sie mir. »Ich spiele einfach immer wieder im Geiste durch, was zwischen uns abgelaufen ist. Ich weiß, daß ich mich eigentlich nicht zurückgewiesen fühlen sollte, und es ist mir peinlich, daß mir die ganze Sache überhaupt so wichtig ist, aber zugleich gibt es da irgendeinen Teil in mir, der nicht aufgeben will. Es kommt mir so vor, als würde mir das Nachdenken helfen, einer solchen Enttäuschung in Zukunft vorzubeugen.«

Kenneth, ein vierzigjähriger Arzt, der in der Forschung arbeitete, ärgerte sich so sehr darüber, daß er ausnahmsweise einmal spontan einen Gebrauchtwagen gekauft hatte, daß er immer deprimierter wurde und sich schließlich einredete, daß er nie mehr ruhig schlafen werde, solange er den Wagen besitze. Obwohl der Wagen einwandfrei lief, suchte Kenneth jeden Quadratzentimeter nach Fehlern ab und machte sich ununterbrochen Sorgen darüber, was er tun würde, wenn der Wagen nicht funktionierte. Am meisten machte ihm jedoch seine Reue darüber zu schaffen, daß er den Wagen überhaupt gekauft hatte. Er hatte über Käufer von Gebrauchtwagen immer die Nase gerümpft; was in aller Welt hatte ihn bloß dazu bewogen, selbst einen zu kaufen? Kenneth beschäftigte sich so intensiv mit seiner »Fehlentscheidung«, daß er sich ständig erschöpft fühlte und sich immer schlechter auf seine Arbeit konzentrieren konnte.

Manchmal grübeln Patienten über Ereignisse nach, die für alle anderen völlig unbedeutend sind. Ich konnte beispielsweise den echten Schmerz in Matthews Stimme hören, als er mir erzählte, wie häufig er sich dafür kritisiert hatte, daß er bei einem Firmenpicknick vor ein paar Monaten einen Flugball nicht gefangen hatte. Matthew war auf sein sportliches Talent immer sehr stolz gewesen und hatte sogar einmal gehofft, professioneller Baseballspieler zu werden. In der Vergangenheit hatte ihm seine Sportlichkeit in der Mannschaft seiner Firma immer Bewunderung eingetragen, selbst dann, wenn seine Verkaufszahlen sanken. Daß er bei dem Picknickausflug den Ball hatte fallen lassen, gab ihm das Gefühl, daß alle ihn plötzlich nur als einen unter vielen anstatt als den Starspieler betrachteten. Dies war für ihn ein demütigender Sündenfall, obwohl seine Kollegen ihn kaum bemerkten.

Wie die pathologische Besorgnis geht auch das pathologische Grübeln über das normale Bedauern oder den Ärger über unangenehme Ereignisse hinaus. So wie die ständige Besorgnis ein ungesunder Auswuchs eines normalen Maßes an Wachsamkeit ist, ist das Grübeln eine stark übertriebene Variante einer an sich gesunden Verhaltensweise – der präzisen Erinnerung an schädliche oder unangenehme Erfahrungen mit dem Ziel, diese nicht zu wiederholen.

## Zerstreutheit und Zweifel

Zwei weitere Gruben öffen sich vor dem Zwanghaften: Zerstreutheit und Zweifel. Beide stehen in einem Zusammenhang mit der Besorgnis und dem Grübeln.

Zerstreutheit ist die Unfähigkeit, einer Sache, mit der man sich gerade beschäftigt, seine volle Aufmerksamkeit zu widmen, weil einem irgend etwas anderes im Kopf herumgeht. Besorgnis und Grübeln sind Formen der Zerstreutheit, aber es sind nicht die einzigen; die störenden Gedanken brauchen sich nicht unbedingt auf ein »Problem« zu beziehen. Stellen Sie sich beispielsweise einmal eine Frau vor, die beim Liebemachen ständig an die Aufgaben denkt, die sie am nächsten Tag erwarten. Vielleicht macht sie sich gar keine Sorgen, aber sie denkt zum falschen Zeitpunkt an ihre Pflichten. Sie ist nicht ganz bei der Sache und kann deshalb bei dem, was sie gerade tut, nicht ihr Bestes geben – sei dies nun Sex, eine Auseinandersetzung mit ihren Kollegen oder die Gutenachtgeschichte für ihr Kind.

Zu zweifeln heißt sich selber jegliche Sicherheit verbieten. Dieses Verbot kann den Blick auf das Leben sehr verdunkeln. Viele Zwanghafte zweifeln an ihrem Urteil, ihrer Leistung sowie an der Ehrlichkeit, den Fähigkeiten und der Gewissenhaftigkeit anderer. Einige sind im Hinblick auf fast alles chronisch pessimistisch – sie sind ständig vor der Möglichkeit eines Fehlschlags oder einer Enttäuschung auf der Hut. Dies mag ihnen die Illusion von Kontrolle bieten; wenn sie ein negatives Ergebnis vorhersagen, haben sie, wenn es eintritt, wenigstens das Gefühl, daß sie die Situation richtig eingeschätzt haben.

Zwanghafte weigern sich auch, an ihre Erfolge zu glauben. Vergleichen Sie dies einmal mit der Haltung eines nicht zwanghaften Menschen, der, wenn er sich einer Sache fast sicher ist, normalerweise so empfindet und auch so redet, als wäre er sich ihrer völlig sicher. Der Zwanghafte dagegen wird über längere Zeit Zweifel hegen und ausdrücken – bis das Ergebnis wirklich feststeht.

## Das Verlockende an der Besorgnis und am Grübeln

Starke unbewußte Kräfte bewirken, daß der Zwanghafte an seinen schmerzhaften Denkmustern festhält. Zum einen ist die Tendenz, sich Sorgen zu machen, wahrscheinlich eine zentrale Komponente seines Selbstbildes. In den Augen vieler Zwanghafter muß sich ein ernster, gewissenhafter Mensch ständig sorgen;

ihre eher unbekümmerten Mitmenschen halten sie letztlich für verantwortungslos.

Zweitens haben sie das Gefühl, daß anhaltende Besorgnis ihnen eine gewisse Kontrolle über das Objekt ihrer Ängste verleiht und sie auf irgendeine Weise besser auf ein zukünftiges Ereignis vorbereitet. Vielleicht hilft es ihnen, irgendeine Schutzmaßnahme zu finden (beispielsweise um vorzubeugen, daß eine Party zum Flop wird). Besorgnis kann eine Art Panzer gegen Unangenehmes sein, etwa eine Zurückweisung in einer Liebesbeziehung oder der Treibhauseffekt.

Mögen sie noch so gebildet und intelligent sein – viele Zwanghafte sind geradezu abergläubisch, was ihre Besorgnis betrifft. Mit ihr glauben sie Unglücksfälle abwenden zu können, zum Beispiel den Absturz des Flugzeugs, in dem ihr Ehepartner sitzt. Besorgnis ist auch eine Demonstration von Bescheidenheit: Da sie nicht so arrogant sind, anzunehmen, daß alles so laufen wird, wie sie es sich in den Kopf gesetzt haben, braucht der kosmische Buchhalter ihnen keine »Lektion zu erteilen«. Wie alle Formen von Aberglauben ist auch die Besorgnis ein Versuch, das Gefühl von Kontrolle über Menschen und Ereignisse zu erlangen, die im wesentlichen unkontrollierbar sind.

In ähnlicher Weise bringt das Grübeln ein Gefühl von nachträglicher Kontrolle mit sich. Indem Sie sich dafür kritisieren, daß Sie irgendeine Falle nicht erkannt und vorhergesehen haben (selbst wenn das gar nicht möglich war), leugnen Sie die erschreckende Realität, daß Fehler unvermeidlich sind.

Häufig haben Grübler das Gefühl, sie hätten, wenn sie sich lange genug mit ihren Irrtümern oder den schlimmen Dingen beschäftigen (die sie selbst getan haben oder die ihnen angetan wurden), die Garantie, daß sie nicht noch einmal geschehen werden. Mir fällt dazu ein Patient ein, der selbst nach vielen Jahren nicht aufhören konnte, sich mit der Untreue seiner Frau zu beschäftigen. Er quälte sich mit schmerzlichen Phantasien über ihre sexuelle Beziehung zu einem anderen Mann und bestand darauf, daß sie ihm sämtliche Details erzählen solle, obwohl die Vorstellung ihm fast unerträglich war. Er blieb in seiner Ehe, klammerte sich aber an seinen Zorn. Damit blockte er jeden Versuch ab, sich seiner Frau wieder nahe zu fühlen – und dadurch erneut verletzlich zu werden. Zweitens sorgte sein Festhalten an jenen Bildern dafür, daß er nicht unvorbereitet und deprimiert sein würde, wenn seine Frau ihn noch einmal betrügen sollte. Und schließlich ging es ihm mit seiner Weigerung, die Vergangenheit ruhen zu lassen, darum, die Schuldgefühle seiner Frau ständig wachzuhalten. Er war der Ansicht, daß jene Schuldgefühle die Strafe für ihren Verrat waren und es zudem weniger wahrscheinlich machten, daß sie dasselbe noch einmal tun würde.

## Die Kosten der Besorgtheit und des Grübelns

Aber diese Taktik hat häufig genau die entgegengesetzte Wirkung. Wer nicht vergeben und vergessen kann, wird in den meisten Fällen eher Groll und Widerstand hervorrufen als eine liebevolle Reaktion. Und das ist nur ein Faktor der Kosten, die solche destruktiven Denkmuster mit sich bringen.

Da sowohl Besorgnis als auch Grübeln unproduktiv sind, verschwendet man damit sehr viel Zeit und Energie, die man sehr viel besser nutzen könnte. Beide verlangen auch einen körperlichen Tribut. Sie können dem Betreffenden den Schlaf rauben, und einige Ärzte glauben, daß die Gefühle von Anspannung und Angst, die eine solche negative Einstellung begleiten, andere medizinische Probleme – von Herzproblemen bis zu Magengeschwüren – verursachen (oder verschlimmern). Sie berauben den Betreffenden nicht nur seiner intellektuellen Energie, sondern auch der Zeit, die dringend für die Erholung und die Erneuerung der Kreativität gebraucht wird. Obwohl es keine physischen Aktivitäten sind, können Besorgnis und Grübeln sehr anstrengend sein.

Das Schlimmste ist der sinnlose emotionale Schmerz, den Zwanghafte sich mit ihren negativen Gedanken selbst zufügen.

Menschen, die chronisch grübeln und sich Sorgen machen, können die positiven Aspekte des täglichen Lebens kaum genießen. Selbst vergnügliche Momente können sie nicht voll erleben – das Zusammensein mit der Familie und Freunden, Musik oder ein gemeinsames Lachen.

## Wie man die Besorgnis abschüttelt – eine praktische Methode

Wenn Sie Ihre Besorgnis und Ihr Grübeln rationalisieren, indem Sie den Grund dafür in äußeren Ereignissen suchen (dieses oder jenes berufliche Problem, eine finanzielle Krise oder eine mögliche soziale Panne), dann *führen Sie sich damit selbst hinters Licht.* Sobald ein bestimmtes Problem gelöst oder eine bestimmte Hürde genommen ist, werden Sie etwas Neues entdecken, worüber Sie grübeln oder sich Sorgen machen können. Egal, wieviel Geld Sie verdienen, wie stabil Ihre Gesundheit, wie befriedigend Ihre Ehe ist oder wieviel Glück Sie in anderer Hinsicht haben – Sie werden immer unglücklich sein. Es sind nicht äußere Ereignisse, die Ihr chronisches Unglücklichsein verursachen; *das Problem liegt vielmehr in Ihnen, und Sie haben es sich selbst geschaffen.* Wenn Sie nicht aktiv werden und bestimmte Schritte tun, dann wird sich die Situation auch nicht verändern.

Wenn Sie ein zwanghafter Mensch sind, dann werden Sie wahrscheinlich bezweifeln, daß Sie irgendeines dieser Muster von »Thinkoholism« verändern können, die sich so tief in Ihre Persönlichkeit eingeschliffen haben. Aber zu diesem Problem kann ich Ihnen einen direkten, klar definierten Rat geben, der – wenn man ihn gewissenhaft befolgt – mit großer Wahrscheinlichkeit helfen wird.

Es handelt sich dabei um eine Technik aus der Verhaltenstherapie, die sich *Gedankenstopp* nennt. Bevor Sie sie ausprobieren, müssen Sie sich zunächst eingestehen, daß Besorgnis und Grübeln *freiwillige Handlungen* sind. Es sind nicht äußere Ereignisse, die Sie dazu *zwingen*, sich Sorgen zu machen; Sie selbst haben sich dafür entschieden, ein Mensch zu sein, der sich chronisch sorgt. Glücklicherweise können Sie mit ein wenig Anstrengung und Wachsamkeit dieses destruktive Denkmuster verändern.

Der erste Schritt besteht darin, sich der Tendenz, sich Sorgen zu machen oder zu grübeln, immer dann bewußt zu werden, wenn sie sich zeigt. Zunächst können negative Gedanken so automatisch auftauchen, daß es mehrere Minuten dauert, bis Sie sie überhaupt bemerken. Aber im Laufe der Zeit werden Sie sie immer näher am Punkt Ihrer Entstehung aufspüren können. Sagen Sie sich, sobald sie auftauchen: »Jetzt mache ich es schon wieder. Ich mache mir Sorgen (oder: Ich grüble).« Versuchen Sie jetzt zu beobachten, welche Gefühle diese negativen Gedanken in Ihnen auslösen – nehmen Sie wahr, wie Ihr Magen sich verkrampft oder wie Ihr Kinn sich anspannt. Machen Sie sich bewußt, daß Sie sich gequält und unbehaglich, ganz und gar nicht erleichtert oder zufrieden fühlen. Und nehmen Sie deutlich wahr, wie Besorgnis und Grübeln Sie von positiveren Gedanken ablenken, oder wie sie Ihnen Ihre Aufmerksamkeit und Energie rauben.

Jetzt sind Sie für den nächsten Schritt bereit. Besorgen Sie sich ein Gummiband, das bequem um Ihr Handgelenk paßt, und streifen Sie es sich über. Tragen Sie dieses Gummiband jeden Tag, von morgens bis abends.

Jedesmal, wenn Sie sich beim Grübeln oder Sichsorgen ertappen, ziehen Sie das Gummiband einen oder zwei Zentimeter auseinander. Lassen Sie es zurückschnellen, und sagen Sie zugleich mit lauter Stimme: »Stopp!« Wenn Sie befürchten, daß jemand Ihnen zuhören könnte, dann sagen Sie das Wort nur leise vor sich hin, aber geben Sie sich einen strengen Befehl. Atmen Sie zunächst tief ein, entspannen Sie sich, und lassen Sie dann langsam den Atem wieder ausströmen, indem Sie sich sagen: »Besorgnis (oder Grübeln) hilft nicht.« Dann richten Sie Ihre gesamte Aufmerksamkeit und Energie erneut auf die Sache, mit der Sie sich gerade beschäftigen. Einige Menschen machen sich mit Vorliebe mitten in der Nacht Sorgen, wenn es nichts Angenehmes oder

Nützliches zu tun gibt. Sollte das auch bei Ihnen der Fall sein, dann konzentrieren Sie, nachdem Sie sich gesagt haben: »Besorgnis nützt nichts«, Ihre Aufmerksamkeit darauf, jeden Muskel in Ihrem Körper zu entspannen, und stellen Sie sich vor, Sie seien in einer friedlichen, idyllischen Umgebung.

Dieser gesamte Prozeß des Gedankenstopps sollte nur ungefähr fünfzehn Sekunden dauern. Vielleicht denken Sie, er sei zu simpel, zu künstlich oder zu oberflächlich, um ein so tief eingeschliffenes Verhaltensmuster beeinflussen zu können. Aber das stimmt nicht. Diese Vorgehensweise hat vielen Menschen dabei geholfen, signifikante Veränderungen zu bewirken.

Machen Sie sich bewußt, daß der Sinn dieser Übung darin liegt, Ihnen zu helfen, die Dinge in die richtige Perspektive zu rücken, so daß Sie mehr von Ihrem Leben haben.

Versuchen Sie es mit dieser Übung zunächst einmal einen Monat lang. Sie werden entdecken, daß Sie damit weder Ihren Job gefährden noch Ihre Beziehungen ruinieren; sondern sie im Gegenteil verbessern. Machen Sie diese Übung so lange, wie es nötig ist, um neue Gewohnheiten zu entwickeln. Wahrscheinlich werden Sie mehrere Monate dafür brauchen. Verschiedene Patienten haben mir jedoch erzählt, daß sie schon nach dem ersten Monat das Gummiband nicht mehr schnappen lassen mußten, weil die Besorgnis sofort aufhörte, wenn sie das Band *bloß anschauten.*

Ob Sie nun nur einen oder mehrere Monate lang üben müssen – Sie werden feststellen, daß die Belohnung die Anstrengung wohl wert ist. Sie werden glücklicher, entspannter und viel fähiger sein, den Augenblick zu genießen. Zugleich werden Sie feststellen, daß Sie mit Ihren Mitmenschen besser kommunizieren. Wenn Sie nicht im Sumpf negativer Gedanken stecken, dann haben Sie mehr frei fließende mentale Energie und Aufmerksamkeit für Ihre Familie und Freunde zur Verfügung; diese werden es bemerken und darauf reagieren. Sie werden Sie als »präsenter« wahrnehmen und sich Ihnen näher fühlen. Sie werden sich im Zusammensein mit Ihnen wohler fühlen und Sie entsprechend behandeln.

**Kapitel 8**

# Ordnungsliebe und Rigidität

*Eine Gewohnheit zu entwickeln ist,*
*als würde man anfangen aufzuhören.*
Miguel de Unamuno

Erinnern Sie sich an Felix Unger aus dem Film *Ein verrücktes Paar*? Er war der Prototyp des Zwanghaften – so perfektionistisch, daß »ich mich aus einer Ehe herausgekocht habe. Nichts war je richtig. In dem Moment, in dem sie die Küche verließ, begann ich, alles noch einmal zu kochen.« Er war so sehr hinter dem Geld her, daß er seine Frau praktisch zwang, über jeden Penny Rechenschaft abzulegen; er war so vorsichtig, daß er im Autokino den Sicherheitsgurt anbehielt. Aber vor allem demonstrierte Felix – auf sehr komische Weise – wie es aussieht, wenn ein Mensch *allzu ordentlich* ist. Sein extremes Bedürfnis nach Sauberkeit und Organisation trieb seine Frau dazu, die Scheidung einzureichen, und bewirkte, daß sein Zimmergenosse durchdrehte und ein komplettes Chaos anrichtete.

Felix' Ordentlichkeit ist ein extremes Beispiel für einen normalerweise löblichen Charakterzug, den man bei vielen Zwanghaften findet. Wie Felix haben viele Zwanghafte ein so großes Bedürfnis nach Ordnung, daß sie damit sowohl sich selbst als auch andere schrecklich unter Druck setzen. Und wenn sie einmal eine bestimmte Ordnung hergestellt haben, sei dies nun in ihrer Umgebung, in ihren Handlungen oder Gedanken, dann hassen sie es, sie zu verändern. Sie werden rigide, und diese Rigidität kann selbstzerstörerische Ausmaße annehmen.

## Ordnungsfreaks

Im Haus der Mutter einer Freundin hing der Spruch: »Mein Haus ist so sauber, daß man darin gesund sein kann, und so schmutzig, daß man darin glücklich sein kann.« Die unausgesprochene Warnung in diesem Satz lautet, daß zuviel Sauberkeit keinen Raum für Vergnügen läßt. Dasselbe gilt, wenn Sauberkeit und Adrettheit der Kleidung eine extrem wichtige Rolle spielen. »Ich bin wie eine Katze«, erzählte mir eine Patientin. »Ich verbringe den größten Teil meiner Zeit damit zu, mich zu pflegen und meine Sachen sauber und ordentlich zu halten. Zum *Leben* bleibt dabei allerdings nicht sehr viel Zeit übrig.«

Jene Patientin forderte von sich, daß sie selbst und die Welt um sie herum makellos und gepflegt seien. Andere – die Felix Unger dieser Welt – haben Spaß daran, sauberzumachen und alles in Ordnung zu halten, aber sie treiben ihre Mitmenschen mit ihrer Ordnungsliebe zur Verzweiflung. Sie fangen schon mit dem Aufräumen an, während die Party noch im vollen Gange ist, oder sie schimpfen über die »Unordnung«, die ihre Kinder beim Spielen machen.

Gewiß gibt es »Ordnungsfreaks« wie Felix, die überhaupt keine Unordnung ertragen, aber üblicherweise ist das Bedürfnis des Zwanghaften nach Ordnung auf bestimmte Bereiche begrenzt. Einer meiner Patienten, ein Offizier im Ruhestand, arbeitete freiwillig in einer Bibliothek, wo er die Heimatgeschichte, seine persönliche Leidenschaft, zu betreuen hatte. Er widmete sich viele hundert Stunden lang dem Katalogisieren und Ordnen der verschiedenen Bücher und Zeitschriften, und er verbrachte auch viel Zeit damit, bestimmte Geräte in dem Raum, in dem die Sammlung sich befand, zu säubern und zu reparieren. Bei sich zu Hause kümmerte er sich sehr viel weniger um Sauberkeit und Ordnung, aber bei seiner Arbeit als freiwilliger Helfer rieb er sich völlig auf und wurde ärgerlich, wenn andere – beispielsweise die Bibliotheksangestellten! – irgendwelche Dinge in seinem Bereich in Unordnung brachten.

Auch Rita war die Ordnung in ihrer unmittelbaren Umgebung nicht übermäßig wichtig, aber sie war äußerst genau, was die Organisation ihrer Computerdateien betraf. Als sie ein Buch zu schreiben begann, meinte sie, daß sie jedes Zitat aus dem sehr umfangreichen Material sofort finden müsse, und verbrachte deshalb mehrere Monate damit, ein komplexes System zum Auffinden ihrer Interviewaufzeichnungen zu entwickeln. Das Ergebnis hätte jeden Spezialisten für Datenverarbeitung verblüfft. Allerdings mußte Rita später erkennen, daß sie ihr System nur sehr selten nutzte. Weil sie soviel Zeit damit verbracht hatte, die Dateien zu entwickeln, konnte sie ihr Manuskript erst nahezu ein Jahr nach dem ursprünglichen Abgabetermin fertigstellen.

Etwas in Ordnung zu bringen, zu klassifizieren oder auf andere Weise zu organisieren ist eine Lieblingsbeschäftigung vieler Zwanghafter. Solche Arbeiten sind zweifellos sinnvoll: Gegenstände oder Informationen lassen sich leichter finden, wenn man sie vorher geordnet hat. Aber sie vermitteln eine Art Scheinsicherheit: daß man das Leben in seinen wesentlicheren Aspekten in Ordnung halten könne – und daß ein unerwarteter Fehlschlag vermeidbar sei.

## Ordnungsliebe

Neben dem Ordnen und Organisieren seiner Umgebung neigt ein Zwanghafter auch dazu, in seinen *Aktivitäten* größte Ordnung zu halten – er erledigt sie niemals planlos, sondern geht dabei methodisch vor. Ein solcher Mensch macht seine Hausarbeit möglicherweise nach einem ganz bestimmten Schema, oder er setzt sich jeden Tag zur selben Zeit mit seiner Zeitung hin und liest die verschiedenen Ressorts in einer genau festgelegten Reihenfolge. Ein anderer hat möglicherweise eine ganz bestimmte Routine bei der Arbeit – er beginnt beispielsweise morgens erst dann zu arbeiten, wenn er sämtliche Telefonate erledigt hat. Er entscheidet also nicht jeden Morgen von neuem, welche Arbeit als erste ansteht.

Gute Organisation führt üblicherweise zu einer Leistungssteigerung und einer besseren Nutzung der Zeit. Und wenn man bestimmte Arbeitsabläufe in ein System gebracht hat, dann können die Kollegen die Vorgänge schnell und korrekt nachvollziehen. Schließlich kann routinemäßiges Erledigen der Arbeit den Betreffenden von der Last befreien, über langweilige Pflichten nachdenken zu müssen. Wenn Sie beispielsweise Ihre Zähne täglich auf dieselbe Weise putzen, macht es Ihnen bald überhaupt keine Mühe mehr.

Aber dem Zwanghaften geht es nicht primär darum, sich das Leben zu erleichtern; seine Ordnungsliebe resultiert vielmehr oftmals aus seinem Bedürfnis nach Perfektion, Gründlichkeit und Kontrolle. Wenn das der Fall ist, dann nimmt diese Ordnungsliebe über ihren praktischen Wert hinaus oftmals selbstdestruktive Ausmaße an. Der Lehrer oder Autor, der meint, sein Material auf saubere, hundertprozentig logische Weise präsentieren zu müssen, nimmt dafür vielleicht in Kauf, daß er seine Zuhörer langweilt; sein Perfektionismus und seine Ordnungsliebe schließen jeden Humor, jede Spontaneität und Kreativität aus. Ein weiterer Nachteil exzessiver Ordentlichkeit besteht darin, daß sie manchmal mehr Zeit und Anstrengung verlangt, als die Aufgabe verdient.

## Zu rigide

Noch gefährlicher ist es, wenn die fanatische Ordnungsliebe des Zwanghaften mit einem anderen typischen Charakterzug zusammenfällt: der Tendenz, jeder Veränderung Widerstand entgegenzusetzen. Zwanghafte Menschen sind in allen Bereichen ihres Lebens zu rigide. Eine solche Kombination von Ordentlichkeit und Sturheit zeigte sich bei Tim. Tim war ein begeisterter Jogger, der mindestens viermal in der Woche joggen ging – und zwar immer denselben Weg zu genau derselben Zeit. Einmal erzählte er mir, wie sehr diese Routine ihn langweile, aber da er daran gewöhnt war, zog er eine andere Strecke nicht ernsthaft in Erwägung. »Ich weiß genau, wohin ich laufe. Und es ist genau die Strecke, die in meinen Zeitrahmen paßt«, sagte er.

Tim bot noch weitere Rationalisierungen an, aber als ich sinnvolle Lösungen für dieses Problem vorschlug, wurde deutlich, daß es für ihn zu einer Art Notwendigkeit geworden war, die Ordnung und Routine zu bewahren. Irgend etwas an seiner routinemäßigen Joggingtour hatte ein Eigenleben entwickelt. Er mußte immer alles »genau richtig« machen, und jede Abweichung verursachte ihm Unbehagen, als würde er irgendeine Regel brechen.

### Sich auf ausgefahrenen Gleisen bewegen

Tim war in eine Sackgasse geraten: die tägliche Routine war zu einem Zwang geworden, dem er sich nicht mehr entziehen konnte, obwohl er wußte, daß es ihm guttun würde. Eine Abweichung auch nur zu planen hätte bereits eine befreiende Wirkung auf ihn gehabt. Zwanghafte Menschen geraten ungewöhnlich leicht in solche Sackgassen. Ihre Gewöhnung an ein rigides Verhaltensmuster kann schrittweise geschehen oder auch mit erstaunlicher Schnelligkeit. Ein Patient erzählte mir, daß er noch immer zum selben Friseur gehe, an den er nach seinem Umzug in die Stadt zufällig geraten war, obwohl er seitdem von anderen Friseuren gehört hatte, die besser, billiger und näher waren. Norma, eine Studentin der Zahnmedizin, fühlte sich verpflichtet, für das nächste Seminar ebenso lange zu lernen wie für das vorausgehende, auch wenn das gar nicht nötig war. Da ihre Rigidität noch durch ihr Alles-oder-nichts-Denken verstärkt wurde, saß sie wirklich in der Falle. »Immer, wenn ich aus meiner Routine herauskomme, fühle ich mich schrecklich, so, als hätte ich nun ohnehin alles in den Sand gesetzt und als hätte es keinen Sinn, überhaupt zu lernen«, sagte sie. »Und meist dauert es dann ziemlich lange, bis ich wieder in Gang komme.«

Wer sich ständig in ausgefahrenen Gleisen bewegt, nimmt damit noch viele andere Nachteile in Kauf. Er verpaßt viele schöne Gelegenheiten. Ich denke beispielsweise an den großartigen Pianisten Vladimir Horowitz, von dem erzählt wird, er sei sehr gern in schöne Restaurants gegangen, habe aber überall dasselbe Abendessen bestellt: Suppe, Spargel mit Vinaigrettesauce und Creme Caramel. Man darf nicht daran denken, was er alles verpaßte.

Wenn Sie sich allzu rigide an Ihre Routine halten, kann das sowohl Sie selbst als auch die Menschen um Sie herum unnötig unter Druck setzen. Ich beobachtete das bei Eleanor, einer Hausfrau, die ständig damit beschäftigt war, ihr Haus blitzblank zu putzen, und sich dabei jeden Tag an einen festen Arbeitsplan hielt. Es war ihr ein Bedürfnis, jeden Morgen bis elf die gesamte Wäsche erledigt zu haben. Sie mußte ihre selbstgekochten Mahlzeiten auf die Minute genau fertig haben, und wenn sich die Familie auch nur ein klein wenig zu spät an den Eßtisch setzte, war sie äußerst verärgert. Eleanor war ständig in Eile und schaute meist ziemlich finster drein. Sie betrachtete jede Unterbrechung ihrer Routine – wenn beispielsweise ein Verwandter sie anrief oder eines ihrer Kinder sie bat, mit ihr in den Park zu fahren – als Übergriff, der ihren gesamten Tagesplan durcheinanderbrachte.

Und dann ist es auch noch schrecklich langweilig, sich ständig in ausgefahrenen Gleisen zu bewegen. Jeden Tag dasselbe belegte Brötchen im selben Imbiß zu kaufen, jeden Samstagabend ins Kino zu gehen, sich immer in derselben Stellung zu lieben – eine derartige Routine kann Ihnen zwar ein gewisses Maß an Risiko und Anstrengung abnehmen, aber sie raubt Ihrem Leben auch jede Farbe und Spontaneität.

Wenn die Umstände oder andere Menschen den an seinen Gewohnheiten haftenden Menschen *zwingen*, sein Verhaltensmuster zu ändern, wird er meist ärgerlich oder ängstlich. Als ich in eine neue Praxis umzog, ließ Muriel einige sehr kritische Bemerkungen über die neuen Räume fallen, obwohl das Haus für sie sehr viel leichter erreichbar war. Als ich nachfragte, gab sie zu, daß der Umzug ihr Unbehagen bereitete.

»Haben Sie eine Ahnung, warum?«

»Ich hatte mich an die andere Praxis gewöhnt. Für mich war es angenehm, dorthin zu fahren. Bei diesem Umzug habe ich das Gefühl, daß Unruhe entsteht, und das gefällt mir überhaupt nicht.«

Ein anderer Patient, ein hervorragender Rechtsanwalt, hatte die Angewohnheit, die Post zu öffnen, sobald er nach Hause kam, und sämtliche Rechnungen sofort zu bezahlen. Er erklärte, er habe durch bittere Erfahrungen gelernt, daß er andernfalls die Rechnungen meist verlege. Am Ende, so sagte er, vergesse er, sie zu bezahlen. Deshalb beharrte er auf dieser Angewohnheit, auch als er und seine Frau beim Heimkommen einmal eine Gruppe von Freunden bei sich hatten. »Martha bestand darauf, daß ich die Post für den Augenblick ignorieren und allen einen Drink holen solle, und wir hätten uns deshalb fast gestritten. Schließlich gab ich nach, aber ich war dabei schrecklich nervös und gereizt.«

## Ein Sklave der »Regeln«

Es gibt noch einen anderen Bereich, in dem Zwanghafte dazu neigen, sich zum Sklaven ihrer Strenge und Ordnungsliebe zu machen: Sie passen sich äußeren Autoritäten oder Regeln fast immer an. Regeln und Vorschriften, ethische Prinzipien, schriftlich fixierte Vorgehensweisen – all das hilft uns, komplexe menschliche Interaktionen zu organisieren. Aber wenn solche Regeln ein Eigenleben entwickeln und wichtiger werden als die Gründe, um derentwillen sie aufgestellt wurden, dann haben sie eine destruktive und nicht eine hilfreiche Wirkung.

Einige Zwanghafte setzen sich unter den Druck, Kochrezepte selbst bis ins kleinste Detail zu befolgen, auch wenn eine Zutat, die schwer zu bekommen ist, leicht durch eine andere ersetzt werden kann. Und wenn sie doch von dem Rezept abweichen müssen, sind sie am Ende häufig mit dem Gericht nicht zufrieden, auch wenn es noch so köstlich ist. Andere weigern sich möglicherweise, den Rat eines »Experten« einzuholen, selbst wenn es gute Gründe dafür gibt, dies zu tun. Eine meiner Patientinnen beispielsweise nahm ein neues Medikament ein, obwohl es offensichtlich unangenehme unerwartete Nebenwirkungen hatte. Später erzählte sie mir, daß sie mich am Wochenende nicht mit irgendwelchen Fragen hatte belästigen wollen, obwohl ich sie dringend gebeten hatte, mich jederzeit anzurufen, wenn sich Probleme ergäben.

Der siebenjährige Adam hat vor den meisten Regeln einen so großen Respekt, daß seine Eltern ihn häufig ermahnen müssen, sich nicht allzu verbissen mit ihnen zu beschäftigen. Kürzlich erzählten sie mir, wie ein Sonntagsausflug mit ihm verlaufen war.

»Zunächst einmal bestand er darauf, daß wir schon sehr früh losgehen sollten, damit wir nicht zu spät zu der Show kommen würden, die wir uns anschauen wollten. Während wir darauf warteten, daß die Vorstellung begann, entdeckten wir ein paar Freunde. Sie rückten zu den leeren Plätzen hinter uns auf, um mit uns zu plaudern, und blieben dort auch noch sitzen, nachdem der Vorhang sich geöffnet hatte. Adam machte sich die ganze Zeit schreckliche Sorgen, daß die Leute, die die Karten für diese Plätze gekauft hatten, plötzlich eintreffen und unsere Freunde erwischen könnten. Wir mußten Adam immer wieder versichern, daß nichts Katastrophales geschehen würde.

Nach der Show gingen wir alle zum Karussell hinüber, und sobald unser Sohn auf dem Holzpferd saß, begann er, nach dem Ticketkontrolleur Ausschau zu halten. Als das Karussell sich zu drehen begann, obwohl er seine Fahrkarte noch nicht abgegeben hatte, war er sichtlich angespannt. Und wieder mußten wir ihm sagen, er solle das Ganze ein bißchen locker sehen – selbst wenn der Kontrolleur seine Fahrkarte übersähe, wäre das nicht das Ende der Welt.«

Vielleicht wird Adam eines Tages gegen seinen ständigen inneren Zwang, sämtliche Regeln bis ins einzelne zu befolgen, ankämpfen müssen. Jeder von uns kennt solche Menschen: den Bürokraten, der darauf besteht, daß ein bestimmtes Verfahren eingehalten wird, obwohl es offensichtlich absurd ist; den Krankenhausangestellten, der als erstes verlangt, daß Dutzende von trivialen Fragen beantwortet werden, bevor er zuläßt, daß der Kranke Hilfe bekommt. Karen beklagte sich über eine derart sture Einstellung ihres Vaters, die ihr als Kind das Leben schwergemacht hatte. »Als ich sieben war, lautete die Regel, daß ich um 20.30 Uhr im Bett liegen mußte, und er setzte sie immer und unter allen Umständen durch! Ich erinnere mich sogar daran, daß er mich ins Bett steckte, als wir einmal Besuch von Freunden mit Kindern in meinem Alter hatten. Er erklärte, ich brauche meinen Schlaf und wenn ich zu lange aufbliebe, dann wäre ich am nächsten Tag bestimmt schlecht gelaunt. Aber natürlich passierte Folgendes: Ich lag stundenlang wach im Bett, konnte nicht einschlafen und haßte ihn.«

## Geistige Ordnungsliebe und Rigidität

Eine andere Form der Rigidität ist die *geistige* Ordnungsliebe. Trotz ihrer ständigen Tendenz zu zweifeln und die Dinge zu hinterfragen, sehnen sich die meisten Zwanghaften danach, ihre verschiedenen Erfahrungen in eine Art geistige Ordnung zu bringen. Sie sind durchdrungen von dem Bedürfnis, die Dinge völlig zu verstehen; die Unwägbarkeiten und Zweideutigkeiten des Lebens lösen Gefühle von Unbehagen und Ungeduld in ihnen aus. Einige werden unsicher oder sogar ärgerlich, wenn sie nicht jedes Detail eines Films oder Vortrags völlig verstanden haben, und konzentrieren sich dann ständig auf jene Unklarheit anstatt auf die anderen, angenehmen und bereichernden Aspekte. Zwanghafte werden von ihren Freunden und Ehepartnern häufig als »analytisch« beschrieben.

Wie andere Aspekte der Ordnungsliebe auch hat die Fähigkeit zur geistigen Organisation – Datenpakete in die Kategorien einzusortieren, in die sie »gehören« – ganz offensichtlich einen großen Wert für die Bewältigung des Alltags. Aber ebenso wichtig für eine effektive Lebensbewältigung ist die Fähigkeit, die eigenen Ideen und Meinungen zu revidieren, wenn sich die Bedingungen verändern oder neue Informationen hinzukommen. Und das ist der Punkt, an dem viele Zwanghafte Schwierigkeiten haben. Sie blockieren sich selbst durch eine mentale Rigidität, die es ihnen schwermacht, ihre Gedanken und Meinungen zu revidieren, selbst wenn dies sinnvoll und wohltuend wäre.

In seiner bösartigsten Form kann rigides Denken sich als Starrsinnigkeit, Engstirnigkeit und Widerstand gegen Fortschritt und Wachstum manifestieren. Folgendes Gespräch hatte ich mit Harold, einem siebenundvierzigjährigen Postinspektor. Eines Tages erklärte er mir: »Ich gehe den New Yorkern aus dem Weg. Ich kann sie nicht ausstehen.«

»Und was gefällt Ihnen an ihnen nicht?« fragte ich.

»Sie sind arrogant, zudringlich und unsensibel. Mein Cousin Jim ist ein gutes Beispiel dafür.«

»Aber sagten Sie nicht, daß Ihr Freund Fred auch aus New York ist?«

»Ja. Na und?«

»Sie sagten, Sie hätten ihn sehr gern. Er sei warmherzig und einfühlsam.«

»Ist er auch!«

»Also sind einige New Yorker doch nicht so schlimm?«

»Aber sie sind so verdammt arrogant und aggressiv.«

Mit einem solchen Menschen ein Gespräch zu führen kann schrecklich frustrierend sein. Wenn ich mit Harold rede, habe ich häufig das Gefühl, daß er mir einfach nicht zuhört. Und in gewisser Weise tut er das auch nicht, weil er sich bedroht fühlen würde, wenn er sich meine Ansichten wirklich anhörte. Selbst wenn er ahnt, daß seine Ansicht über ein bestimmtes Thema nicht den Tatsachen entspricht, weigert er sich hartnäckig, irgendeinen anderen Standpunkt in Betracht zu ziehen. Zunächst einmal empfindet er es als bedrohlich, einen Irrtum zuzugeben und dadurch möglicherweise den Eindruck zu erwecken, er sei sich seiner Sache nicht sicher oder gar unfähig, den anderen, aktuelleren Gesichtspunkt überhaupt zu verstehen. Und selbst wenn er ihn verstünde und mit ihm einverstanden wäre, wäre er vielleicht nicht fähig, ihn in sein Denken zu integrieren, ohne seine sämtlichen Glaubenssätze verändern zu müssen – Glaubenssätze, die er dringend braucht, um sich als Herr der Lage zu fühlen.

Selbst wenn das fragliche Thema nicht besonders relevant ist (beispielsweise die Gefühle gegenüber Leuten, die in New York leben), so hat es doch eine symbolische Bedeutung. Ein gründliches Verständnis der Dinge vermittelt die Illusion von Kontrolle. Das Leben zu verstehen bedeutet in gewisser Weise auch, es im Griff zu haben. Wenn aber seine Ansicht über irgend etwas Unwichtiges einer Korrektur bedarf, so muß sich der Zwanghafte fragen, wo das hinführen wird. Welche anderen seiner fixen Ideen sind dann nicht mehr haltbar? Gibt es dann *überhaupt noch irgendwelche*, die haltbar sind? Zwanghafte Menschen, die unter geistiger Strenge leiden, leben in der ständigen Angst, die Kontrolle zu verlieren und nichts mehr zu haben, an das sie sich halten können.

Selbst wenn gedankliche Rigidität nicht so extreme Ausmaße annimmt wie bei Harold, ist sie doch eine schwere Belastung. Nach und nach erstickt sie alle Kreativität. So bei Lena, einer fünfunddreißigjährigen Architektin: »Als ich während der Ausbildung begann, selber Projekte zu entwerfen, sträubte ich mich hartnäckig dagegen, neben dem ersten Entwurf noch irgendwelche andere Lösungen in Erwägung zu ziehen. Ich verteidigte den ersten Entwurf mit Händen und Füßen. Es dauerte sehr lange, bis mir bewußt wurde, daß ich mehrere gute Ideen haben konnte. Es fiel mir nicht leicht, mich nicht auf eine einzige zu fixieren. Wenn mir ein bestimmter Entwurf besonders gefällt, dann sperre ich mich gegen alle anderen Möglichkeiten, auch wenn ich mit der Tatsache konfrontiert werde, daß dieser erste Entwurf unzulänglich ist.«

Schließlich kann rigides Denken sich auch durch rigide Erwartungen äußern. Wenn die Dinge nicht genauso laufen, wie der Zwanghafte es erwartet hat, reagiert er meist mit unangemessener Enttäuschung oder sogar Wut. Jill, eine sechsundzwanzigjährige Reisekauffrau, erzählte mir dazu folgendes Beispiel:

»Wenn Bill sagt, er werde uns zum Abendessen ein Hühnchen braten, und mich statt dessen mit Lasagne überrascht, dann könnte ich die Wände hochgehen. Nicht, daß ich Lasagne nicht mag. Aber ich hatte damit gerechnet, Hühnchen zu bekommen. Ich fühle mich dann schrecklich enttäuscht und sogar wütend, weil ich nicht das bekomme, was ich erwartet hatte.«

Das auszuführen, was man sich vorgenommen hatte, wird geradezu zu einem inneren Zwang, selbst wenn die Situation nach einer Änderung des ursprünglichen Plans verlangt. »Wenn ich mir vornehme«, so erzählte mir Jill, »am Sonntagnachmittag irgendwelche kleinen Hausarbeiten zu erledigen, und dann am Sonntagmorgen einen Anruf von Freunden bekomme, die mich irgendwohin einladen, dann ist meine spontane Reaktion meist die, abzulehnen und zu sagen, ich hätte bereits etwas vor. Mag sein, daß ich ein bißchen traurig bin, das Zusammensein mit meinen Freunden zu verpassen, aber wenn ich mir einmal etwas vorgenommen habe, dann fällt es mir sehr schwer, meinen Plan zu ändern.«

## Der Weg zu einer flexiblen Ordnungsliebe

Wahrscheinlich halten Sie sich gar nicht für einen übertrieben ordentlichen oder rigiden Menschen. Fast niemand tut das. Aber denken Sie bitte einmal sehr genau über Ihre Antworten auf die folgenden Fragen nach:

- Hat Ihr Bedürfnis nach Ordnung und Sauberkeit zur Folge, daß sich die anderen Familienmitglieder in Ihrer Nähe angespannt oder gehemmt fühlen?
- Fühlen Ihre Kinder sich manchmal von Ihnen unter Druck gesetzt, alles ganz genau richtig zu machen?
- Hat Ihr Widerstand gegen neue Ideen oder Methoden am Arbeitsplatz jemals Ihre persönliche Entwicklung, die Entwicklung Ihres Produkts oder Ihrer Dienstleistung behindert?

- Fällt es Ihnen schwer, sich über einen unerwarteten Besuch eines Freundes oder Familienmitgliedes zu freuen, weil Sie sich vorgenommen haben, in der fraglichen Zeit etwas anderes zu tun?
- Wünschen Sie sich, Sie könnten spontaner sein?
- Fällt es Ihnen schwer, ins Bett zu gehen, bevor nicht alles in Ihrer Umgebung bis ins letzte geordnet ist?
- Werden Sie ärgerlich, wenn unvorhergesehene Ereignisse Sie in Ihrer Routine stören?
- Trägt Ihr Bedürfnis nach Sauberkeit und Ordnung dazu bei, daß Sie sich ständig überlastet fühlen?
- Bewirkt Ihre Tendenz, Dinge routinemäßig zu erledigen, daß bestimmte Aspekte Ihres Lebens (z.B. der Sex mit Ihrem Partner oder die Wochenenden) monoton werden?
- Möchten Sie kreativer sein?
- Stehen Sie den aktuellen sozialen und politischen Ideen, der modernen Musik oder der Mode zunehmend kritisch gegenüber, weil alles nicht mehr so ist, wie es einmal war?

Exzessive Ordnungsliebe oder Rigidität kann sich in vielen Bereichen manifestieren. Wenn Sie sich die Schwierigkeiten vor Augen halten, die diese inneren Zwänge Ihnen verursachen, dann sind Sie bereits auf dem Weg zur Besserung.

Beobachten Sie sich dabei, wie das Ordnen, Organisieren, Säubern oder Ablegen Ausmaße annimmt, die weit über das hinausgehen, was notwendig oder funktional ist. Denken Sie an einen Sekundenzeiger, der in den vielen kostbaren Sekunden Ihres Lebens immer weitertickt. Denken Sie an all jene vergeudeten Augenblicke – Wochen, Monate oder sogar Jahre –, an all die Zeit, die Sie kreativ, produktiv oder einfach nur mit ein bißchen Spaß hätten verbringen können.

Beobachten Sie sich dabei, wie Sie spontane Ideen, Vorschläge oder Aktivitäten einfach nur deshalb zurückweisen, weil sie Sie in Ihrer täglichen Routine stören. Der Preis, den Sie für dieses automatische Veto bisher gezahlt haben, ist sehr hoch.

Machen Sie sich bewußt, daß Sie sich die Freude an einem Urlaub oder an einem gemeinsamen Abendessen allein deshalb verderben, weil die Dinge nicht so laufen, wie Sie es geplant hatten. Beobachten Sie sich dabei, wie Sie dieselben Dinge immer wieder in derselben Weise tun, während Sie sich doch eigentlich nach ein wenig frischem Wind, nach Aufregung, Kreativität und Abwechslung in Ihrem Leben sehnen.

Beobachten Sie sich dabei, wie Sie immer wieder darauf beharren, daß ein Familienmitglied oder ein Angestellter die Dinge genau so macht, wie *Sie* es sich vorstellen – anstatt so, wie er selbst es möchte. Und fragen Sie sich, ob der Schaden, den Ihre Beziehung zu andern Menschen erleidet, den möglichen Nutzen aufwiegt.

Bleiben Sie aber nicht an diesem Punkt stehen. Fragen Sie sich in jedem Fall, was so schrecklich daran wäre, wenn Sie eine kleine Veränderung vornehmen würden. Wenn Sie Ihre Ansprüche ohne große Gefahr ein wenig abändern können, dann probieren Sie es einfach einmal. Ich bezweifle ernsthaft, daß Sie völlig den Überblick verlieren oder überhaupt nicht mehr arbeiten können, nur weil Sie etwas weniger ordentlich oder rigide sind. Wahrscheinlich werden Sie dann sehr viel produktiver und kreativer sein; Ihre Mitmenschen werden besser mit Ihnen auskommen, und Sie werden sich entspannter und ganz einfach glücklicher fühlen.

# Kapitel 9

# Ständig getrieben

*Ein Mann, der das Leben liebt, muß die wenigen, exquisiten Augenblicke der Muße, die er hat, wie einen kostbaren Schatz hüten ... Die Stunden, in denen er angelt, müssen ihm so heilig sein wie die Stunden, in denen er seinen Geschäften nachgeht.*

Lin Yutang

Die Arbeit dominiert jede Sekunde von Natalies minuziös geplantem Tagesablauf. Sie ist eine sehr ehrgeizige Staatsanwältin und steht bereits vor Tagesanbruch auf, so daß sie um sieben Uhr dreißig in ihrem Büro sitzen und die ruhige erste Stunde nutzen kann, bevor die unablässige Flut von Anrufen und Konferenzen über sie hereinbricht. Da sie ein siebenjähriges Kind hat, zwingt sie sich, nicht später als sechs Uhr abends nach Hause zu kommen, aber häufig hat sie dann große Schwierigkeiten, wirklich abzuschalten. Sie erzählte mir: »Nur allzu häufig kommt es vor, daß ich zerstreut oder gereizt bin wegen Arbeiten, die im Laufe des Tages unerledigt geblieben sind.« Nachdem sie mit ihrer Familie zu Abend gegessen hat, setzt sie sich regelmäßig noch für ein paar Stunden an den Schreibtisch. »In der Zeit der Hauptverhandlungen wird es wirklich verrückt. Ich bin von dem jeweiligen Fall so sehr in Anspruch genommen, daß ich nur wenig Schlaf bekomme, und natürlich muß alles andere in meinem Leben darunter leiden. Gott sei Dank dauern jene Phasen nicht allzu lange.« Aber selbst wenn sie nicht gerade in ihrer Rolle als Staatsanwältin gegen jemanden verhandeln muß, hat sie »schrecklich wenig Zeit. Meine Familie würde mich gern häufiger sehen, aber auf meinem Schreibtisch liegt ständig eine Liste von Dingen, die getan werden müssen. Ich bekomme jedes Jahr drei Wochen Urlaub, aber irgendwie scheine ich es nie zu schaffen, länger als ein paar Tage wegzufahren!« Obwohl sogar ihr Vorgesetzter sie gebeten hat, sich nicht so stark unter Druck setzen zu lassen, kann Natalie sich nicht wirklich vorstellen, weniger hart und lange zu arbeiten. »Mein Job ist wie ein Strudel«, sagt sie mit ausdrucksloser Stimme. »Er verschlingt mich.«

## Der zwanghafte Workaholic

Die meisten Menschen würden Natalie als einen Workaholic bezeichnen. Dieser neu geprägte Begriff ist zwar kein psychiatrischer Fachausdruck, aber er liefert eine sehr zutreffende Beschreibung eines Menschen, der das zwanghafte Bedürfnis hat, ständig zu arbeiten. Er ist auf viele Zwanghafte anwendbar. Für sie bedeutet Arbeit sehr viel mehr als nur eine Möglichkeit, ihren Lebensunterhalt zu verdienen; sie ist die zentrale Achse, um die sich alles andere dreht.

Der Begriff Arbeitssucht beinhaltet mehr als nur ein paar Überstunden. Niemand würde beispielsweise die arme Immigrantin, die täglich achtzehn Stunden lang näht, als arbeitssüchtig bezeichnen. Sie hat wahrscheinlich in keiner Weise das Bedürfnis, so hart zu arbeiten, und vermutlich würde sie sich sehr viel mehr Freizeit gönnen, wenn sie in einer Lotterie gewänne. Wenn wir einen Menschen als Workaholic bezeichnen, dann meinen wir damit, daß der Betreffende signifikant mehr arbeitet, als er muß oder als man von ihm erwartet.

Meine eigene Definition lautet, daß ein *Workaholic jemand ist, der praktisch jede Stunde, in der er nicht schläft, von sich aus entweder arbeitet oder über irgendeinen Aspekt seiner Arbeit nachdenkt* (obwohl er sich möglicherweise nicht bewußt ist, daß er dies freiwillig tut). Das zieht in vielen Bereichen ein sehr stark getriebenes oder zwanghaftes Verhalten nach sich. Schauen wir uns einige Formen der Arbeitssucht einmal genauer an.

## Der klassische Workaholic

Bei Workaholics wie Natalie ist bemerkenswert, wie viele Stunden des Tages sie ihrer Karriere widmen. Zwar beschreiben sich manche von ihnen selbst als Workaholics, aber meist weisen sogar diejenigen unter ihnen, die extrem arbeitssüchtig sind, jene Bezeichnung wegen seines negativen Beiklangs zurück. »Ich bin einfach nur fleißig; ich arbeite sehr hart«, sagen sie gewöhnlich und fügen – manchmal – hinzu, daß die Arbeit eben das Wichtigste in ihrem Leben sei.

Zwar arbeiten einige von ihnen sechzig, siebzig oder sogar achtzig Stunden pro Woche, aber sie brauchen dabei nicht notwendigerweise die ganze Zeit physisch an ihrem Arbeitsplatz präsent zu sein. Mit der Verbreitung von Personalcomputern, Autotelefonen, Faxgeräten und Mobiltelefonen ist die Arbeit mehr und mehr in die traditionellen Bastionen der Freizeit eingedrungen. Und viele Arbeiten können auch ohne technische Hilfsmittel zu Hause erledigt werden. Kathleen, eine erfolgreiche Literaturagentin, verläßt gewöhnlich gegen sechs Uhr ihr Büro, widmet sich aber jeden Abend und an den meisten Wochenenden ihrer erschreckend umfangreichen Pflichtlektüre: täglich vier Zeitungen, Hunderte von Monatszeitschriften und ein riesiger Stapel von Manuskripten. »Durch das viele Lesen bekomme ich eine Menge guter Ideen für Buchprojekte, aber das Ganze ist mittlerweile zu einer wirklichen Belastung geworden. Ich habe praktisch überhaupt keine Gelegenheit mehr, zu meinem eigenen Vergnügen zu lesen. Dabei habe ich immer *leidenschaftlich gern* gelesen«, erklärt sie traurig. »Aber jetzt ist es die reine Schinderei.«

Auch wenn der Workaholic sich nicht aktiv mit Dingen beschäftigt, die mit seinem Job in Zusammenhang stehen, macht er sich meist Gedanken und Sorgen über seine beruflichen Verpflichtungen. »Ich fühle mich niemals frei«, erklärte Nora, die gequälte Leiterin eines Pathologielabors in einem Krankenhaus. »Nachts wache ich häufig auf und mache mir Sorgen wegen des Projekts, für das ich verantwortlich bin. Das macht mich wütend, weil ich am nächsten Tag geistig nicht so präsent bin, wie ich eigentlich sein sollte, aber ich kann nichts daran ändern.«

»Man wird irgendwie schrecklich überdreht und angespannt, und es ist sehr schwierig, das abzustellen«, erklärte mir ein arbeitssüchtiger Börsenanalyst. »Ich habe gelernt, auf mich aufzupassen und nicht bis in die Nacht hinein – sagen wir bis nach zehn – zu arbeiten. Denn wenn ich das tue, kann ich nicht einschlafen. Und dann bin ich am nächsten Tag gereizt und erschöpft.«

Einige Workaholics sehnen sich bewußt nach mehr Freizeit oder beklagen sich darüber, überarbeitet zu sein. Zugleich ertappen sie sich immer wieder dabei, wie sie sich dagegen sträuben, einmal Urlaub zu machen oder ein paar freie Tage zu genießen. Vielleicht erklären sie sogar, sie hätten einen Urlaub oder ein paar freie Tage geplant, aber dann holt ihr überfüllter Terminkalender sie wieder ein. Als Georgia, eine Managementberaterin, ihr erstes Kind erwartete, freute sie sich auf ihren dreimonatigen Schwangerschaftsurlaub. Aber schon drei Wochen nach der Geburt ihrer Tochter fiel ihr die Decke auf den Kopf. »Mein Job brachte es mit sich, daß ständig Leute um mich waren, die mich brauchten, und das fehlte mir schrecklich. Ich fühlte mich einsam.« Sie begann, Anrufe ihres Büros entgegenzunehmen, und schon nach wenigen Wochen arbeitete sie wieder jeden Tag und hielt Meetings in ihrer Wohnung ab, während der Säugling im Nebenzimmer schlief.

In seinem Buch *Work Addiction* (»Arbeitssucht«) beschreibt Bryan E. Robinson, daß er seine Kollegen immer verachtete und für faul hielt, wenn sie sich auf die Weihnachtsferien freuten. Solche Überlegenheitsgefühle sind, wenn auch manchmal versteckt, bei Workaholics sehr verbreitet. Wie die hart arbeitenden Ameisen der Fabel betrachtet auch der Arbeitssüchtige die gelassenen Grashüpfer um sich herum als Wesen, die auf ein unvermeidliches Desaster zutreiben.

Es wäre jedoch falsch anzunehmen, daß jemand, der seine Ferien genießt, damit den Beweis erbringen würde, daß er nicht arbeitssüchtig sei. Ich habe festgestellt, daß viele Arbeitssüchtige, *wenn Sie sich endlich einmal losreißen können,* ihre Ferien durchaus genießen. Hingegen ist es für sie schwierig, den Urlaub überhaupt anzutreten. Workaholics neigen dazu, ihre Ferien »bis zum nächsten Jahr« aufzuschieben oder »bis zu dem Augenblick, wo wir diese ungewöhnlich stressige Zeit endlich hinter uns haben«. Sie verbergen ihre wirklichen Motive hinter Rationalisierungen wie zum Beispiel: »Im nächsten Jahr werde ich mehr Geld haben« oder: »Ich habe diesen Aufschwung (oder Abschwung) in meinen Geschäften nicht erwartet« oder: »Wenn ich noch ein bißchen warte, werde ich nicht mehr so unter Druck sein und alles mehr genießen.« Sie erkennen nicht, daß sie wirklich Urlaub nehmen könnten, wenn sie es nur wirklich ernsthaft in Erwägung zögen.

## Wenn der Workaholic nicht arbeiten kann

Wenn Workaholics durch äußere Zwänge am Arbeiten gehindert werden, unternehmen sie gewaltige Anstrengungen, um dieses Hindernis zu überwinden. Als beispielsweise 1977 in New York der Strom ausfiel, gingen Hunderte von Menschen an ihren Arbeitsplatz, obwohl sie von der Stadtverwaltung aufgefordert worden waren, zu Hause zu bleiben. »Ich sah, wie sie ungeduldig vor ihren Büros hin- und herliefen und darauf bestanden, eingelassen zu werden, selbst wenn das bedeutete, daß sie dreißig Stockwerke hinaufsteigen mußten, um an ihren Schreibtisch zu kommen«, schrieb die Psychologin Marilyn Machlowitz in ihrer 1980 erschienen Studie *Workaholics.*

Wenn er tatsächlich nicht arbeiten kann – aufgrund einer Krankheit, einer Arbeitshemmung oder wegen des Verlusts seines Arbeitsplatzes –, intensiviert sich die Angst des Zwanghaften, und sein Selbstbild leidet. Das Identitätsgefühl vieler Zwanghafter ist über das übliche Maß abhängig von ihrer professionellen Rolle; und wenn sie in ihrer Arbeit nicht als brillant und hervorragend angesehen werden, überfällt sie möglicherweise das Gefühl, sie wären bedeutungslos, ein *Nichts.* Die Folge kann eine ernste Depression sein.

## Arbeitssüchtige und das Leugnen von Tatsachen

Einige meiner Patienten geben zu, daß sie selbst es sind, die sich ständig unter Zeit- und Arbeitsdruck setzen. Aber sehr viel häufiger höre ich folgende Erklärung: »Ich bin kein Workaholic! Ich wünschte, ich hätte mehr Freizeit, aber meine Arbeitsbelastung ist einfach erdrückend.« Diese Menschen behaupten, daß sie so viel arbeiten »müssen«, weil sie sonst ihren Job verlieren würden. Oder daß ihre Kunden sie brauchen. Oder daß sie gerade in dieser Zeit eine bestimmte ökonomische oder berufliche Chance nutzen müssen. Sind diese Menschen Workaholics?

Das ist nicht immer sofort zu entscheiden. Entsprechend meiner Definition ist das Kriterium das Maß an Mehrarbeit, zu dem sich der Betreffende *entschieden* hat, obwohl er sich ständig darüber beklagt. Und die Menge an Zeit, die ein Mensch seiner Arbeit beziehungsweise seiner Entspannung widmet, hängt von einer komplexen Mischung von Variablen ab.

Es ist erwiesen, daß die meisten Amerikaner heute mehr arbeiten als vor fünfzehn Jahren. Eine Umfrage des Meinungsforschers Louis Harris aus dem Jahre 1989 beispielsweise ergab, daß die Menge an Freizeit, die dem Amerikaner im Durchschnitt zur Verfügung steht, seit 1937 um 37 Prozent geschrumpft ist, wobei die Arbeitswoche im Durchschnitt (einschließlich der Fahrtzeiten zum Arbeitsplatz und zurück) einundvierzig bis siebenundvierzig Stunden beträgt. Sämtliche Untersuchungen ergaben, daß Personen im Management oder im unternehmerischen Bereich sogar noch länger arbeiten, und in einigen Firmen sind ständige Überstunden eine Voraussetzung, um auf der Karriereleiter voranzukommen.

Manchmal haben die Menschen praktisch keine andere Wahl, als sich für einen begrenzten Zeitraum ungewöhnlichen Arbeitszwängen zu unterwerfen. Ich denke an den Softwareingenieur, der in der letzten Phase des Austestens eines wichtigen Computerprogramms achtzig Stunden pro Woche arbeitet, oder den Zeitschriftenherausgeber, der in den Tagen vor Redaktionsschluß zwanzig Stunden pro Tag in seinem Büro sitzt.

Es gibt zweifellos starke äußere Faktoren, die einen Menschen dazu bewegen können, sich zu überarbeiten. Aber bei anderen liegen die Kräfte, die sie zur Arbeit antreiben, in ihnen selbst.

Jeffrey beispielsweise klagte ständig über die viele Arbeit, die er als Herausgeber einer Wochenzeitschrift zu leisten hatte. An Wochentagen saß er zehn bis zwölf Stunden in seinem Büro, und auch an den Wochenenden war entweder der Samstag oder der Sonntag seiner Arbeit gewidmet. Mehrmals wöchentlich waren Geschäftsessen geplant, und sein Mittagessen nahm er regelmäßig an seinem Schreibtisch ein. Selbst in seinen arbeitsfreien Stunden war er in Gedanken ständig mit irgendeinem Aspekt seiner Arbeit befaßt. Jeffrey beklagte sich bei seinen Freunden über die negativen Auswirkungen, die die viele Arbeit auf sein soziales Leben hatte, und gelegentlich schien ihn die Tatsache, daß sein Leben völlig von seinem Beruf beherrscht wurde, ernsthaft zu bedrücken.

Schließlich begann sein Chef, sich ernste Sorgen zu machen, daß dieser Star unter seinen Angestellten am Ende völlig erschöpft und ausgebrannt sein könnte. Er arbeitete deshalb einen Plan aus, nach dem Jeffrey an den Dienstagen, den am wenigsten hektischen Tagen der Woche, nicht ins Büro zu kommen brauchte. An jenen Tagen, so sagte er, dürfe er auch zu Hause nicht arbeiten, sondern solle vielmehr lesen, sich entspannen und sich erholen. Anstatt dieses Angebot freudig anzunehmen, führte Jeffrey jedoch all das an, was dann nicht erledigt oder nicht gut genug gemacht werden könnte. Schließlich gab er dem Wunsch seines Chefs nach, aber nach wenigen Monaten war es wieder soweit: An seinem obligatorischen »freien Tag« arbeitete er regelmäßig wenigstens ein paar Stunden. Im Gegensatz zu seinen Worten demonstrierten Jeffreys Handlungen, daß er selbst und nicht sein Chef sein strengster Zuchtmeister war.

Ich habe ein ähnliches Muster bei vielen zwanghaften Patienten beobachtet. Sie beklagen sich darüber, daß ihre Arbeit viel Zeit in Anspruch nimmt und daß sie ständig unter Streß stehen. Sie reden über ihre anspruchsvollen Chefs, ihr Bedürfnis nach finanzieller Sicherheit oder über den Druck, ihrer Familie einen angenehmen Lebensstil zu bieten. Aber wenn ich mir den Arbeitsalltag solcher »überarbeiteten« Patienten ansehe, stoße ich unweigerlich auf Bereiche, in denen sie etwas ändern *könnten,* ohne daß ihre Leistung beeinträchtigt würde. Wenn ich ihnen dann einen Vorschlag zur Reduzierung des täglichen Pensums mache, werde ich gewöhnlich mit Rechtfertigungen für jede dieser Arbeiten bombardiert. Das Fazit für den Workaholic, der sich auf das Leugnen der Tatsachen verlegt hat, besteht darin, daß es einfach keinen Bereich gibt, in dem er sein Arbeitspensum reduzieren könnte. Jedenfalls behauptet er das.

## Der versteckte Workaholic

Viele Zwanghafte haben auch in ihrer Freizeit ständig das Gefühl, »getrieben« zu sein. Sie meinen, *jede Minute ihrer* Zeit produktiv nutzen zu müssen. Gewöhnlich liegt auf ihrem Schreibtisch eine lange Liste von unerledigten Dingen, und sie machen sich wegen der Punkte Sorgen, die sie noch nicht abgehakt haben, anstatt sich über das zu freuen, was sie tatsächlich von ihrer Liste streichen konnten. Der Gedanke, Zeit zu verschwenden, läßt sie erschaudern. Selbst in ihrer »freien« Zeit haben sie das Gefühl, sie müßten schwierige oder unangenehme Aufgaben erledigen, Projekte fertigstellen, sich weiterbilden oder sich auf andere Weise produktiv betätigen.

»Ich kann mich nie entspannen«, erzählte mir Therese mit trauriger Stimme. »Es gibt immer irgend etwas zu tun. Entweder muß ich das Haus putzen, Rechnungen bezahlen oder dergleichen. Und wenn ich mir tatsächlich ein wenig freie Zeit nehme, dann bekomme ich das Gefühl, etwas Wichtiges zu vernachlässigen. Ich halte mich dann selbst für faul, und das ist meiner Auffassung nach verwerflich.«

An dieser Stelle unterbrach ich Therese, um ihr zu sagen, daß mir das merkwürdig vorkomme angesichts dessen, was sie in ihrem beruflichen und persönlichen Leben erreicht habe. Aber sie ließ sich nicht von ihrer Sichtweise abbringen.

»Ich habe beständig das Gefühl, daß ich nicht alles tue, was ich tun könnte. Ich sollte so viel mehr lesen, und ich sollte mich mehr um meine Freunde und meine Familie kümmern. Ich glaube, vierzig Prozent meiner Zeit verbringe ich damit, mich schuldig zu fühlen. Selbst während ich wichtige Dinge erledige, denke ich an all das, was ich *nicht* schaffe. Ich lebe ständig mit diesem Gefühl, in jedem Augenblick meines Lebens etwas leisten zu müssen. Und in jeder Minute, in der ich nichts tue, bin ich von mir selbst enttäuscht.«

Obwohl Therese nur eine »normale Vierzigstundenwoche« arbeitete, würde ich sie als einen »versteckten Workaholic« bezeichnen. Einen ähnlich starken Drang, ständig produktiv zu sein, kann man auch bei Menschen beobachten, die nicht in einem Angestelltenverhältnis sind. Claire beispielsweise, eine achtundvierzigjährige Hausfrau, ist permanent in Bewegung. Jeden Tag putzt sie stundenlang ihr Haus oder führt irgendwelche Reparaturarbeiten durch. Sie setzt ihren ganzen Stolz darin, komplizierte Aufläufe zu backen, ihre Wäsche auf einer Wäscheleine im Freien zu trocknen und Blumen und Kräuter zu züchten, die sie dann trocknet und zu Sträußen flicht. Als ihre drei Kinder erwachsen wurden, engagierte sich Claire immer mehr für freiwillige Arbeiten in der Gemeinde, und mittlerweile nehmen diese Verpflichtungen täglich mehrere Stunden in Anspruch. Zwar macht Claire auch gelegentlich einmal eine Pause, um mit der einen oder anderen Nachbarin zu plaudern, aber schon nach kurzer Zeit zieht sie sich wieder zurück, um sich um ihr »unordentliches Haus« oder ihre lange Liste von unerledigten Aufgaben zu kümmern. Sie hetzt von einer Arbeit zur anderen, bis sie schließlich feststellt, daß der Tag nicht lang genug ist, und widerwillig einiges auf den nächsten verschiebt. Sie erweckt ständig den Eindruck, als sei sie im Hintertreffen und würde ihren eigenen strengen Maßstäben nicht genügen.

## Die treibenden Kräfte

Nicht jeder Workaholic ist notwendigerweise zwanghaft. Aber die meisten stark zwanghaften Menschen sind Workaholics; sie werden von ihrer Zwanghaftigkeit ständig dazu getrieben, sich zu überarbeiten. Im folgenden beschreibe ich diejenigen Charakterzüge, die am stärksten dazu beitragen.

### Der Zwang zum Perfektionismus

Ein Mensch, der es nicht ertragen kann, Fehler zu machen, oder der über alle Kritik erhaben sein möchte, wird mit großer Wahrscheinlichkeit bis spätabends an seinem Schreibtisch sitzen und sich abmühen, jeden möglichen Fehler zu entdecken und seine Arbeit perfekt zu machen. Lydia, eine siebenunddreißigjährige Reisebürokauffrau, arbeitete jeden Abend bis acht oder neun Uhr – zwei oder drei Stunden länger als alle anderen Angestellten in ihrem Büro. Sie wurde für ihre Überstunden nicht bezahlt, aber sie konnte den Gedanken nicht ertragen, irgendein Detail zu übersehen, das ihren Kunden die optimale Reise ermöglichen würde. Lydia schaffte es immer, für ihre Kunden die allerbesten Plätze zu reservieren. Natürlich verbrachte sie viele Stunden damit, die niedrigsten Fahrpreise herauszufinden.

»Ich genieße meine Freizeit wirklich sehr«, insistierte Lydia. »Und mein Mann bittet mich seit Jahren, abends einmal früher nach Hause zu kommen. Natürlich würde ich das auch gern machen, aber dann denke ich an meine Kunden und daß ich ihnen einfach mein Bestes geben muß.«

Wie bei vielen meiner zwanghaften Patienten nimmt bei Lydia die Gewissenhaftigkeit – ein ansonsten löblicher Charakterzug – unnatürliche Ausmaße an. »Manchmal fühle ich mich am Ende eines Arbeitstages nicht wohl, wenn meine Arbeit sich für meinen Arbeitgeber nicht bezahlt gemacht hat«, erzählte mir Frank, ein Buchhalter. »Ich wuchs in einer Familie auf, in der man der Ansicht war, du solltest das Geld nicht nehmen, wenn du nicht wirklich den ganzen Tag über hart arbeitetest.« Aber an objektiven Maßstäben gemessen, nahm Frank seine Arbeit *immer* außerordentlich ernst. Er übernahm bereitwillig jede Aufgabe, die man ihm auftrug, und er hätte nicht einmal im Traum daran gedacht, sich einmal krank zu melden oder früher zu gehen. Für ihn bedeutete ein Arbeitstag, jede Sekunde zwischen acht Uhr dreißig und sechzehn Uhr dreißig auf möglichst produktive Weise zu verbringen. An Tagen, an denen er seinen strengen Maßstäben entsprechend »nicht genug schaffte«, fühlte er sich schuldig. Aber ihm kam nie der Gedanke, daß er an den meisten Arbeitstagen seinem Arbeitgeber *mehr* Geld einbrachte, als er bezahlt erhielt.

Ein weiterer Aspekt des Perfektionismus, nämlich der unbefriedigende Umgang mit der Zeit, kann die Arbeitssucht verstärken. Die Angst davor, einen Fehler zu machen, kann beispielsweise bewirken, daß der Perfektionist die Dinge ständig aufschiebt oder andauernd zögert, eine bestimmte Entscheidung zu treffen, weil er unfähig ist, ein Projekt wirklich anzupacken. Infolgedessen müssen Perfektionisten für dieselbe Leistung länger arbeiten als jemand, der weniger perfektionistisch ist.

### Die Angst vor dem Alles-oder-nichts

Auch das Alles-oder-nichts-Denken bestimmt die von Arbeit geprägte Lebensweise vieler Zwanghafter. Sie scheinen das Gefühl zu haben, daß sie, wenn sie ihre Arbeitszeit nur ein klein wenig reduzieren, immer weniger arbeiten und schließlich in einen erschreckenden Zustand der Trägheit gleiten werden.

### Arbeit als Schutz

Arbeit kann auch dazu dienen, den Zwanghaften vor Dingen zu schützen, die er lieber vermeiden möchte. So kann man beispielsweise mit Arbeit einen sehr wirkungsvollen Schutzwall gegen Intimität errichten.

Leo, ein Radiosprecher, erklärte seiner Frau Robin, daß er so viele berufliche Verpflichtungen annehme, weil er das Geld brauche. In Wirklichkeit untergruben ihre ständigen Streitereien über Geldangelegenheiten ihre echte Zuneigung füreinander und zerstörten ihre sexuelle Beziehung. Beide waren oft schrecklich deprimiert. Als sie mich schließlich aufsuchten, beklagte sich Robin darüber, daß Leo seine viele Arbeit benutze, um ihr aus dem Weg zu gehen. »Das könnte wahr sein«, gab Leo schließlich zu, nachdem er mehrfach versucht hatte, seine Haltung zu rationalisieren. »Aber kann man mir deshalb einen Vorwurf machen? Wer hat schon Lust, sich all dem Schmerz und der Feindseligkeit auszusetzen, die sich zwischen uns aufgebaut haben?«

Eine andere Patientin, Evelyn, war eine extrem gewissenhafte Lehrerin, die sich bitterlich über ihre Einsamkeit beklagte. Sie meinte, der Grund dafür, daß sie Single sei und praktisch kein soziales Leben habe, sei ihr Beruf. Tatsächlich arbeitete sie unglaublich viel – sowohl im Klassenzimmer als auch abends und an den Wochenenden zu Hause. Zwar behauptete Evelyn, daß sie diese ständige Schufterei hasse, aber sie widmete sich ihren Schülern mit ihrer ganzen Kraft und Leidenschaft und konnte sich nicht vorstellen, ihr Arbeitspensum zu reduzieren. Sie hatte das Gefühl, daß sie ihnen lediglich das gab, was sie brauchten und verdienten, und sie konnte nicht verstehen, wie andere Lehrer mit gutem Gewissen weniger arbeiten konnten.

Eines Tages stellte ein anderes Gruppenmitglied Evelyns Einstellung zu ihrer Arbeit in Frage. War es möglich, daß Evelyn sich in Wirklichkeit vor Intimität *fürchtete* und daß sie sich, um auch nur die Möglichkeit der Nähe zu einem anderen Menschen zu vermeiden, hinter ihrer Arbeit verschanzte? Bei diesen Worten brach Evelyn in Tränen aus und protestierte: »Ich kann es einfach nicht glauben, daß du so etwas sagst! Wenn du wüßtest, wie sehr ich mich nach einer Beziehung sehne.« Sie war unglaublich verletzt und konnte, weder in jenem Augenblick noch später, zugeben, daß an jener Vermutung etwas Wahres sein könnte. Die Frage hatte ins Schwarze getroffen. Um ihren Stolz und ihr Selbstwertgefühl zu wahren, wollte sie unbedingt eine altruistische Lehrerin sein, und sie konnte die Vorstellung, daß auch andere Motive eine Rolle spielten, nicht ertragen. In Wirklichkeit war ihre Arbeitssucht sowohl ein Abwehrmechanismus in ihrem Interesse als auch der Ausdruck ihres Bedürfnisses, anderen zu dienen.

Aber die Arbeit dient dem Arbeitssüchtigen auch noch in anderer Hinsicht als Schutz: Sie bietet ihm eine ehrenwerte Ausrede, um verschiedenen persönlichen Forderungen aus dem Weg zu gehen – Forderungen, die zu erfüllen er sich sonst verpflichtet fühlen könnte. Als Leonore, eine arbeitssüchtige Rechtsanwältin, den Rat ihres Arztes befolgte und sich eine Woche Urlaub nahm, erzählte sie ihren Eltern nichts davon. »Wenn sie von meinem Urlaub gewußt hätten, dann hätten sie von mir erwartet, daß ich eine Menge Zeit mit ihnen verbringe«, sagte sie.

Indem er sich in die Arbeit versenkt, schützt sich der Zwanghafte vor der Bewußtwerdung seiner Gefühle. »Ich habe mich immer überarbeitet«, erzählte mir Belinda, eine Chemikerin in der Forschung. »Aber als mein Mann vor ein paar Jahren starb, war ich geradezu besessen von meiner Arbeit. Ich hatte keinen Grund, nach Hause zu gehen. Jetzt erkenne ich, daß ich meine Arbeit benutzte, um meine Gefühle zu verdrängen und um mir nicht zu nahe zu kommen.«

Eine weitere vermeintliche »Schutzfunktion« der Arbeit basiert auf einer Art Aberglauben. Insgeheim hat ein zwanghafter Mensch das Gefühl, daß seine Gewissenhaftigkeit ihm beim kosmischen Buchhalter zahllose Punkte einbringt. Indem er so viele Überstunden macht, versagt er es sich, den Augenblick zu genießen – aber er darf erwarten, daß er eines Tages für seine Selbstaufopferung belohnt wird.

## Getrieben von Grübel- und Ordnungssucht

Wie ich schon in Kapitel 5 ausführte, neigen Zwanghafte zu außerordentlicher Empfindlichkeit gegenüber ausgesprochenen oder auch unausgesprochenen Verpflichtungen. Diese gesteigerte

Empfindlichkeit bringt sie manchmal dazu, noch mehr zu arbeiten. Als beispielsweise Monas Chef auch an den Wochenenden zu arbeiten begann, fühlte sie sich verpflichtet, sonntags ebenfalls wenigstens für ein paar Stunden ins Büro zu gehen. »Er hat mich nicht ein einziges Mal darum gebeten«, sagte sie. »Aber irgendwie hatte ich das Gefühl, er würde von mir erwarten, daß ich ihn unterstütze.«

Durch ihren *Thinkaholism* geraten solche ohnehin überlasteten Menschen in zusätzlichen Streß. Die Arbeit bietet der Tendenz zwanghafter Menschen, sich mit Problemen zu beschäftigen, reiche Nahrung. Am Ende des Tages oder am Ende der Woche haben viele von ihnen Schwierigkeiten, ihre Gedanken und ihre Konzentration auf etwas anderes als ihren Beruf zu richten. Infolgedessen sind sie ständig besorgt oder nicht wirklich präsent, auch wenn sie mit Menschen zusammen sind, die sie lieben, oder wenn sie einer angenehmen Freizeitbeschäftigung nachgehen.

Ein weiterer den *Workaholism* verstärkender Faktor ist das Bedürfnis des Zwanghaften nach Ordnung. Arbeit strukturiert die Zeit; sie zwingt der Existenz eine Ordnung auf. Unzählige Zwanghafte haben mir erzählt, daß sie zwar sehr hart arbeiten müßten, diesen Zustand aber der unstrukturierten Freizeit vorzögen. Zumindest haben sie, wenn sie bestimmte Aufgaben erledigen, das Gefühl, in Bewegung und produktiv zu sein. Ordnungssucht kann die Arbeitsbelastung auch insofern steigern, als Süchtige sehr viel Zeit auf Aktivitäten wie Putzen, Organisieren und das Ordnen ihres Schreibtisches verwenden.

## Arbeit als ein Mittel der Kontrolle

Schließlich betrachten viele Menschen harte Arbeit als ein wichtiges Mittel, um Kontrolle über ihr Schicksal auszuüben, entweder direkt oder indirekt über den kosmischen Buchhalter. Da viele Zwanghafte sich finanziell oder professionell niemals sicher genug fühlen, selbst wenn sie reich sind und Außerordentliches leisten, wagen sie es nicht, eine Gelegenheit, noch mehr zu arbeiten, auszuschlagen. Oder sie haben Angst, sich auch nur ein paar Stunden Freizeit zu gönnen, weil sie befürchten, die Kontrolle zu verlieren, sei es nun die Kontrolle über die firmeninterne Politik oder darüber, daß die Dinge so gemacht werden, wie sie es sich vorstellen.

## Fühlen Sie sich ständig getrieben?

Wenn Sie praktisch jede Stunde, in der Sie wach sind, arbeitend verbringen – entweder mit beruflicher Arbeit oder mit anderen produktiven Aktivitäten –, dann sind Sie wahrscheinlich ein Workaholic. Aber wann beginnt Arbeit zur Sucht zu werden? Wann kann man von einem Menschen sagen, er sei ein »Getriebener«?

Versuchen Sie zur Beantwortung dieser Frage dieselben Maßstäbe anzuwenden, die viele Experten im Gesundheitsbereich anlegen, um den Alkoholkonsum einzuschätzen: Verursacht Ihre Arbeitsbelastung (oder Ihr Nachdenken über Ihre Arbeit) Ihnen in Ihrem Leben ernste Probleme?

Auch hier müssen Sie Kosten und Nutzen gegeneinander abwägen, aber das ist ungewöhnlich schwierig. Arbeitssucht gehört zu den akzeptiertesten aller Süchte; in unserer Gesellschaft wird Fleiß bewundert und belohnt. Schon das ist ein Vorteil der Arbeitssucht und kann einen dazu verführen, die Kosten und Nachteile des Überarbeitetseins von der Hand zu weisen oder zu übersehen. Sylvia, eine siebenundfünfzigjährige Geschäftsfrau, jammerte in meiner Praxis einmal zwanzig Minuten darüber, wie erdrückend ihre Arbeitsbelastung sei, fügte dann aber hinzu: »Es ist so leicht, das Ganze als etwas Positives zu betrachten. Selbst jetzt, da ich mich bei Ihnen über die viele Arbeit beklage, empfinde ich mich als besonders tüchtig und tugendhaft.«

## Die Freude an der Arbeit

Arbeit kann eine der größten Freuden im Leben sein. Viele Erwachsene finden darin ihre primäre Quelle für intellektuelle Stimulierung und soziale Interaktion. Möglicherweise ist die Arbeit der einzige Bereich, in dem sie mit anderen rivalisieren und Anerkennung für ihre Leistung erringen können. Neben dem Prestige ist das Ergebnis harter Arbeit häufig finanzielle Sicherheit, Macht und ein Aufstieg auf der Karriereleiter.

Aufregung und spannende Erlebnisse sind ein weiterer Gewinn, den ein überfüllter Terminkalender mit sich bringt. Sie brauchen nicht unbedingt ein Außenminister zu sein, der in einer Friedensmission um den Erdball jettet. Sie können Ihren Adrenalinpegel durch harte Arbeit aus eigener Kraft in die Höhe treiben. »Es ist so, als nähme man eine Droge«, sagt Carl Thoresen, Professor für Erziehung und Psychologie an der *Stanford University*, der *Workaholics* untersuchte. »Es ist ein euphorisches Gefühl, vergleichbar dem Gefühl, das Sie empfinden, wenn Sie gerade einen Vortrag gehalten haben. Man fühlt sich phantastisch.«

Viele Arbeitssüchtige finden zudem in ihrer Arbeit eine existenzielle Befriedigung. Candace, eine hart arbeitende Kunsthändlerin, genießt das Geld, das der Erfolg ihr eingebracht hat, aber sie meint, daß sie durch die vielen Überstunden, die sie leistet, auch in besonderem Maße neue Talente fördern kann. »Ich habe das Gefühl, dadurch meinen eigenen kleinen Beitrag zur Welt der Kunst zu leisten«, sagt sie. Auf ähnliche Weise fühlt sich ein Ingenieur vielleicht besonders inspiriert von der Vorstellung, das Leben seiner Mitmenschen durch die Brücken, die er entwirft, zu verbessern, oder ein Friseur genießt die Freude seiner Kunden über ihr gutes Aussehen.

## Die Kosten der Arbeitssucht

All dies sind echte Vorteile – aber es sind die Vorteile von engagierter *Arbeit* und nicht von Arbeitssucht. Sie können diese Vorteile auch genießen, wenn die Arbeit in Ihrem Leben eine weniger herausragende Rolle spielt. Gewiß kann man auch von seiner Arbeitssucht in mancher Hinsicht profitieren, aber dieser Gewinn wird häufig von den unangenehmen Folgen aufgewogen, die sich daraus ergeben, daß die Arbeit eine alles andere überragende Rolle spielt.

### Persönliche Beziehungen werden vergiftet

Aus Gründen, die auf der Hand liegen, zerstört Arbeitssucht Ihre Beziehungen. Jeder Tag hat nur eine begrenzte Anzahl von Stunden, und wenn Sie sie mit Arbeit oder mit dem ständigen Denken an Arbeit ausfüllen, können Sie unmöglich genügend Zeit für die Familie übrig haben. Aus diesem Grunde meiden einige Arbeitssüchtige die Ehe, und arbeitssüchtige Frauen verschieben Schwangerschaften häufig auf einen späteren Zeitpunkt, oder sie lehnen sie gänzlich ab.

#### *Zu kurz gekommene Kinder*

Wenn Sie Kinder haben, dann werden Sie sich wahrscheinlich sagen, daß Sie um ihretwillen so hart arbeiten – ein Opfer, das die Kinder wahrscheinlich als fragwürdig ansehen. Ein arbeitssüchtiger Elternteil kann zwar physisch präsent sein, aber als engagiertes Familienmitglied sozusagen gar nicht existieren. Einige Arbeitssüchtige erleben es sogar als ärgerliche Unterbrechung, wenn ihre Kinder versuchen, mit ihnen Kontakt aufzunehmen. Es ist nicht schwer, sich vorzustellen, welche Wirkung dies auf das Selbstbild der Kinder haben muß.

Andere arbeitssüchtige Väter oder Mütter wollen in der Zeit, die sie mit ihren Kindern verbringen, unbedingt etwas erledigen oder arbeiten. Nehmen wir einmal an, es sei Samstagabend und der Vater habe keine dringenden Verpflichtungen; er könnte ohne Probleme ein paar Stunden lang das tun, was das Kind am liebsten tun möchte, beispielsweise Ball spielen. Aber da er ständig das Bedürfnis hat, etwas zu leisten, will er unbedingt im Garten arbeiten oder den hinteren Teil des Zauns reparieren. Deshalb versucht er, zwei Fliegen mit einer Klappe zu schlagen: Zeit mit seinem Kind zu verbringen und zugleich seine Arbeit zu tun – indem er das Kind überredet, ihm dabei zu helfen.

Wenn sein Sohn die Arbeit wirklich interessant findet, dann kann das zu einer angenehmen gemeinsamen Erfahrung werden. Aber wenn er spürt, daß der Zaun dem Vater wichtiger ist als er selbst, dann wird er wütend. Der Vater kann den Schaden sogar noch vergrößern, indem er beispielsweise darüber enttäuscht ist, daß sein Sohn nicht besonders viel Begeisterung für das Projekt aufbringt oder indem er dessen Beitrag kritisiert.

Einige arbeitssüchtige Eltern gehen sogar noch einen Schritt weiter: Sie werden wütend, wenn sie ihr Kind bei etwas ertappen, was sie für Zeitverschwendung halten. Sie möchten, daß ihre Kinder Faulheit ebenso verwerflich finden wie sie selbst, und denken sich deshalb ständig Aufgaben aus, um die Zeit der Kinder auszufüllen. Am Ende gewöhnen sich die Kinder daran, die Flucht zu ergreifen, wenn ihr lästiger Vater oder ihre lästige Mutter sich ihnen nähert.

Wenn die Arbeit Sie von Ihren Kindern fernhält – entweder körperlich oder emotional –, werden Sie vielleicht erst dann, wenn es zu spät ist, erkennen, was Ihnen fehlt. Viele Menschen denken, es genüge, Kinder zu zeugen und sie irgendwie großzuziehen. Jedes Entwicklungsstadium – das erste Lachen des Säuglings, die ersten Schritte, ein Karnevalsfest in der Schule, die ersten Liebeleien auf der Oberschule – geht sehr rasch vorüber, und wenn es einmal zu Ende ist, kann es nie mehr wiederholt werden. Wenn Ihnen viele solche Erfahrungen entgehen, werden Sie am Ende kaum das Gefühl haben, wirklich »Kinder gehabt« zu haben.

Einige Eltern versuchen, diesen Fehler zu korrigieren, aber oft ist es dann zu spät. Ich hatte mehrere Patienten, die als Kinder oder Heranwachsende nur sehr wenig Zuwendung von ihren Eltern bekommen hatten. Als der Vater oder die Mutter dann älter wurde (und oftmals allein war, weil der Partner gestorben war) und endlich den Kontakt zu den Kindern suchte, reagierten diese oft sehr ablehnend. Nachdem sie sich so viele Jahre lang vernachlässigt gefühlt hatten, empfanden sie beispielsweise: »Wir haben absolut nichts gemeinsam« oder: »Ich spüre keine innere Verbindung zu ihm« oder: »Wo war er, als ich ihn brauchte?«

### *Workaholism und Ihr Partner*

Vielleicht macht die Arbeitssucht Ihres Partners Ihnen überhaupt nichts aus, da Sie sich beide dabei wohl fühlen, nur wenig Zeit miteinander zu verbringen. Wenn das aber nicht der Fall ist, kann die Arbeitssucht des einen Partners das Leben des anderen zu einer einsamen Hölle machen. Feindselige, wütende Ehepartner finden zudem häufig Mittel und Wege, sich zu rächen – indem sie beispielsweise ihre zärtlichen Gefühle zurückhalten, die Autorität des Partners gegenüber den Kindern untergraben, Affären anfangen, zuviel Geld ausgeben oder ihre Unzufriedenheit auf andere Weise zum Ausdruck bringen. Am Ende steht oftmals die Scheidung.

Selbst wenn keine offensichtlichen Spannungen erkennbar sind, wird zu viel Arbeit wahrscheinlich Ihre sexuelle Beziehung beeinträchtigen. William Masters und Virginia Johnson schrieben: »Es gibt kaum Zweifel daran, daß die intime Mann-Frau-Beziehung durch bewußte und/oder unbewußte Gefühle, die in bestimmten Einstellungen zur Arbeit verwurzelt sind, sehr stark beeinflußt wird – und zwar gewöhnlich zum Schlechteren.« Die beiden Sexualforscher beschreiben »den besonderen Typus von Ehemann und Ehefrau, der ständig nach neuen Wegen sucht, um seine Zeit auszufüllen und seine Energien zu nutzen – mehr Geld zu verdienen, in seiner Karriere voranzukommen, sich um die Kinder zu kümmern, seine Wohnung zu verschönern, Gemeindearbeit zu leisten, Besitz anzuhäufen – kurz irgend etwas zu tun, was sich wie Arbeit anfühlt ... In einem solchen Lebensplan hat eine sexuelle Beziehung praktisch keinen Platz. Geschlechtsverkehr wird zu einer Aufgabe, einer Last, einer Verpflichtung, einer Darbietung, etwas, was getan werden muß.«

### *Vergessene Freundschaften*

Über den Kreis der Familienmitglieder hinaus fordert Arbeitssucht häufig noch weitere Opfer: Freundschaften. Offensichtlich ist häufiger Kontakt eine der wichtigsten Voraussetzungen, um eine lohnende Freundschaft aufrechtzuerhalten. Freunde müssen genug Zeit miteinander verbringen, um über ihr Leben zu reden oder einfach Spaß miteinander zu haben. Man muß beispielsweise die Zeit haben, einmal zusammen spazierenzugehen. Wenn Sie aber vor lauter Arbeit kaum Freizeit haben, werden Ihre Freundschaften leiden.

Ohne ein glückliches Familienleben und/oder enge Freundschaften kann man im Leben keine Erfüllung finden. Deshalb ist es erstaunlich, wie viele Workaholics die Zeit, die sie auf ihre persönlichen Beziehungen verwenden, als unproduktiv ansehen. Vielleicht beteuern sie, daß ihnen ihre Beziehungen wichtig sind, und sie empfinden diese tatsächlich als wertvoll. Aber ihr Verhalten spricht eine andere Sprache: daß es nämlich wichtiger sei, seine Zeit und Energie in die Arbeit als in Freunde und die Familie zu investieren.

Mir fällt in diesem Zusammenhang Larry ein, ein vierzigjähriger Berater, der unter anderem deshalb zu mir kam, weil seine Ehe aufgrund seiner Arbeitssucht gefährdet war. Er liebte seine Frau sehr und schien bereit zu sein, den Versuch zu wagen, Veränderungen in seiner Lebensweise vorzunehmen. Beispielsweise erklärte er sich einverstanden, ein ganzes Wochenende lang nicht zu arbeiten. Als ich ihn später fragte, wie es gelaufen sei, erzählte er mir, er habe ständig das Gefühl gehabt, seine Zeit zu vergeuden, denn eigentlich hätte er etwas »tun« sollen.

»Was haben Sie denn gemacht?« fragte ich.

»Victoria und ich haben das ganze Wochenende lang einfach nur gefaulenzt. Am Samstag sind wir segeln gegangen, und am Sonntag haben wir eine lange Wanderung gemacht. Es war wirklich entspannend.«

»Aber Sie sagten doch, Sie hätten überhaupt nichts getan.«

»Ich meinte *Arbeit!*« sagte er lachend.

Ein Grund, warum Workaholics Wochenenden, an denen sie sich einfach nur entspannen und Spaß haben, als »vergeudete« Zeit ansehen, ist der, daß die Belohnung dafür – die guten Beziehungen, die persönliche Erfüllung und die größere Sensibilität für sich selbst – nicht so konkret ist wie Geld, die häufigste Belohnung für lange, harte Arbeit.

## Arbeit und Kontraproduktivität

Arbeitssucht verursacht nicht nur im persönlichen Bereich Probleme. »Wer sich ständig nur mit der Arbeit beschäftigt, kann ... das Geschäft schädigen«, resümierte das *Wall Street Journal* einen Artikel über arbeitssüchtige Unternehmer. »Der lang anhaltende Streß, der ständige Kampf gegen Ablenkungen, die intensive Konzentration auf langweilige Details und die lange Arbeit an schwierigen Aufgaben ermüden den Geist ... Das Ergebnis: mehr Fehler, Probleme beim Umgang mit der Öffentlichkeit, mehr Unfälle und ein Nachlassen der Qualität.«

Wie wir bereits festgestellt haben, haben Perfektionisten häufig Probleme damit, Projekte zu beginnen, Entscheidungen zu treffen und Aufgaben zu delegieren, die besser von jemand anderem ausgeführt werden. All das kann soviel Schaden anrichten, daß die Arbeit, die in all den zusätzlichen Arbeitsstunden geleistet wurde, ihn nicht aufwiegt. Zudem untergräbt der Perfektionist mit seiner ständigen Kritik die Arbeitsmoral seiner Untergebenen.

Aber selbst wenn der Arbeitssüchtige sich nicht so destruktiv verhält, bleibt noch immer die Frage, ob er die vielen Überstunden wirklich produktiv nutzt. In einem 1987 erschienen Artikel über das Problem der Überarbeitung berichtete die amerikanische Zeitschrift *Fortune*, daß ein Managementberater einmal drei Tage lang einen »hart arbeitenden, völlig erschöpften Investmentbanker« während seines ganzen Arbeitstages beobachtete. Der Berater beschrieb in einem sehr detaillierten Bericht, was der Mann im Laufe der endlos vielen Stunden wirklich getan hatte. Er fand heraus, daß *achtzig Prozent* der Aktivitäten des Wall-Street-Mannes leerer Aktionismus waren: überflüssige Telefongespräche, unnötige Meetings, Zeit, die er darauf verwandte, seine beiden dick geschwollenen Aktenmappen ein- und auszupacken. Meistens überprüft niemand, wie effektiv der Workaholic arbeitet, obwohl das letztlich sehr viel wichtiger wäre als die Anzahl von Stunden, die er am Arbeitsplatz verbringt.

### Chronischer Mangel an Muße

Workaholics haben naturgemäß nicht viel freie Zeit, und ein chronischer Mangel an Muße und Entspannung kann sehr viel psychischen und physischen Schaden anrichten. Auf Überarbeitung zurückzuführen sind körperlichen Leiden wie Müdigkeit, Reizbarkeit, Schlafstörungen, Schwierigkeiten, sich zu konzentrieren, Niedergeschlagenheit, Magen-Darm-Probleme, Herzkrankheiten, Bluthochdruck und Muskelkrämpfe.

Aber all diese Leiden verblassen neben dem Gefühl von nackter Verzweiflung, das einen Menschen im Zustand der geistigen und körperlichen Erschöpfung befallen kann. Der siebenundvierzigjährige Dave klang, als hätte die übermäßige Arbeitsbelastung ihn seiner ganzen Begeisterungsfähigkeit beraubt. Er war ein erfolgreicher Psychologe und behandelte seine Patienten im allgemeinen den ganzen Tag über, häufig bis weit in den Abend hinein. In der wenigen verbleibenden Zeit führte er Telefongespräche. Zwei- oder dreimal die Woche hielt Dave Vorlesungen an der Universität. In den Nächten und an den Wochenenden schrieb er an seinem dritten Buch. Er sah keine Möglichkeit, sich einer dieser Verpflichtungen zu entziehen, denn aufgrund der hohen Abzahlungen für sein Haus und der hohen Gebühren für die Privatschulen seiner Kinder fühlte er sich ständig unter dem Druck, Geld zu verdienen.

»Manchmal habe ich das Gefühl, als liege der bessere Teil meines Lebens bereits hinter mir. Früher habe ich mich immer auf die Wochenenden und die Ferien gefreut. Ich habe sie immer genossen. Aber jetzt arbeite ich nur noch. Ich ertappe mich sogar dabei, daß ich einen Groll gegen meine Klienten empfinde, gegen die Menschen, die davon abhängig sind, daß ich ihnen helfe.« Dave meinte, daß er wohl eine Art existentielle Depression durchmache. Im Geiste beschäftigte er sich neben seiner Arbeit vor allem mit den traurigen und hoffnungslosen Aspekten des Lebens. »Manchmal frage ich mich, was der Sinn all dessen ist. Ich meine, ist das alles, was du vom Leben hast? Dein ganzes Leben lang arbeiten, um dann krank zu werden und zu sterben?«

Workaholics sind in der Regel nicht fähig, ihr bißchen Freizeit zu genießen. Vor kurzem las ich in einer Lokalzeitung einen Leserbrief, in dem der Schreiber erklärte, er halte folgende Urlaubsvorbereitungen für notwendig: »Nachdem wir festgelegt haben, welche Orte wir unbedingt sehen wollen, schauen wir uns sehr gründlich sämtliche relevanten Autokarten an und arbeiten für jeden Tag einen detaillierten Routenplan aus, wobei wir den Zielpunkt einer Straße oder, bei Hauptverkehrsstraßen, die Nummer aufschreiben. Dies befähigt uns, 1. schon bevor wir losfahren, die Mängel von Autokarten zu erkennen und vielleicht noch ein paar zu kaufen, um besser planen zu können, 2. die Hinweise von verschiedenen Reiseführern und Autokarten zu einem Gesamtbild zusammenzufügen, 3. auszuwählen, welche wirklich wichtigen Autokarten wir mitnehmen wollen und 4. Entscheidungen über unsere Route zu treffen, bevor wir auf der Straße mit größeren Problemen konfrontiert werden, die wir hätten voraussehen und eliminieren können.« Auch wenn dieser Briefschreiber behauptete, daß »diese Vorbereitung nicht sehr viel Zeit in Anspruch nimmt«, so ist dieser Brief ein schönes Beispiel dafür, welcher Form von »Arbeit« viele Zwanghafte ihre Freizeit opfern.

Andere Workaholics kochen komplizierte Essen oder nehmen umfangreiche Projekte zur Verschönerung ihres Heims in Angriff. Solche »Freizeitaktivitäten« können natürlich sehr angenehm sein, aber Workaholics haben oft das Gefühl, sie müßten all das unbedingt erledigen. Sie bürden sich auf diese Weise auch noch in der Freizeit Arbeit auf.

Und natürlich hält das Leben noch ganz andere Freuden für uns bereit – beispielsweise, in der Sonne zu liegen, morgens lange im Bett zu bleiben oder in einem Garten zu sitzen und dem Gesang der Vögel zu lauschen –, die vielen Workaholics entweder völlig entgehen oder die sie nicht wirklich genießen können. Wenn sie sich die Zeit nehmen, zusammen mit Freunden zu essen oder sich im Kino einen Film anzusehen, dann haben sie meist Schuldgefühle oder stehen unter dem Druck, schnell wieder zu etwas Produktiverem zurückzukehren. Als ich Vincent, den vierzigjährigen Direktor einer Fluggesellschaft, fragte, wie das für ihn sei, wenn er sich zu Hause entspanne, antwortete er spontan, er finde das sehr angenehm. Aber dann, nachdem er intensiver darüber nachgedacht hatte, fügte er hinzu: »Wenn ich fernsehe, fühle ich mich oft schuldig, weil ich dann nicht arbeite. Oder ich schaue mir ein paar Stunden lang verschiedene Programme an und bedaure dann hinterher, daß ich die Zeit sinnlos vergeudet habe, anstatt etwas Produktiveres zu tun.«

Caroline, eine Marketingdirektorin in einer großen Bekleidungsfirma, beschrieb die Gefühle, die sie hatte, wenn sie an den Wochenenden Zeit mit ihrem Baby und ihrem Vorschulkind verbrachte.

»Ich liebe meine Kinder mehr als alles auf der Welt, aber ich habe in der Woche nicht besonders viel Zeit für sie. Dennoch habe ich Schwierigkeiten, wenn die Zeit, die ich mit ihnen verbringe, nicht strukturiert ist. Meist denke ich mir irgendwelche Aktivitäten für uns aus: Wir gehen irgendwohin, oder wir machen etwas, was wir zuvor geplant haben. Ich kann mich eigentlich nur dann dazu zwingen, mich einfach ein bißchen gehenzulassen und spontan mit ihnen zu spielen, wenn ich mir bewußtmache, daß es mein ›Job‹ ist, als gute Mutter genau das zu tun. Und dann ist es in Ordnung. Aber es ist traurig, daß ich nicht völlig in ihre Welt eintauchen kann.«

Wenn Sie zu den Menschen gehören, die stolz darauf sind, daß sie ständig auf Achse sind, denken Sie vielleicht, Sie kämen im Leben auch ganz gut zurecht, ohne ständig zu faulenzen und sich auf dem Fernsehsessel herumzufläzen. Wahrscheinlicher aber ist, daß Sie sich gar nicht bewußt sind, welchen Preis ihr hektisches Tempo ihnen abverlangt.

Danielle war eine arbeitssüchtige junge Frau, die ihre Ferien nutzte, um weite Reisen zu machen. Wenn sie unterwegs war, dann machte sie eine Besichtigung nach der anderen. Wenn sie nicht bereits um neun Uhr morgens auf dem Weg zu einem Museum war, wurde sie nervös; wenn ein Urlaub zu Ende ging, ohne daß sie »all die Dinge, die man sehen muß« abgeklappert hatte, fühlte sie sich um wichtige Erlebnisse betrogen und war unglücklich. Dieser ständige innere Streß kam voll zum Ausbruch, als sie begann, mit ihrem Freund Jack zu reisen. Er war der Ansicht, daß das tägliche Pensum an Besichtigungen mit einem langen morgendlichen Herumlungern im Bett und einem ausgedehnten Frühstück mit Kaffee und den Lokalzeitungen eingeläutet werden sollte. Danielle erzählte mir: »Wir waren beide sehr starrsinnig, und beide versuchten, sich durchzusetzen. Jack schien immer langsamer zu werden, oder er wurde sogar krank. Und ich spürte, wie ich immer wütender wurde.«

Als die Beziehung schließlich in die Brüche zu gehen drohte, unternahm Danielle allein eine Reise nach Paris. Als sie dort war, schloß sich ihr eine langjährige Freundin an. »Gail ist eher wie Jack; es gefällt ihr, wenn alles ein bißchen locker zugeht. Wir gewöhnten uns eine bestimmte Routine an: Wir standen auf und tranken Kaffee, unternahmen etwas, aßen zu Mittag und tranken ein oder zwei Gläser Wein dazu und nahmen uns dann noch einmal etwas Interessantes für den Nachmittag vor. Und ich hatte nicht das Gefühl, in einem ähnlichen Konflikt zu stecken wie mit Jack, den ich wegen seiner Lahmheit immer ein bißchen verachtet hatte. Ich denke, ich war im Hinblick auf Gail objektiver, und zu meiner Überraschung entdeckte ich, daß ich diese Art, den Tag zu gestalten, im Grunde genommen besser fand. Mir kam plötzlich der Gedanke: ›Vielleicht ist mit Jack wirklich alles in Ordnung. Vielleicht ist mit *mir* irgend etwas nicht in Ordnung.‹ Und ich begann, Spaß daran zu haben, mich zu entspannen und mich einfach fallenzulassen. Seitdem habe ich die Entscheidung getroffen, mich auf einer Reise nicht unter den Druck zu setzen, mir unbedingt alles ansehen zu müssen. Ich habe gelernt, Prioriäten zu setzen und mir nur das Interessanteste anzuschauen.«

## Wie man es schafft, nicht mehr ständig getrieben zu sein

Stellen Sie sich zunächst einmal folgende Fragen:

- Ist es wirklich unvermeidlich, daß Sie so viele Überstunden machen?

- Wann sind Sie das letzte Mal ohne ein bestimmtes Ziel spazierengegangen? Wann waren Sie das letzte Mal auswärts essen? Oder haben einfach nur Musik gehört oder einen Schaufensterbummel gemacht?

- Arbeiten Ihre Kollegen (oder Menschen in vergleichbaren Positionen in anderen Firmen) ebensoviel wie Sie? Wenn das nicht der Fall ist, wie gelingt es diesen, diese Falle zu umgehen?

- Fühlen Sie sich aufgrund Ihres Perfektionismus ständig getrieben? Ist das die Sache wirklich wert?

- Versuchen Sie aus irgendeinem Grund, möglichst wenig zu Hause zu sein?

- Wenn Sie neben Ihrer Arbeit einen Teilzeitjob angenommen haben: Brauchen Sie das zusätzliche Geld wirklich?

Oder wird Ihr Verhalten durch den Wunsch nach absoluter finanzieller Sicherheit geprägt?

- Wenn Sie selbständig sind: Müssen Sie wirklich jeden Auftrag annehmen? Stimmt es beispielsweise wirklich, daß Sie, wenn Sie einen bestimmten Auftrag nicht annehmen, von jener Person oder Firma nie mehr einen weiteren Auftrag bekommen werden? Und selbst wenn das tatsächlich geschähe – würde es Ihre finanzielle Sicherheit ernsthaft gefährden?

- Ist es wirklich nötig oder nützlich, daß Sie sich in Ihrer Freizeit ständig mit Ihrer Arbeit beschäftigen? Wie oft kommt Ihnen dabei eine kreative Idee? Wie oft lösen Sie ein Arbeitsproblem, während Sie mit Ihrer Familie zusammen sind oder bestimmten Freizeitaktivitäten nachgehen? Ist es nicht eher wahrscheinlich, daß Ihr »Thinkaholism«, Ihr ständiges Grübeln, Ihnen Ihre Freizeit verdirbt?

### Ein Zweimonateprogramm, um Ihre Freizeit zurückzuerobern

Wenn Ihr Leben völlig von Ihrer Arbeit beherrscht ist – sind Sie dann bereit, ein Experiment zu machen? Würden Sie *für einen begrenzten Zeitraum* versuchen, weniger Zeit in Ihre Arbeit und mehr Zeit in Ihr Leben zu investieren? Ich schlage Ihnen vor, daß Sie einmal für zwei Monate folgende Veränderungen vornehmen. (Ich hab's doch gewußt! Sie denken gerade: »Ich werde meinen Job verlieren!« Aber ist das wirklich sehr wahrscheinlich? Und selbst wenn das wirklich der Fall sein sollte, wäre das, in Anbetracht dessen, daß Ihre Arbeitssucht Ihr Familienleben und/oder Ihre Gesundheit zerstört, wirklich so schrecklich?) Ziehen Sie am Ende der beiden Monate Bilanz. Wenn Sie nicht signifikant glücklicher sind, dann können Sie immer noch zu Ihrem alten Lebensstil zurückkehren.

1. Ziehen Sie einen klaren Trennungsstrich zwischen Ihrer Arbeit und Ihrem häuslichen Leben. Nehmen Sie keine Arbeit mit nach Hause. Wenn Sie die ganze oder einen Teil Ihrer Arbeit zu Hause machen, dann begrenzen Sie sie auf einen bestimmten Raum, vorzugsweise einen, den Sie abschließen können.

2. Begrenzen Sie die Zeit, in der Sie arbeiten, und wenn die im voraus festgelegte Zeit zum Aufhören gekommen ist, hören Sie wirklich auf, selbst wenn Sie etwas noch nicht erledigt haben. Ich will damit nicht sagen, daß Sie dringende Aufgaben auf den nächsten Tag verschieben sollen. Aber es gibt nur allzu viele Zwanghafte, die sich einreden, daß alles entscheidend wichtig sei. Bleiben Sie nicht an Ihrem Schreibtisch sitzen, um »nur noch gerade diese Arbeit« zu erledigen, und dann noch eine; es sei denn, es wäre wirklich dringend notwendig.

3. Arbeiten Sie nicht an den Wochenenden, außer es sei absolut unerläßlich. Und wenn das der Fall sein sollte, dann opfern Sie Ihrer Arbeit so wenig Freizeit wie möglich. Denken Sie dann an die Worte des chinesischen Philosophen Lin Yutang: »Diejenigen, die weise sind, sind nicht ständig beschäftigt; diejenigen, die allzu beschäftigt sind, können nicht weise sein. Der weiseste Mann ist deshalb derjenige, der auf die eleganteste Weise der Muße frönt.« Nach den Worten von Lin gibt es »drei große amerikanische Laster«: Tüchtigkeit, Pünktlichkeit und das Streben nach Leistung und Erfolg. Diese »Tugenden« »machen die Amerikaner so unglücklich und nervös. Sie rauben ihnen ihr unveräußerliches Recht aufs Faulenzen und betrügen sie um so manchen wunderbaren, mit Nichtstun verbrachten Nachmittag.«

4. Wenn es Zeit ist, mit dem Arbeiten aufzuhören, richten Sie Ihre Konzentration darauf, Ihre Freizeit zu genießen. Sie können sich den Übergang von der Arbeitsphase zur »spielerischen« Phase erleichtern, indem Sie dann beispielsweise mehrmals tief einatmen oder sich ein wenig recken und strecken.

Wenn Sie Ihr Büro erst einmal hinter sich gelassen haben, konzentrieren Sie sich darauf, sich zu entspannen und an Ihr Zuhause und an Menschen zu denken, die Sie lieben. Wenn Sie anfangen, sich unbehaglich oder schuldig zu fühlen, weil Sie »nichts leisten«, bekämpfen Sie jene Gefühle. Fragen Sie sich: »Was ist so schrecklich daran, daß ich mir die Zeit nehme, dieses Buch zu lesen oder dieses Gespräch zu genießen? Verdiene ich es denn nicht, das Leben ebenso zu genießen wie alle anderen Menschen auch?«

**5.** Machen Sie immer dann, wenn Sie sich dabei ertappen, wie Sie grübeln oder sich wegen Ihrer Arbeit Sorgen machen, die Gedankenstopp-Übung: Schlagen Sie sich auf einen Schenkel, oder blinzeln Sie, atmen Sie tief ein und sagen sich: »Das ist nicht hilfreich.« Dann lenken Sie Ihre Gedanken auf etwas anderes.

**6.** Machen Sie sich bewußt, daß es kein Charakterfehler ist, wenn Sie sich die Zeit nehmen, sich zu amüsieren – selbst wenn dann einige Punkte auf Ihrer Liste unerledigt bleiben. Begrenzen Sie rigoros die Zeit, in der Sie im Haushalt arbeiten. Wie bei Ihrem Job wird auch in Ihrem Haushalt die Liste von Dingen, die Sie im Haushalt »tun müssen«, niemals vollständig abgehakt sein – Sie sollten ein solches Ziel also gar nicht erst anstreben. Es ist unvernünftig, sich jedes Vergnügen zu versagen, nur weil dann einige Arbeiten unerledigt bleiben. Sie haben noch ein ganzes Leben vor sich, um diese Arbeiten zu machen.

Es ist möglich, daß Sie eine Menge Zeit und Energie darauf verwenden, Dinge zu tun, die im Grunde gar nicht so schrecklich wichtig sind. Für mich sind Hausarbeit und Einkäufe wichtig, um die Dinge am Laufen zu halten, ähnlich wie der Ölwechsel am Auto. Wartungsarbeiten im Haushalt sollen nicht Selbstzweck sein, sondern ein Mittel, um ein angenehmeres und sinnvolleres Leben zu führen. Zwanghafte sind ständig mit Wartungs- und Instandhaltungsarbeiten beschäftigt – und zwar auf Kosten des wirklichen Lebens. Sie verbrauchen eine Menge Zeit damit, die

Dinge zu ordnen, auf die Reihe zu bringen und sich um alle Details zu kümmern. Gleichzeitig rauscht das Leben an ihnen vorbei. Ein Patient beschrieb es so: »Ich verbringe einen großen Teil meiner Zeit damit, stumpfsinnige Arbeiten zu verrichten. Eigentlich lebe ich gar nicht.«

7. Wenn Sie die Möglichkeit haben, zusätzliche Arbeit abzulehnen, tun Sie das, und sei es nur in dieser begrenzten Phase von zwei Monaten. Sollte die Vorstellung Sie erschrecken, dann möchte ich Ihnen ausnahmsweise einmal einen ganz konkreten Ratschlag geben: Setzen Sie sich mit einem Freund zusammen oder mit Ihrem Ehepartner oder einem Kollegen, dem Sie vertrauen. Beschreiben Sie Ihre Befürchtungen, und fragen Sie, wie realistisch sie sind. Es ist erstaunlich, wie wenig objektiv Sie sich selber gegenüber sind. Eine objektive Ansicht kann Ihnen helfen zu erkennen, daß die Angst, niemand werde Ihnen je wieder einen Auftrag oder eine Aufgabe übertragen, wenn Sie einmal etwas ablehnen, einfach absurd ist. Die anderen wissen Ihre Leistung durchaus zu schätzen, und sie werden sich, sobald Sie wieder ein wenig mehr Luft haben, erneut an Sie wenden.

Dieser Ratschlag gilt auch, wenn Sie in Versuchung sind, eine Beförderung abzulehnen, weil sie bereits jetzt zu viel und zu hart arbeiten. Zwanghafte sind stolz auf ihre Fähigkeit, enorm viel zu arbeiten, und manchmal vergessen sie, daß sie auch um anderer Qualitäten willen geschätzt werden. Vielleicht befürchten sie, daß ihr Arbeitgeber an ihrem persönlichen Engagement Zweifel hegt, wenn sie sich selbst weniger aufreiben. Sie sind zu unsicher, um Grenzen zu setzen, und so sitzen sie am Ende in der Falle, indem sie sich ständig überarbeiten.

Auch in diesem Falle empfehle ich Ihnen, mit einem Kollegen darüber zu sprechen, ob Ihre Wahrnehmungen korrekt sind. Ist es wirklich gefährlich, sich nicht mehr so bereitwillig zusätzliche Arbeit aufbürden zu lassen oder sogar gelegentlich freizunehmen? Wäre es nicht vernünftig, wenigstens gelegentlich einmal zu sagen: »Es tut mir leid, aber ich stecke gerade bis über beide Ohren in der Arbeit und kann das im Augenblick nicht übernehmen.«? Wahrscheinlich sind Sie Ihrem Arbeitgeber sehr viel mehr wert, als Ihnen bewußt ist.

**8.** Bemühen Sie sich darum, im Zusammensein mit Ihrer Familie oder Ihren Freunden geistig präsent zu sein, selbst wenn ein Teil Ihrer Arbeit liegengeblieben ist. Hüten Sie sich davor, Ihren Ehepartner oder Ihre Kinder als Störenfriede zu betrachten, die Sie von wichtigeren Dingen abhalten. Zeigen Sie Interesse an dem, was sie Ihnen erzählen. Hören Sie dem, was sie sagen, wirklich zu, anstatt abzuschalten und über Probleme nachzudenken, die mit Ihrer Arbeit in Zusammenhang stehen.

In der Gegenwart zu leben ist für viele Zwanghafte eine der schwierigsten Herausforderungen, und genau das ist der Grund, warum ich Sie bitte, es häufiger zu tun. Übung ist der goldene Schlüssel, um dies zu erreichen. Es dauert eine Weile, bis man sich verändert hat; beginnen Sie deshalb schon jetzt damit. Jetzt ist die Zeit, Ihrer Familie und Ihren Freunden nahe zu sein, Ihre Freizeit zu genießen und die Interessen zu verfolgen, für die Sie nur in Ihren Mußestunden Zeit haben. Jetzt ist die Zeit, das Leben zu genießen. Vergessen Sie nicht: Niemand von uns kann wirklich sicher sein, daß wir über den gegenwärtigen Moment hinaus noch mehr kostbare Zeit haben werden.

Rechnen Sie damit, daß Sie, wenn Sie diese Vorschläge in die Praxis umsetzen, sowohl auf inneren als auch auf äußeren Widerstand stoßen werden. »Arbeitssucht ist die sozial akzeptabelste aller Süchte, weil sie gesellschaftlich produktiv ist«, schreiben Schaef und Fassel. »Viele Menschen haben auf unsere Beschreibung von Arbeitssucht mit Aussagen reagiert wie: ›Es ist nicht dasselbe wie bei Alkoholikern, die sich selbst und diejenigen, die sie lieben, zerstören; Workaholics sind produktive Mitglieder der Gesellschaft.‹ Wir müssen erkennen, daß für einige Firmen und für einige Menschen die Selbstzerstörung akzeptabel ist, solange diese Menschen etwas Nützliches produzieren.«

Wenn Sie glauben, daß die Schritte, die ich beschrieben habe, Ihnen helfen können, dann zögern Sie nicht länger, sie zu tun! Viele Menschen schuften jahrelang, um sich eine »angenehme« Zukunft zu schaffen, und sind dann schließlich, wenn sie im Ruhestand sind, gesundheitlich so schwer angeschlagen, daß sie ihn nicht genießen können. Schließlich tun sie nur einen Bruchteil der Dinge, auf die sie sich ein Leben lang gefreut hatten, und sind bitter enttäuscht.

Vielleicht wird es Ihnen niemals leichtfallen, den richtigen Ausgleich zwischen der Arbeit und der Freizeit zu finden. Aber Sie müssen es auf jeden Fall versuchen. Wohl noch nie hat jemand auf dem Totenbett gesagt: »Ich bereue nur, daß ich nicht noch mehr gearbeitet habe.« Auch Sie werden, wenn Sie einmal auf dem Totenbett liegen, wahrscheinlich nicht bereuen, zu wenig gearbeitet zu haben. Aber wenn Ihr Leben von Arbeit beherrscht war, werden Sie am Ende vielleicht von anderen, schlimmeren Formen der Reue gequält werden – Reue darüber, daß Sie Ihre Kinder niemals wirklich gekannt oder Ihre engen Freundschaften und Liebesbeziehungen auf dem Altar der Überarbeitung geopfert haben oder daß Sie Ihr ganzes Leben lang an Rosen vorbeigegangen sind, ohne sich je die Zeit zu nehmen, deren Duft zu genießen.

**Kapitel 10**

# Mit einem Zwanghaften leben

*Es hat keinen Sinn, mit dem Unvermeidlichen zu streiten. Das einzig stichhaltige Argument gegen den Ostwind ist, sich einen Mantel überzuziehen.*
James Russell Lowell

Das Leben mit einem Zwanghaften kann eine große Herausforderung sein. Bisher habe ich vor allem beschrieben, wie ein solcher Mensch sich selbst schadet. Aber auch seine Mitmenschen können erheblich leiden, wenn sie destruktiven Verhaltensweisen ausgesetzt sind.

- *Kritiksucht:* Sie bekommen das Gefühl, Sie würden niemals etwas richtig machen. Möglicherweise beginnen Sie sich zu fragen, ob der ständig kritisierende Zwanghafte an Ihnen überhaupt etwas mag.

- *Widerstand gegenüber Forderungen und Erwartungen:* Es gelingt Ihnen nur selten, den Zwanghaften zu einem Minimum an Kooperation zu bewegen. Dadurch wird das tägliche Zusammenleben äußerst erschwert.

- *Zurückhaltung:* Sie haben niemals das Gefühl, den Zwanghaften wirklich zu kennen, und fühlen sich ihm niemals wirklich nahe. Angesichts seiner Distanziertheit haben Sie das Gefühl, nicht geliebt zu werden, was aber möglicherweise gar nicht der Fall ist.

- *Rigidität:* Sie können niemals damit rechnen, daß Ihr zwanghafter Freund, Partner oder Kollege auch nur die geringste Veränderung akzeptiert. Statt dessen ist er wahrscheinlich verärgert, wenn Sie irgend etwas auch nur ein klein wenig anders machen. Und wenn er einmal eine Entscheidung getroffen hat, ist es praktisch unmöglich, ihn dazu zu bewegen, sie zu ändern.

- *Exzessive Ordnungsliebe:* Wenn Sie seinen Maßstäben für Ordnung nicht entsprechen, redet der Zwanghafte Ihnen möglicherweise Schuldgefühle ein. Wenn er darauf besteht, daß Sie seine Ansprüche an Ordnung und Sauberkeit erfüllen, dann fühlen Sie sich wahrscheinlich unter Druck gesetzt. Sie empfinden Groll oder fühlen sich eingeengt.

- *Unfehlbarkeit:* Sie können eine Auseinandersetzung mit einem Zwanghaften niemals gewinnen, und es ist auch meist sinnlos, ihn auf irgendwelche Fehler hinzuweisen. Wahrscheinlich wird er Ihnen ständig signalisieren, daß Sie im Unrecht sind.

- *Arbeitssucht:* Sie ärgern sich wahrscheinlich darüber, wie wenig Zeit und Energie der andere Ihrer Beziehung widmet. Seine ständige körperliche oder geistige Abwesenheit gibt Ihnen oftmals das Gefühl, unwichtig zu sein.

- *Unentschiedenheit oder Unfähigkeit, sich für etwas zu engagieren:* Aufgrund seines Zauderns haben Sie Schwierigkeiten, Pläne zu machen; Sie sind wahrscheinlich unsicher, wie es um Ihre Beziehung bestellt ist.

Vielleicht stören Sie sich nur an einer der oben genannten negativen Eigenschaften, oder Sie haben mit allen zugleich zu kämpfen oder müssen sich mit anderen unangenehmen Eigenschaften auseinandersetzen, die ich nicht angeführt habe. Da Zwanghaftigkeit zu vielen unterschiedlichen zwischenmenschlichen Problemen führen kann, ist es unmöglich, für den Einzelfall Ratschläge zu geben. Darum mache ich Ihnen sieben allgemein gehaltene Vorschläge, wie Sie besser mit den Menschen in Ihrem Leben auskommen, die allzu perfekt sind.

## 1. Nehmen Sie seine Schwächen nicht persönlich

Zwanghaftes Verhalten ist meist auf tief verwurzelte Ängste zurückzuführen und ist nicht Ausdruck irgendeiner Bösartigkeit. Allerdings ist es leicht, diese Tatsache aus den Augen zu verlieren. Wenn kaum ein Tag vergeht, ohne daß Ihr Ehepartner etwas an Ihnen zu kritisieren hat, bekommen Sie wahrscheinlich das Gefühl, daß er kaum etwas Gutes an Ihnen findet. Und, was noch schlimmer ist, Sie fangen allmählich an, sich selbst mit sehr kritischen Augen zu betrachten.

Machen Sie sich deshalb bewußt, daß die feinen Sensoren Ihres Partners an jedem Menschen, selbst an einem Heiligen, Fehler entdecken würden. Eine zwanghafte Freundin von Ihnen ist immer dann, wenn Sie sie anrufen, beschäftigt. Ziehen Sie daraus nicht gleich den Schluß, daß sie versucht, Ihnen aus dem Weg zu gehen. Vielleicht hat sie vielmehr das Bedürfnis, selbst diejenige zu sein, die den Kontakt zwischen Ihnen in die Wege leitet und die die Beziehung kontrolliert.

Wenn ein Freund sich ständig gegen Ihre Vorschläge sträubt, dann gewinnen Sie möglicherweise den Eindruck, er ignoriere Ihre Gefühle oder halte Sie für dumm. Es ist jedoch wahrscheinlicher, daß er sich unbewußt davor fürchtet, beeinflußt oder kontrolliert zu werden, nicht nur von Ihnen, sondern auch von anderen Menschen. Sein Widerstand gibt ihm das Gefühl, die Kräfte, die auf ihn einwirken (wie beispielsweise Sie), kontrollieren zu können.

Vergessen Sie nicht, daß die Persönlichkeit des Zwanghaften schon lange bevor er Ihnen überhaupt begegnete, geprägt wurde, und daß er sich auch anderen Menschen gegenüber so verhalten würde – vor allem denen gegenüber, die ihm wichtig sind.

Wenn Sie das wirklich verstanden haben, werden Sie bestimmte Bemerkungen oder Handlungen des Zwanghaften als weniger verletzend empfinden.

## 2. Machen Sie sich bewußt, daß er Ihre Eigenheiten möglicherweise persönlich nimmt

Wenn Sie sich weigern, die Dinge so zu machen, wie der Zwanghafte es sich vorstellt, dann wird er Ihre mangelnde Anpassungsbereitschaft möglicherweise als einen Beweis dafür interpretieren, daß er Ihnen nicht wichtig ist. Und während sich beide meist nicht eingestehen, wie sehr es sie schmerzt, sich derart ungeliebt zu fühlen, schwelen ihre Gefühle von Verletztheit unter der Oberfläche ständig weiter und können ihre Interaktionen erheblich beeinträchtigen.

Hank, ein fünfundvierzigjähriger Ingenieur, und seine Frau Sharon berichteten mir, daß Hanks ständige Gereiztheit und Launenhaftigkeit ihre Beziehung auf eine harte Probe stelle. »Er scheint überhaupt nicht zu erkennen, wann er verletzend und unverschämt wird«, sagte Sharon. »Wenn er von der Arbeit heimkommt, stellt er erst einmal fest, was alles *nicht* getan wurde. Dann fängt er an, die Kinder (zwei Jungen im Teenageralter) und mich anzubrüllen. Wir sind die meiste Zeit in der Defensive.«

Es fiel mir nicht schwer, mir ein Bild dieser familiären Situation zu machen. Sharon war Klavierlehrerin und gab neben ihrer Familienarbeit zu Hause Unterricht. Hank widmete sich bis in den späten Abend hinein seinem anspruchsvollen Beruf, um seiner Familie ein angenehmes Leben zu ermöglichen und seine Kinder in gute Schulen zu schicken. Als Gegenleistung erwartete er, daß sie »ein paar ganz einfache Dinge erledigten« – beispielsweise Unkraut zu zupfen oder den Inhalt der Besteckschublade zu ordnen. Für Hank waren diese und eine Menge anderer Pflichten wichtig, und er gab sich größte Mühe, seiner Frau und seinen Kindern klarzumachen, daß sie getan werden *mußten*. Wenn beispielsweise eines der Messer in die falsche Richtung zeige – so behauptete er –, könne jemand sich daran verletzen. Sharon und die Jungen waren irritiert darüber, daß Hank unablässig über diese Dinge redete.

»Er hört einfach nicht auf zu reden«, beklagte sich Sharon. »Meist sagen die Kinder nach einer Weile: ›Okay, Dad. Ja, sicher. Ich verstehe!‹, damit er endlich aufhört. Aber er läßt nicht locker.«

Hank unterbrach sie. »Sie *sagen*, daß sie dies oder jenes zu machen bereit sind, aber offensichtlich kann ich mich ihnen nicht wirklich verständlich machen, denn wenn ich nach Hause komme, ist die Sache noch immer nicht erledigt. Also sind mein Herumbrüllen und mein Zorn notwendig. Nur das führt zu Resultaten.«

Was aber erreichte er durch seine Zornesausbrüche? Sharon war verärgert und fühlte sich mißverstanden, und die Jungen waren angespannt und frustriert. Hank gab zu, daß eine ungute Atmosphäre sich in ihrem Heim breitgemacht habe, und er war wie seine Frau und seine Söhne unglücklich darüber, daß ihre Liebe füreinander durch ihre ständigen Streitereien unterminiert wurde.

Ich fragte ihn, was für ein *Gefühl* er habe, wenn er nach Hause komme und herausfinde, daß bestimmte Aufgaben nicht erledigt seien.

»Ich bin wütend«, antwortete er. »Ich habe, verdammt noch mal, das Gefühl, daß ich in meinem Job mit so viel Mist fertig werden muß und daß sie zu Hause nicht einmal ein paar Kleinigkeiten für mich tun können. Wenn ich Sharon bitte, sich um drei oder vier Dinge, die erledigt werden müssen, zu kümmern, und sie es dann nicht tut, dann …«

»Was bedeutet das für Sie?«

»Es bedeutet, daß ihr meine Gefühle nicht wichtig genug sind … Sie räumt dem, was ich möchte, nicht wirklich Priorität ein.«

»Also geht es Ihnen im Grunde darum, daß man sich anderen gegenüber liebevoll und fürsorglich verhält?«

»Ja, und was das betrifft, kann man sich leider nur auf sich selbst verlassen.«

Sharon war über diese Enthüllungen schockiert. Hank war ihr wirklich wichtig. Sie liebte ihn, und sie arbeitete hart: Sie gab ihre Klavierstunden und kümmerte sich um die Familie und den Haushalt. Sie hatte zudem das Gefühl, daß sie und die Jungen fast alles taten, was er von ihnen verlangte, und daß Hank sich nur auf die Ausnahmen konzentrierte.

Aber Hank und sie schienen diese Aufgaben unter einem völlig unterschiedlichen Blickwinkel zu betrachten. Sharon haßte es beispielsweise, Unkraut zu zupfen; sie empfand das als eine schreckliche Sklavenarbeit und als unglaubliche Zeitverschwendung – im Gegensatz zu Hank, der es als eine leichte, angenehme Aufgabe betrachtete. Sie selbst war einigermaßen ordentlich und vermochte die vermeintliche Unordnung, die ihren überkorrekten Mann so sehr ärgerte, meist gar nicht zu erkennen. (Ich konnte ihr das sehr gut nachempfinden. Als Hank mich das erste Mal aufsuchte, gestand er mir, daß er sich kaum zurückhalten könne, meine verworrene Telefonschnur – eine »Unordnung«, die ich überhaupt nicht registriert hatte – zu entwirren.)

Sharon mußte sich sehr anstrengen, die Welt so zu sehen, wie Hank sie sah. Daß sie sie, ihrer Natur entsprechend, anders sah, hatte nichts mit Lieblosigkeit zu tun.

Ich versuchte, Sharon und Hank klarzumachen, daß Hank die Tatsache, daß Sharon und die Jungen nicht alle seine Forderungen erfüllten, äußerst persönlich nahm. Jedesmal, wenn Hank etwas selbst in die Hand nehmen und erledigen mußte, war er zutiefst enttäuscht; die Menschen, die ihm auf der ganzen Welt am wichtigsten waren, nahmen ihn seiner Ansicht nach nicht ernst. Seine Wünsche waren ihnen nicht wichtig, obwohl er ihnen durch seine harte Arbeit ein angenehmes Leben ermöglichte. Er fühlte sich ausgebeutet und ungeliebt.

Ich erklärte also Hank, wie radikal sich Sharons Wahrnehmungen von seinen eigenen unterschieden und wie schwierig es für sie war, bestimmte Dinge so zu sehen, wie er es sich von ihr wünschte. Ich forderte Hank heraus, einige seiner Prinzipien zu überprüfen. Wäre es wirklich das Ende der Welt, wenn der Garten einmal nicht ganz frei von Unkraut war oder wenn die Spitzen der Messer und Gabeln nicht alle in dieselbe Richtung zeigten? Ich versuchte, ihm vor Augen zu führen, daß er bestimmte Dinge forderte, weil sie ihm wichtig waren, und nicht, weil es objektiv notwendig war, sie zu tun. Und selbst wenn seine Forderungen vernünftig waren, so hielt ich ihm entgegen – waren sie es wert, daß er sich dadurch die Familie entfremdete?

Schließlich schafften es Hank und Sharon, einige Veränderungen vorzunehmen. Nach dreiundzwanzig Jahren Ehe begann Hank endlich zu verstehen, daß *sein Verhalten kontraproduktiv war,* auch wenn er durch seinen Ordnungssinn, seine Argumente, seine Standpauken, seine Wutanfälle und seine Logik zu »beweisen« versuchte, daß er im Recht war. Er erkannte, daß seine Familie sich in immer stärkerem Maße unwohl fühlte, wenn er zu Hause war. Schließlich sah er ein, daß selbst ein Übermaß an logischen Argumenten nicht bewirken konnte, daß Sharon die Welt genauso sah wie er. Und wenn sie und die Jungen seine Forderungen zuletzt doch erfüllten, aber nur sehr widerwillig, fühlten sie sich ihm innerlich nur noch mehr entfremdet.

Indem er die *Ineffizienz* seines Verhaltens erkannte, war Hank in der Lage, seine Anforderungen herabzuschrauben. Er hörte auf, dem Rest seiner Familie ständig Vorträge zu halten. Sharon dagegen begann, mehr für ihn zu tun – aus Liebe zu ihm wie auch aus Dankbarkeit, daß er bereit war, an einer Verbesserung der familiären Situation zu arbeiten. Sie wußte, wie schrecklich schwierig es für ihn war, diese tief eingeschliffenen Verhaltensmuster zu verändern; und als sie sah, daß er sich ehrlich um eine Veränderung bemühte, bekam sie wieder Kontakt zu ihren alten Gefühlen der Wärme und Zuneigung zu ihm.

Sie lernte außerdem, ihm nichts zu versprechen, solange sie nicht sicher war, daß sie die fragliche Aufgabe tatsächlich erfüllen wollte und konnte. Damit sind wir bereits beim zentralen Punkt des nächsten Themas.

## 3. Seien Sie verläßlich und vertrauenswürdig

Im Umgang mit einem Zwanghaften ist es sehr verlockend, so zu tun, als wäre man mit ihm einer Meinung – nur damit er einen endlich in Ruhe läßt. Aber eine solche Unaufrichtigkeit kann sich bitter rächen! Ein zwanghafter Mensch muß das Gefühl haben, Ihnen vertrauen zu können. Wenn Sie etwas nicht tun wollen, dann sollten Sie es ihm offen sagen (und Ihre Gründe dafür angeben) bzw. es tatsächlich nicht tun. Selbst wenn es um völlig bedeutungslose Dinge geht, reagieren die meisten Zwanghaften sehr heftig, wenn es Anzeichen dafür gibt, daß sie jemandem nicht trauen können. Sie stellen sich sofort die Frage, in welchem Bereich Sie *sonst noch* unehrlich waren. Können sie Ihnen überhaupt noch glauben, wenn Sie behaupten, daß Sie sie lieben? Können sie in Zukunft *jemals* wieder darauf vertrauen, daß Sie das tun werden, was Sie versprochen haben?

Die meisten Zwanghaften brauchen ein Gefühl der Sicherheit und Berechenbarkeit. Einer meiner Patienten erklärte: »Ich brauche eine gewisse Regelmäßigkeit in meinem Leben – soweit das überhaupt möglich ist. Wenn ich abends nach Hause komme, muß ich mich auf bestimmte Dinge verlassen können. Wenn man mir sagt, daß es um sechs Uhr dreißig Abendessen gibt, und ich beim Heimkommen feststellen muß, daß das Essen noch nicht einmal auf dem Herd steht …«

»Das ist nur ein einziges Mal passiert!« protestierte seine Frau, aber ihr Mann fuhr unbeirrt fort.

»Ich gehe davon aus, daß die Dinge auf eine bestimmte Weise ablaufen werden, und ich möchte keine Überraschungen erleben. Ich möchte wissen, was ich zu erwarten habe.«

Die meisten Zwanghaften schätzen Offenheit und Ehrlichkeit. Aber da viele nicht lockerlassen, bis Sie aufgeben und die Richtigkeit ihrer Position erkennen, bekommen Sie möglicherweise das Gefühl, in einer Falle zu sitzen: Wenn Sie auf Ihrem Standpunkt beharren, wird der Zwanghafte Sie wegen Ihrer unpraktischen oder unlogischen Art kritisieren (was zugleich bedeutet, daß Sie kein Recht haben, so zu fühlen, wie Sie fühlen), und wenn Sie, trotz Ihrer Einwände, nachgeben, damit die Predigt oder der Streit endlich ein Ende habe, wird er Sie für unehrlich und unzuverlässig halten.

Was können Sie in einer solchen Situation tun?

## 4. Lassen Sie sich nicht dazu bringen, Ihre eigenen Gefühle oder Vorlieben zu verleugnen

Zwar können Sie eine Auseinandersetzung nicht dadurch gewinnen, daß Sie die Überlegenheit Ihrer Position demonstrieren, *aber Sie haben selbstverständlich ein Recht auf Ihre eigenen Ansichten und Meinungen.* Sie sollten sich die Freiheit nehmen, auf diesem Recht zu bestehen.

Wenn Sie nicht ebenfalls zwanghaft sind, sind Sie in einem Meinungsstreit mit einem Zwanghaften wahrscheinlich kein ebenbürtiger Gegner. Ein zwanghafter Mensch verbringt sein Leben damit, die Dinge zu analysieren; darin ist er Experte. Aber nur weil ihm eine bestimmte Vorgehensweise effizienter, praktischer oder logischer zu sein scheint, brauchen Sie ihm darin nicht zu folgen. Lassen Sie sich in diesem Punkt nicht einschüchtern oder tyrannisieren. Sie haben ein Recht auf Ihre eigenen Meinungen und Vorlieben und auf Ihre ganz persönliche Art, die Dinge zu tun – es sei denn, Ihr Handeln sei tatsächlich unverantwortlich oder schädlich. Und genauso haben Sie das Recht, gegen jede Einmischung in Ihr Leben und Ihre Lebensfreude zu protestieren, selbst wenn Sie logisch nicht beweisen können, daß das Verhalten des anderen »verkehrt« ist.

Es ist völlig in Ordnung, wenn Sie unterschiedliche Vorstellungen über das haben, was wichtig und was unwichtig ist. Wenn Sie sich bereit erklären, einige Dinge so zu machen, wie der Zwanghafte es sich wünscht, dann tun Sie es nicht deshalb, weil Sie seine Werte übernommen haben und Ihren eigenen Ansatz als minderwertig betrachten, sondern deshalb, weil der andere Ihnen wichtig ist. Sie respektieren seine Ängste vor Unordnung, Chaos und Mangel an Kontrolle. Wenn eine Forderung mit Ihren eigenen Werten nicht vereinbar ist (beispielsweise im Bereich der Kindererziehung oder etwas vergleichbar Wichtigem), dann hören Sie sich die Argumente Ihres Partners an, oder denken Sie darüber nach, wenn Sie allein sind. Bemühen Sie sich, Ihre eigene Position herauszufinden, und setzen Sie sich dann erneut mit Ihrem Gegenüber auseinander. Geben Sie nicht deshalb nach, weil sie den anderen zum Schweigen bringen wollen. Scheuen Sie sich nicht, um Bedenkzeit zu bitten.

## 5. Hüten Sie sich, einen zwanghaften Menschen unter Druck zu setzen

Was können Sie tun, wenn Sie möchten, daß der Zwanghafte sich in einer bestimmten Weise verhält, daß er zum Beispiel endlich eine Entscheidung trifft oder ein tief eingeschliffenes Verhaltensmuster ändert – was tun Sie dann?

Zunächst einmal eine Warnung: Jede direkte Konfrontation, bei der Sie versuchen, den anderen zu einer Veränderung zu zwingen, ist mit fast hundertprozentiger Sicherheit zum Scheitern verurteilt. Ihre Bitte oder Forderung wird seine Neigung, die Situation zu kontrollieren oder zumindest »recht zu haben«, nur noch verstärken, wodurch der Machtkampf noch weiter eskaliert.

Mir fällt in diesem Zusammenhang eine Szene ein, von der mir ein Patient erzählte. Er und einer seiner Kollegen, ein Rechtsanwalt, mußten sich für zwei leerstehende Büros in einem Gebäude entscheiden, in das sie gemeinsam einziehen wollten. Für Hal, meinen Patienten, war es völlig in Ordnung, seinem Partner die erste Wahl zu lassen, aber der Kollege konnte sich nicht entscheiden und verhinderte dadurch wochenlang Hals Umzug in das neue Büro. Hal erzählte mir von einem ihrer Gespräche:

»Ich fragte ihn noch einmal, welches der beiden Büros er haben wolle, und er konnte sich noch immer nicht entscheiden. Da er anfangs zu Büro Nummer zwei tendiert hatte, sagte ich ihm, er könne es haben und ich würde das andere nehmen. Aber er ging sofort an die Decke und erklärte mir, es sei überhaupt nicht die Rede davon gewesen, daß er Nummer zwei haben wolle, und zudem sei die Miete dafür höher. Also sagte ich: ›Okay, dann nimm du Nummer eins, und ich nehme Nummer zwei.‹

›Nummer eins ist zu klein.‹

›Soll *ich* lieber wählen?‹

›Nein! Ich war zuerst hier, also glaube ich, daß es nur gerecht ist, wenn ich mich als erster entscheide.‹

›Hast du irgendeine Vorstellung, wann du dir darüber im klaren sein wirst, welches Büro du haben möchtest?‹

›Nein.‹«

Zunächst hatte der Anwaltskollege möglicherweise wirklich vor – zumindest glaubte er das auf der bewußten Ebene –, sich für das Büro zu entscheiden, das seinen Bedürfnissen am besten entsprach; aber dann genoß er mehr und mehr das Gefühl der Kontrolle, das er dadurch gewann, daß er Hal warten ließ. In dem Moment, als Hal Druck auf ihn ausübte, verstärkte sich diese Tendenz immer mehr. Dem Partner ging es jetzt fast nur noch darum, die Situation unter Kontrolle zu halten, indem er Hal immer wieder Steine in den Weg legte. Je ungeduldiger Hal wurde, desto entschlossener wurde der andere, seine Entscheidung hinauszuzögern. Mittlerweile war er auch ziemlich wütend, aber er konnte seine Wut nicht direkt zeigen, weil er keinen logischen Grund für sie finden konnte. Deshalb wehrte er sich unbewußt, indem er Hal blockierte.

Ich schlug Hal vor, daß er versuchen solle, in dieser Sache völlig gelassen zu bleiben. Er solle seinem Partner nahelegen, sich Zeit zu lassen und anzurufen, sobald er einen Entschluß gefaßt habe. Als ich Hal eine Woche später wiedersah, erzählte er, daß sein Partner sich daraufhin sofort entschieden habe.

Das Fazit dieser Geschichte: Versuchen Sie nicht, den Zwanghaften unter Druck zu setzen. Sie werden mit fast hundertprozentiger Gewißheit keinen Erfolg haben. Mehr als andere Menschen haben Zwanghafte die Tendenz, sich mit einer erstaunlichen Hartnäckigkeit gegen jeglichen Druck zu wehren. Selbst geschickte Manipulation und subtile Einflußnahme werden wahrscheinlich nichts ausrichten, denn der Zwanghafte spürt sofort die dahinterstehende Forderung und begehrt dagegen auf. (Und sollte er doch nachgeben, dann müssen Sie möglicherweise einen hohen Preis zahlen. Er wird Sie seinen Ärger darüber, daß Sie ihn unter Druck gesetzt haben, deutlich spüren lassen.)

Natürlich will ich damit nicht sagen, daß Sie jede unangenehme Eigenart Ihres zwanghaften Freundes oder Partners schweigend ertragen sollen. Wenn ein bestimmtes Verhalten Ihnen unerträglich ist, dann teilen Sie ihm deutlich mit, wie Sie sich fühlen. Achten Sie aber darauf, *wie* Sie Ihre Botschaft »an den Mann bringen«. Anstatt beispielsweise zu fordern: »Du mußt dich verändern«, sagen Sie vielmehr: »Ich möchte gern, daß du dies tust, und zwar aus den Gründen x, y und z.« Sagen Sie Ihrem Chef, daß Sie zu einem bestimmten Zeitpunkt über seine Päne informiert sein müssen – achten Sie aber zugleich darauf, ihm auch den Grund zu erklären, so daß er Ihren Wunsch nicht als ein Ultimatum, ein Kontrollspiel oder eine Manipulation empfindet. Sie sollten in jedem Fall *Ihre eigenen Bedürfnisse* oder *Ihre Schwierigkeiten mit dem gegenwärtigen Zustand* artikulieren, anstatt ein Urteil über das Verhalten des anderen zu fällen. Sagen Sie beispielsweise: »Wenn ich nicht bis Montag weiß, was Sie vorhaben, dann kann ich den Spartarif nicht in Anspruch nehmen.« Sagen Sie *nicht:* »Ich hasse es, wenn Sie sich so verhalten. Sie lassen mich immer warten, und das ist schrecklich rücksichtslos!«

Als weitere Alternative bietet sich an, nach Problemlösungen zu suchen, die mit dem Verhaltensmuster des Zwanghaften vereinbar sind. Nehmen wir beispielsweise einmal an, Ihr Ehepartner kommt ständig zu spät, obwohl Sie eigentlich gemeinsam irgendwohin gehen wollten. Das gibt immer wieder Anlaß zu Spannungen und Gereiztheit zwischen Ihnen. Je mehr Sie an ihm herumnörgeln und ihn zu drängen versuchen, desto langsamer wird er. Wenn Sie auch nach einer sachlichen Auseinandersetzung keine wesentliche Veränderung bemerken, sollten Sie andere mögliche Lösungen ins Auge fassen. Sie können beispielsweise einen Alternativplan entwerfen, um auf getrennten Wegen zu Ihrem Ziel zu gelangen. Hüten Sie sich vor Schuldzuweisungen; sie werden keinerlei Wirkung haben. Konzentrieren Sie sich darauf, eine Lösung zu finden, mit der Sie leben können, und zwar für immer. Vergessen Sie, wer recht hat. Konzentrieren Sie sich auf die Tatsache, daß Sie sich bei dieser Sache gut fühlen möchten. Das würde in diesem Fall bedeuten, daß Sie pünktlich sein wollen. Versuchen Sie vor diesem Hintergrund eine Lösung zu finden, die für Sie beide einigermaßen akzeptabel oder sogar optimal ist.

Zwar muß sich jeder Mensch selber und aus eigenem Willen verändern, aber manchmal kann eine gesunde Veränderung beim nicht zwanghaften Partner auch eine Veränderung beim Zwanghaften auslösen. Warum dies so ist, steht nicht eindeutig fest. Es gibt eine Theorie, die besagt, daß beispielsweise ständige Unpünktlichkeit und deren Folgen – daß der andere ständig drängt und nörgelt – eine Reinszenierung einer bestimmten Kindheitssituation ist und daß diese Reinszenierung bei beiden ein unbewußtes Bedürfnis erfüllt. Wenn einer der beiden Partner sich weigert, weiterhin die Rolle des nörgelnden, enttäuschten, mißbilligenden Elternteils zu spielen, dann verliert der andere seinen unwissentlichen Kollaborateur und verläßt seine Rolle ebenfalls.

## 6. Stärken Sie Ihre Selbstachtung und Unabhängigkeit

Viele Zwanghafte hassen es, von irgend etwas oder irgend jemandem abhängig zu sein; sie setzen Abhängigkeit mit Verletzlichkeit gleich. Unbewußt haben sie das Gefühl, daß sie der völligen Vernichtung ausgesetzt wären, wenn sie es zuließen, daß ihr Leben sich um einen anderen Menschen dreht. Der andere könnte sich beispielsweise gegen sie wenden, aufhören, sie zu lieben, oder gar sterben. Infolgedessen lassen die meisten zwanghaften Menschen es nicht zu, daß sie allzu abhängig werden, nicht einmal von ihren engsten Freunden oder Liebespartnern.

Ich denke, daß die Freunde und Liebespartner von Zwanghaften gut beraten wären, wenn sie sich entsprechend verhielten.

Zwanghafte sind nicht unzuverlässig, im Gegenteil – ihre Gewissenhaftigkeit und Zuverlässigkeit macht sie zu überdurchschnittlich verläßlichen Menschen. Wenn Sie als Partner oder Partnerin sich aber allzu sehr an Ihren zwanghaften Liebhaber oder Freund klammern, kann Ihre Bedürftigkeit ihm schließlich Angst einjagen oder ihn vertreiben.

Wenn Sie sich nämlich von ihm abhängig machen, hat der Zwanghafte das Gefühl, daß Sie ihm die erschreckende Verantwortung für Ihr emotionales Wohlbefinden aufbürden. Da er ständig ein starkes Bedürfnis nach Freiheit und Entscheidungsspielraum hat, kann ihn dies erschrecken und zugleich wütend machen. In einem solchen Klima aber kann die Liebe unmöglich überleben.

Zwanghafte halten Unabhängigkeit grundsätzlich für eine Tugend. Wer als bedürftig und abhängig erscheint, verliert leicht ihren Respekt und ihr Interesse.

Eine weitere negative Folge von emotionaler Abhängigkeit in einer Beziehung ist die, daß Ihr Selbstwertgefühl vom Feedback durch die andere Person abhängig sein wird. Selbst kleine Schwankungen in jenem Feedback können bewirken, daß Ihre Stimmung von »himmelhoch jauchzend« zu »zu Tode betrübt« umschlägt. Wenn Sie also das Lob oder die Anerkennung eines Zwanghaften sehr dringend brauchen, steuern Sie geradewegs in emotionale Turbulenzen hinein, denn gerade ein zwanghafter Mensch hat wenig Talent, seine positiven Gefühle zum Ausdruck zu bringen. Vergessen Sie nicht: Seine Form der Wahrnehmung ist es, zu registrieren, was an den Dingen *nicht* in Ordnung ist. Und sein Bedürfnis, seine Gefühle zu verbergen, macht es ihm möglicherweise schwer, Anerkennung oder Wärme zu zeigen.

Wenn Sie spüren, daß Ihre Abhängigkeit von einem zwanghaften Freund oder Liebhaber Ihnen oder der Beziehung schadet, können Sie einige Schritte in Richtung auf eine Veränderung unternehmen. Beginnen Sie damit, erneut zu entdecken, wer *Sie selbst* sind – das heißt, wer Sie waren, bevor Sie Ihren Partner kennengelernt haben. Entwickeln Sie Ihre eigenen Interessen, und verfolgen Sie sie mit Engagement, genauso wie Sie es getan hätten, wenn Sie sich nicht mit der betreffenden Person auf eine Beziehung eingelassen hätten. Bemühen Sie sich darum, unabhängig von Ihrer Partnerschaft eine runde, vollständige Persönlichkeit zu werden.

Während Sie sich darum bemühen, Ihr Selbst zu festigen, können Gefühle der Angst und Unsicherheit in Ihnen hochkommen. Mag sein, daß Sie sich manchmal innerlich leer oder isoliert fühlen. Vielleicht machen Sie sich Sorgen, daß Sie die Beziehung gefährden, weil Sie ihr nicht genügend Aufmerksamkeit widmen. Bekämpfen Sie diese Gefühle! Versuchen Sie, so zu handeln, als fühlten Sie sich stark und sicher. Vermitteln Sie Ihrem Partner nicht den Eindruck, daß Ihr Glück und Ihre innere Sicherheit völlig von ihm abhängig sind. Und, was noch wichtiger ist: Machen Sie sich deutlich bewußt, daß solche Vorstellungen ohnehin nicht zutreffen.

*Zutreffend* allerdings ist, daß Ihr Freund oder Liebhaber sich eines Tages entschließen könnte, die Beziehung zu beenden – und darüber haben Sie keine Kontrolle. Ich habe in diesem Buch an vielen Stellen erörtert, wie sehr ein zwanghafter Mensch sich durch sein Bedürfnis nach kompletter Kontrolle selbst schadet. Dasselbe gilt auch für Sie. Je mehr Sie versuchen, Ihre Beziehung nach Ihren Vorstellungen zu formen und zu gestalten, und je ängstlicher Sie darüber wachen, desto wahrscheinlicher werden Sie sie dadurch vergiften. In mancher Hinsicht ist der Zwanghafte, der sich vor einer festen Beziehung fürchtet, wie eine Katze: er wird in Ihrer Nähe bleiben, solange Sie eigene Interessen entwickeln und pflegen, und davonflitzen, wenn Sie ihn zu packen versuchen.

Lernen Sie, die Tatsache zu akzeptieren, daß jede Beziehung einmal enden kann. Versuchen Sie, sich im Geiste mit dieser Tatsache abzufinden. Es ist wahr, daß eine Trennung außerordentlich schmerzlich ist, aber in der großen Mehrzahl der Fälle geht der Schmerz irgendwann einmal vorbei. Reden Sie sich nicht ein, daß Sie über eine Trennung nicht hinwegkommen könnten. Sie können es. Und genauso wie Sie einmal mit diesem Menschen glücklich waren, werden Sie am Ende auch mit einem anderen glücklich sein können.

## 7. Verstärken Sie positive Veränderungen – aber gehen Sie dabei vorsichtig vor

Ich habe schon öfters betont, wie schwierig es für Zwanghafte ist, sich zu verändern. Dennoch gibt es viele, die es schaffen. Wenn Ihr zwanghafter Ehepartner, ein Elternteil, ein Mitarbeiter oder ein Freund beginnt, sein Verhalten zu ändern, dann sollten Sie sich bewußtmachen, daß dies eine wirkliche Leistung ist, die nicht nur von Stärke und Mut zeugt, sondern von der inneren Entschlossenheit, Ihre Beziehung zu verbessern. In den meisten Fällen ist es ein Akt der Liebe.

Der andere wird sich wahrscheinlich über Ihre Anerkennung freuen. Aber achten Sie darauf, auf welche Weise Sie sie zum Ausdruck bringen.

Wenn Sie Veränderungen im Verhalten Ihres Partners ausdrücklich ansprechen und loben, dann wird ihm das möglicherweise Unbehagen bereiten. Zum einen ist er noch am Suchen, und wenn er jetzt über seine Veränderungen offen diskutieren müßte, könnte er den Eindruck gewinnen, er müsse nun für alle Zeiten ein neuer Mensch sein. Wenn Sie auf ein kleines Entgegenkommen allzu heftig reagieren (wenn Ihr zwanghafter Partner beispielsweise eine Stunde früher als gewöhnlich von der Arbeit heimkommt), dann könnte er Angst bekommen, daß Sie das von jetzt an jeden Abend von ihm erwarten. Wenn Sie Ihre Freude darüber ausdrücken, daß er beispielsweise seine Ansprüche an Ordnung und Sauberkeit zurückgeschraubt hat, kann das seine Angst ebenfalls verstärken. Vielleicht denkt er, Sie würden jetzt von ihm erwarten, daß er sich *noch mehr* verändert, und das reizt ihn sofort zum Widerstand. Oder wenn Sie Ihre Freude über eine emotionale Annäherung allzu deutlich zeigen, befürchtet er vielleicht, daß Sie Ihre Hoffnungen allzu sehr hochschrauben. Die meisten Zwanghaften ertragen es nicht, ein Versprechen zu brechen oder den Erwartungen eines anderen Menschen nicht zu genügen. Der Gedanke, daß man sie später fragen könnte: »Warum hast du mich hinters Licht geführt?«, versetzt sie in Panik. Kommt zu dieser Angst noch die Angst vor einer Einschränkung ihrer Entscheidungsfreiheit hinzu, hat das auf viele Zwanghafte eine lähmende Wirkung.

Wahrscheinlich tun Sie besser daran, Fortschritte auf eine eher subtile und sanfte Art zu verstärken. Effektives Lob und sinnvolle Verstärkung müssen jeweils auf den betreffenden Menschen abgestimmt werden. Die meisten Menschen mögen solche Dinge wie Zuneigung, Lob oder Sex – aber das trifft nicht auf alle zu. Manche reagieren besser auf Schweigen, ein gutes Essen oder sogar Distanziertheit. Sie müssen sich auf *Ihren* Zwanghaften einstellen und herausfinden, welche Verstärkungen bei ihm am wirkungsvollsten sind.

Dies gelang Barbara, einer meiner Patientinnen. Sie hatte mit mir einen Termin für eine Paartherapie abgemacht, aber dann änderte ihr Partner, David, seine Meinung und weigerte sich, mit ihr zu kommen. Ich bin immer der Überzeugung gewesen, daß bei einer Paartherapie beide Partner gemeinsam anwesend sein müssen, und äußerte deshalb meine Zweifel, ob wir überhaupt eine Therapie machen sollten. Aber Barbara bat mich dringend, den Versuch zu machen, mit ihr allein zu arbeiten, und heute bin ich froh, daß ich es tat.

Sie hatte sich spontan in David, einen erfolgreichen Unternehmer, verliebt. Sie dachte, daß sie ihn schließlich heiraten und Kinder haben würde, aber mittlerweile fragte sie sich immer häufiger, ob David sich jemals auf eine enge, lebenslange Beziehung einlassen würde. Nach eineinhalb Jahren schien ihre Partnerschaft zu stagnieren. Zwischen ihr und David kamen immer stärkere Spannungen auf: Barbara wurde immer unsicherer und wünschte sich immer häufiger, zu hören, daß er sie liebte. Eines Abends beschloß David, bei sich zu Hause anstatt in Barbaras Wohnung zu schlafen, und sie rätselte, ob dies ein schlechtes Zeichen sei. Als sie anrief und ihn danach fragte, fühlte er sich bedrängt und war verärgert.

Da David sich über direkte Fragen ärgerte, versuchte Barbara, auf weniger offensichtliche Weise herauszufinden, was er fühlte. So fragte sie David beispielsweise, ob es ihm gefallen würde, wenn sie in denselben Wochen Urlaub nehme wie er. (Ihre unausgesprochene Frage lautete natürlich: »Möchtest du diese Zeit mit mir gemeinsam verbringen?«) David erklärte ihr ziemlich barsch, sie könne ihren Urlaub nehmen, wann sie Lust habe. (Seine unausgesprochene Antwort lautete: »Ich bin mir meiner Gefühle nicht sicher, also möchte ich mich zu nichts verpflichten. Vielleicht möchte ich mit dir zusammen Urlaub machen, vielleicht aber auch nicht. Aber das werde ich erst wissen, wenn der Zeitpunkt gekommen ist. Wenn ich es nicht will, dann möchte ich nicht an deiner Enttäuschung schuld sein.«)

Zu Anfang konfrontierte ich Barbara mit der unangenehmen Wahrheit, daß David sich möglicherweise nicht sehr verändern werde, was auch immer sie unternehmen werde. Barbara aber blieb unbeirrbar. Sie sah so viel Gutes in dieser Partnerschaft, daß sie sie nicht kampflos aufgeben wollte. Sie faßte deshalb im wesentlichen zwei Ziele ins Auge: Zum einen wollte sie David helfen, sich wohler zu fühlen, wenn er sich wirklich auf die Beziehung einließ, und zum anderen wünschte sie sich mehr Nähe und Zärtlichkeit.

Zunächst einmal überprüfte sie ihr Verständnis von Davids Angst, sich auf *irgendeine* Beziehung wirklich einzulassen. Schließlich begann sie die Tatsache zu akzeptieren, daß sein Zögern nicht Ausdruck einer Zurückweisung ihrer Person war. Erst jetzt war sie fähig, darüber nachzudenken, wie sie ihm die Sicherheit vermitteln konnte, daß er noch immer ein ungebundener Mann sei – wobei er seine Einstellung natürlich jederzeit ändern konnte.

Zum anderen kam sie einigen ihrer eigenen Verhaltensweisen auf die Spur, die David angst machten. Beispielsweise hatte sie auf jedes Anzeichen, daß er bereit war, sich stärker zu engagieren, mit einem leisen Triumphgefühl reagiert. Statt dessen bemühte sie sich jetzt darum, kaum oder wenig Aufhebens zu machen, wenn er bereit war, sich ihr emotional zu nähern. Gleichzeitig verdoppelte sie ihre Anstrengungen, ihre eigenen Interessen zu pflegen (so schwer ihr das zunächst auch fallen mochte).

Barbara lernte auch, ihre Abneigung gegen Davids Freund Brett abzubauen, den sie immer als Konkurrenten betrachtet hatte. Im Laufe der Therapie erkannte sie, daß weder Davids Freundschaft mit Brett noch irgendeine seiner anderen Interessen seine Beziehung zu ihr wirklich gefährdeten. Was die Beziehung in Wirklichkeit gefährdete, war ihre eigene Unsicherheit, die bewirkte, daß sie diese Dinge als Bedrohung ansah, sich über sie beklagte und immer mehr Bestätigung brauchte.

Diese Einsichten befähigten sie schließlich, ihre Einstellung gegenüber Brett zu ändern. Sie hörte nicht nur auf, sich zu beklagen, sondern empfand auch tatsächlich keine Abneigung mehr gegen ihn. Tatsächlich entdeckte sie immer mehr positive Aspekte in dieser Freundschaft und konnte diese Beobachtungen auch David gegenüber zum Ausdruck bringen. Je positiver sie dieser Freundschaft gegenüber eingestellt war – so stellte sie fest –, desto häufiger suchte David ihre Gesellschaft und desto glücklicher schien er mit ihr zu sein. Als David zu einer engeren Bindung bereit zu sein schien, begann Barbara, die eine ausgezeichnete Köchin war, ihn zusammen mit Brett zu sich zum Essen einzuladen. Diese Einladungen und ihre positive Haltung gegenüber Brett waren eine Art Verstärkung für Davids engagiertes Verhalten. Sie fand heraus, daß er auch auf Ihre fröhliche Stimmung und Ihre sanfte Zärtlichkeit positiv reagierte.

Im Laufe der Zeit stellte Barbara fest, daß sie von unserer Arbeit in einer Weise profitierte, die sie sich nie erträumt hatte. Sie entdeckte, daß sie um so stärker wurde, je mehr Unabhängigkeit sie entwickelte und je mehr sie sich für ihre eigenen Interessen begeisterte. Ihr Selbstbild gewann deutlichere, festere Konturen. Sie entwickelte zudem eine größere Sicherheit über das, was sie wollte und was nicht und was sie von seiten Davids zu tolerieren bereit war – oder auch nicht. Am Ende fühlte sie sich stark genug, für sich selbst zu sorgen, falls die Beziehung einmal zu Ende gehen sollte. Aber das geschah nicht. Je weniger er sich unter Druck gesetzt fühlte, um so wohler fühlte sich David mit ihr. Schließlich verlobten sie sich und heirateten. Seine Charakterstruktur veränderte sich nicht; er blieb weiterhin ziemlich zwanghaft. Barbara blieb die lebhafte und spontane Frau, die sie schon früher war. Dennoch gelang es den beiden, ihr Leben miteinander zu teilen und sich gegenseitig zu bereichern.

# Nachwort

*Eine Gewohnheit ist eine Gewohnheit, und man kann sie nicht einfach aus dem Fenster werfen, sondern nur Schritt für Schritt die Treppe hinunterlocken.*

Mark Twain

Die Charakterstruktur des Zwanghaften, so können wir zusammenfassend sagen, setzt sich aus vielen, an sich normalen Charakterzügen zusammen, die alle auf ein gemeinsames Ziel hin orientiert sind: durch Wachsamkeit, Vernunft und Meisterschaft Sicherheit und Geborgenheit zu gewinnen. In rationalen und flexiblen Mengen erleichtern zwanghafte Charakterzüge nicht nur das Leben, sondern verhelfen auch zu Erfolg und Bewunderung.

Sie können aber auch des Guten zuviel tun, und das ist die Kehrseite der Medaille. Sie werden unweigerlich in Schwierigkeiten geraten, wenn Ihre zwanghaften Eigenschaften nicht den einfachen Zielen eines klugen, tüchtigen und angenehmen Lebens dienen, sondern ein unablässiges Bedürfnis nach Schutz vor Mißerfolg und Verletzung befriedigen sollen. Verletzbarkeit gehört zum Menschsein. In dem Fall werden Tugenden zu Lastern – zu übertriebenen, rigiden Karikaturen ihrer selbst, die Ihre Chancen, glücklich zu werden, erheblich vermindern.

Wenn Sie ein stark zwanghafter Mensch sind und darunter leiden, sollten Sie daran denken, daß Veränderung zwar schwierig, aber durchaus möglich ist. Den ersten und wichtigsten Schritt können Sie bereits jetzt tun: Gestehen Sie sich ein, daß der Grund für Ihr Unglück nicht Ihr Chef ist oder die Wirtschaftslage, nicht die Mängel ihres Ehepartners oder die mangelnde Vertrauenswürdigkeit anderer Menschen, sondern etwas, das in Ihnen selbst liegt! Gestehen Sie sich ein, daß die Haupthindernisse, die einer erfüllten Beziehung, einer befriedigenden Arbeit oder einer erholsamen Freizeit (falls Sie überhaupt welche haben) entgegenstehen, möglicherweise Ihr Perfektionismus, Ihre Arbeitssucht, Ihre Rigidität und andere allzu stark entwickelte zwanghafte Charakterzüge sind.

Wenn Sie für diese Erkenntnis offen sind, ist das bereits der erste Schritt in Richtung auf eine Veränderung! Wie weit diese Veränderung gehen wird, hängt ganz von Ihnen ab. Eine starke Motivation kann Sie sehr weit bringen, und selbst kleine Veränderungen haben große Wirkungen.

In mehreren Kapiteln habe ich einige ganz spezifische Vorschläge gemacht, die Ihnen helfen können, sich in Richtung auf eine Veränderung zu bewegen. Aber bitte verstehen Sie mich richtig: Dieses Buch ist kein Ersatz für eine Therapie mit einem kompetenten Fachmann. Wenn Sie entdecken, daß Sie trotz Ihrer Motivation und Ihres ehrlichen Bemühens keine Fortschritte machen oder bei Ihrer Arbeit an einer Veränderung bestimmte Symptome entwickeln, beispielsweise starke Ängste, Schlaflosigkeit, Störungen des Verdauungsapparats oder Depressionen, werden Sie wahrscheinlich ein gewisses Maß an Führung und Unterstützung brauchen. Aber ob nun mit oder ohne professionelle Hilfe – das wichtigste Hilfsmittel auf dem Weg zum Fortschritt ist anhaltende, harte Arbeit an sich selbst. Und das ist doch schließlich Ihre Stärke, nicht wahr?

# Danksagung

Die Gedanken in diesem Buch sind ein Extrakt aus meinen eigenen Beobachtungen und aus dem, was viele andere gelehrt und geschrieben haben.

Alle Therapeuten sind vor allem Sigmund Freud zu großem Dank verpflichtet – sowohl für seine inzwischen klassischen Beschreibungen der zwanghaften Persönlichkeit und der Zwangsneurose als auch für seine fruchtbaren und revolutionären Konzepte, die mittlerweile ein selbstverständlicher Bestandteil der Ausbildung jedes Psychiaters sind.

Moderne Theoretiker wie Harry Stack Sullivan, David Shapiro und Leo Salzman haben unser Verständnis des zwanghaften Verhaltensmusters enorm bereichert. Sullivan beschrieb, wie Zwanghaftigkeit die logische Folge der Angst des Kindes ist, das versucht, innerhalb seiner Familie ein Gefühl von Sicherheit zu erwerben. Shapiro präsentierte als erster die Theorie, daß Zwanghaftigkeit sehr viel mehr ist als eine Gruppe von Verteidigungs- und Anpassungsmechanismen; Zwanghaftigkeit ist ein bestimmter *Lebensstil* – ein Stil des Denkens, des Sprechens und eine bestimmte Art und Weise, mit Gefühlen und Beziehungen umzugehen.

Salzman brachte uns weitere vertiefende Einsichten. Er beschrieb den eigentlichen dynamischen Kern des zwanghaften Verhaltensmusters, nämlich den illusionären Versuch, mit der Angst fertig zu werden, die ausgelöst wurde durch die Wahrnehmung der eigenen Verletzlichkeit in einem Universum, das voller Risiken ist.

Ich danke zudem den kognitiven Theoretikern – Beck, Bieber und Ellis – dafür, daß sie die zentrale Rolle irrationaler Ansichten und Annahmen herausstellten, die disfunktionales Verhalten begründen und weiterführen, und daß sie uns therapeutische Instrumente anboten, um mit diesen Verzerrungen umzugehen.

Ich danke ganz besonders dem verstorbenen Irving Bieber, M.D., meinem verehrten Mentor und Freund, dafür, daß er mich geduldig anleitete, unterstützte und zum Schreiben ermutigte, sogar als ich als rebellischer junger Arzt in einem psychiatrischen Krankenhaus wohnte und arbeitete. Ich kann nur hoffen, daß ich meinen Patienten und Lesern ein wenig von seiner Weisheit und Menschlichkeit vermitteln kann.

Ich danke auch meinen Freunden und Kollegen, die sich die Zeit nahmen, Manuskriptentwürfe zu lesen und zu kritisieren, insbesondere Victoria Brown, Maureen Gevirtz, Paula Kriner, Nan Van Gelder und Stephen Wolfe.

Folgenden Personen verdanke ich hilfreiche Kommentare und Vorschläge: Paul Koprowski, Judith Liu, Ellen Margolis, Kathleen Murphy Mallinger, Irving Osowsky und Sandra Sveine.

Allen E. Mallinger